ars vivendi

Essen & Trinken

Übernachten

Fahrradservice & E-Bike

Freizeit & Sport

Sehenswürdigkeiten & Kultur

RADELN AN FLÜSSEN

IN BADEN-WÜRTTEMBERG

15 GENUSSTOUREN

Ein ars vivendi Freizeitführer

Bei der Realisierung dieses Buches ließen wir größtmögliche Sorgfalt walten. Falls dennoch Informationen falsch oder inzwischen überholt sein sollten, bedauern wir dies, können aber auf keinen Fall eine Haftung übernehmen.

Haben Sie ein ganz besonderes Radel-Highlight entdeckt? Gibt es Anregungen, Verbesserungen oder Tipps?
Dann schreiben Sie uns gerne an: lektorat@arsvivendiverlag.de

Bildnachweis:
Alle Fotografien im Innenteil stammen von der Autorin.

Erste Auflage September 2019

www.arsvivendi.com

Umschlag: ars vivendi verlag
Umschlagfotografien: vorne: © SerrNovik/iStockphoto, vgajic/iStockphoto, StefaNikolic/iStockphoto, wepix/iStockphoto; hinten: © Monika Johna
Satz u. Tourenkarten: Christine Richert, www.typoholica.de
Übersichtskarte (Umschlag): Ingenieurbüro Dieter Ohnmacht, Frittlingen
Druck: GPS Group GmbH, Velden
Printed in Austria
ISBN 978-3-7472-0012-4

Inhalt

Vorbemerkung 7

1 **Radelgenuss zwischen Schwarzwald und Alb** 10
Den Neckar entlang von Rottweil nach Horb

2 **Die Dichter- und Denkertour** 26
Den Neckar entlang von Horb nach Nürtingen

3 **Prächtige Felsen, wildromantische Burgen und ein Märchenschloss** 40
Durch das Tal der Jungen Donau von Tuttlingen nach Sigmaringen

4 **Im Tal der vielen Burgen** 56
Entlang von Lauter und Donau von Münsingen bis Munderkingen oder Zwiefalten

5 **Verwunschene Wälder und schwindelfreie Weine** 74
Abwechslungsreiche Tour entlang von Würm und Enz

6 **Römische Kastelle und kaiserliche Wiegen** 90
Entlang der Rems von Schwäbisch Gmünd nach Waiblingen

7 **Vom Spion zu den Salzsiedern** 104
Den Kocher entlang von Aalen nach Schwäbisch Hall

8 **Auf den Spuren eines widerspenstigen Ritters** 118
Eine Rundtour entlang von Kocher und Jagst

9 **Wein und Wildromantik** 134
Im Neckartal von Bad Wimpfen bis Eberbach

10 **Tolle Aussichten** 148
Am Neckar zwischen Eberbach und Heidelberg

11 **Sterne und Torten im Schwarzwald** 162
Entlang der Murg von Freudenstadt nach Rastatt

12 **Ein Besuch in der Sonnenstube** 178
Den Rhein entlang von Breisach nach Rust

13 **Unterwegs auf der Europastrecke** 194
Am Rhein von Rust nach Straßburg

14 **Fähren und Flammenkuchen** 208
Eine Rundtour am Rhein zwischen Baden und Elsass

15 **Zwischen Urwald und Hightech** 222
Am Rhein von Karlsruhe nach Speyer

Liebe Leserinnen und Leser,

es freut mich sehr, dass Sie sich mit uns aufs Rad schwingen und sich auf Entdeckungstour begeben! Mir hat es viel Freude bereitet, die Touren zu fahren, und ich war immer wieder verblüfft, wie viele unterschiedliche Eindrücke ich mit nach Hause genommen habe.

Baden-Württemberg ist für Fahrradfahrer gut erschlossen und dementsprechend gut ausgeschildert. Hat man sich erst einmal an die Lesart gewöhnt, ist es in den meisten Fällen problemlos möglich, der Beschilderung zu folgen. Dort, wo es mal knifflig werden sollte, soll Ihnen dieser Radtourenführer eine Hilfe sein. Und natürlich möchten wir Lust machen auf all die großartigen Sehenswürdigkeiten und Landschaften, die Sie entlang von Baden-Württembergs Flüssen entdecken können.

Zur möglichst einfachen Orientierung haben wir alle Tourenbeschreibungen nach demselben Schema aufgebaut:

- Im **Intro** erfahren Sie kurz, worum es geht und welche Highlights Sie auf dieser Tour erwarten.
- Der **INFO-Kasten** gibt Ihnen möglichst wertvolle Hinweise, um Ihre Tour im Vorfeld gut planen zu können. Hier ist auch zusammengefasst, für welche Zielgruppe die Tour geeignet ist und welche Internetadressen Ihnen weitere Informationen geben können.
- Der Abschnitt **Hier geht's lang** fasst kurz den Verlauf der Tour zusammen und bietet Infos zum Tourenprofil.
- **Das gibt's zu sehen** – die landschaftlichen Highlights und schönsten Sehenswürdigkeiten: Möglichst sorgfältig ausgewählt machen sie das Buch hoffentlich zu Ihrem ganz besonderen Tourenbegleiter. Hintergrundinformationen vermitteln Ihnen einen Bezug zu der Landschaft, durch die Sie fahren.
- Die blauen **Infoseiten** am Ende jedes Kapitels bieten Ihnen ausgewählte Tipps und Adressen zum Einkehren, Übernachten, Baden und zum Fahrradservice. An vielen Flüssen ist es möglich, sich ein Kanu zu mieten. Wir haben auch hierzu Hinweise aufgenommen, denn gerade mit Kindern kann dies eine willkommene Abwechslung sein.

E-Bikes erfreuen sich immer größerer Beliebtheit. Vielerorts gibt es mittlerweile die Möglichkeit, den Akku zu laden. Dort, wo es keine öffentlich zugängliche Ladestation gibt, lohnt sich immer eine Nachfrage beim Gastgeber, denn die Wirte haben sich bereits gut auf den Bedarf ihrer Gäste eingestellt.

Radfahren liegt im Trend, und viele Radwege sind in den Sommermonaten gut besucht. Deshalb ist es empfehlenswert, bei Bedarf bereits im Vorfeld ein Zimmer zur **Übernachtung** zu reservieren. Wir haben viele der Touren so angelegt, dass Sie schon für den Startpunkt Tipps zu Sehenswürdigkeiten finden. Denn bei einer längeren Anreise ist es sicherlich eine Überlegung wert, bereits am Vortag anzureisen, um am nächsten Tag ganz entspannt starten zu können. Einige Touren schließen auch direkt an andere Touren an, sodass Sie Ihr Tagespensum erweitern beziehungsweise Ihre Radreise verlängern können.

Wie auch immer Sie es planen, wir wünschen Ihnen erholsame und genussvolle Radtouren mit vielen interessanten Entdeckungen entlang der abwechslungsreichen und wunderschönen baden-württembergischen Flüsse!

Ihre Monika Johna
und der ars vivendi verlag

Haben Sie ein ganz besonderes Radel-Highlight entdeckt?
Gibt es Anregungen, Verbesserungen oder Tipps?
Dann schreiben Sie uns gerne an: lektorat@arsvivendiverlag.de

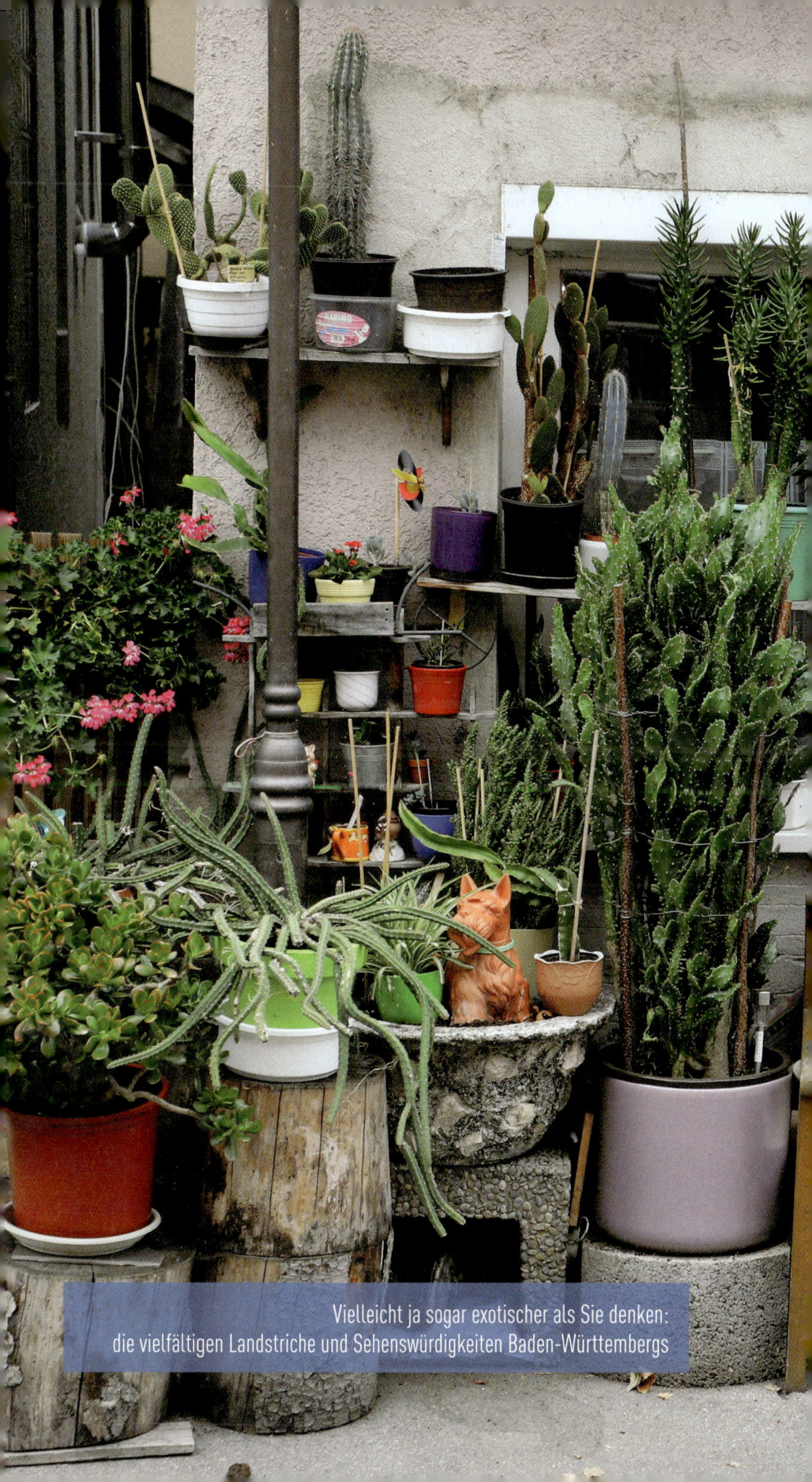

Vielleicht ja sogar exotischer als Sie denken:
die vielfältigen Landstriche und Sehenswürdigkeiten Baden-Württembergs

1 Radelgenuss zwischen Schwarzwald und Alb

Den Neckar entlang von Rottweil nach Horb

Schmal liegt der Neckar in seinem Bett am Beginn unserer Tour. Wir begleiten ihn bis nach Horb, radeln in schönster Landschaft zwischen Schwarzwald und Alb, und erleben dabei, wie aus dem kleinen Gewässer ein stattlicher Fluss wird. Wir starten in der ältesten Stadt Baden-Württembergs. Nachdem wir dort von der höchsten Besucherplattform Deutschlands in 232 Metern Höhe die schwindelerregende Aussicht genossen haben, erfreuen wir uns an den prächtigen Fassaden der Rottweiler Fachwerkhäuser, ehe wir die anmutige Schönheit der Neckarschleifen entdecken.

INFO

Die Strecke: Rottweil – Oberndorf – Sulz – Glatt – Fischingen – Dettingen – Horb
Länge: 58 km; kombinierbar mit Tour 2 (s. S. 26)
Markierung: Neckartalradweg, gut ausgeschildert
Einstiegspunkt: Bahnhof Rottweil
Anfahrt mit ÖPNV: Mit der Bahn bis Rottweil
Rückfahrt mit ÖPNV: Mit der Bahn ab Horb
Wetter: Von Frühjahr bis Herbst gut möglich, gut befestigte Wege, überwiegend asphaltiert oder gewalzt, sonnige und schattige Abschnitte, also an Sonnenschutz denken!
Schwierigkeitsgrad: Mittel, da ein paar Steigungen
Für Familien: Gut geeignet, da wenig Straßenkontakt; Strecke eventuell aufteilen; man kann unterwegs auch einen Pausentag einlegen und beispielsweise ein Kanu mieten; auf der Strecke gibt es viele Pausenplätze und Infotafeln, die über Tiere, Pflanzen und die speziellen Eigenheiten der jeweiligen Landschaft informieren
Übernachtung: Mehrere Gasthöfe mit Übernachtung in Rottweil, Sulz und Horb
Hilfreiche Internetadresse: www.neckartalweg-bw.de

Hier geht's lang

Vom Bahnhof **Rottweil** geht es auf der Bahnhofstraße bergauf Richtung Zentrum. An der Hochbrücktorstraße fahren wir rechts über die Hochbrücke, überqueren damit den Stadtgraben und halten uns weiter geradeaus, bis wir zur Hauptstraße gelangen, auf die wir links einbiegen und bis zur Waldtorstraße weiterfahren. Dort halten wir uns schräg nach rechts und fahren die Flöttlinstorstraße entlang, die dann zur Oberndorfer Straße wird. An der Ecke Nägelesgrabenstraße stoßen wir auf den Neckartalradweg. Wir fahren weiter auf der Oberndorfer Straße, die in Kehren bergab schwingt, und wir kommen schließlich an einen Kreisverkehr, an dem sich die Oberndorfer Straße gabelt. Wir nehmen die rechte Variante. Auf einem Radweg geht es nun im Wald bergab, den markanten Thyssen-Testturm haben wir stetig im Blick. Wir fahren aufwärts, überqueren die B 27, radeln auf die Abfahrt zu, die zum Neckar hinunterführt, und genießen eine sagenhafte Aussicht, weit ins Land hinaus. An der Hangkante fahren wir in einer weiten Linkskurve – mit Blick auf den Umlaufberg und die Neckarburg – vorbei an Obstbäumen und hinunter zum Fluss. Achtung: Hier kommt bisweilen das ein oder andere Auto vorbei. Wir sehen schöne Magerwiesen mit Wachholderbüschen und genießen die Idylle am Talgrund. Es geht vorbei an einem Pferdehof, an Infotafeln über das Naturschutzgebiet, und wir überqueren die Bahnlinie. Kurz danach fahren wir links, und der Weg steigt an, ehe es dann weiter bergab geht zum **Wasserwerk Neckarburg**. Dort können wir, wenn nötig, etwas trinken und unsere Wasservorräte auffüllen. Es

Nachweislich seit dem 15. Jahrhundert sind in Rottweil die Narren am Werk.

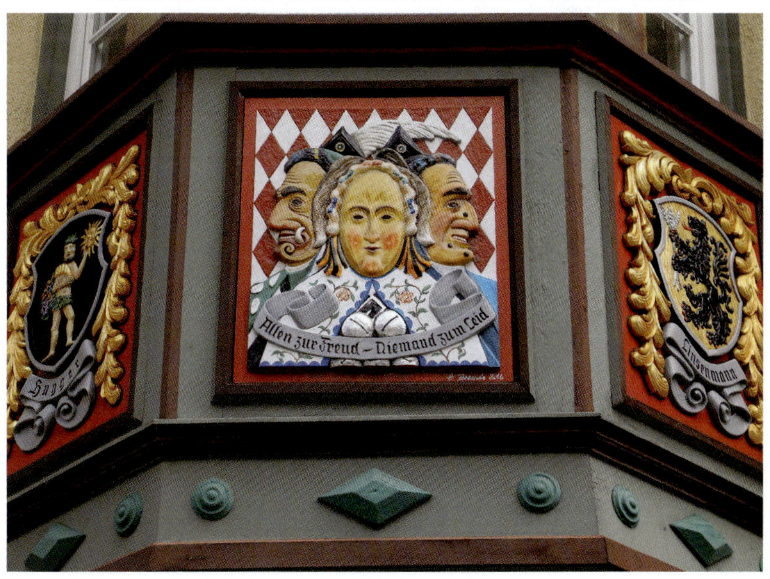

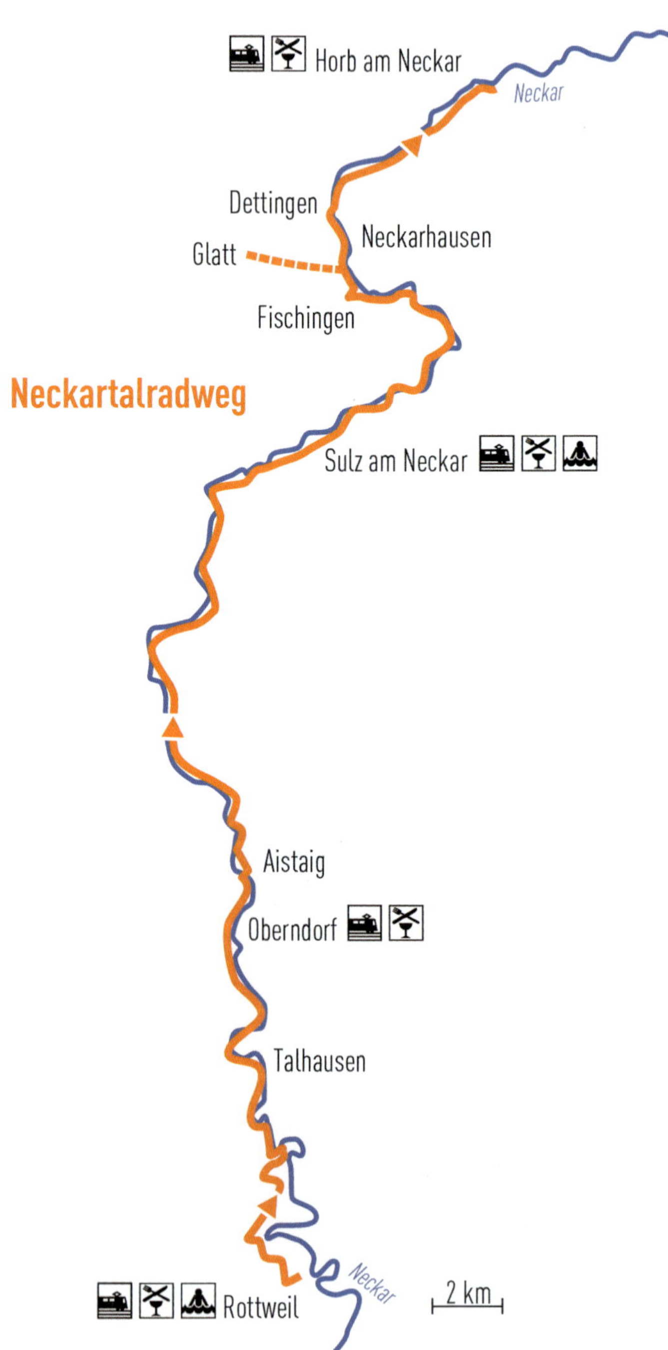
Horb am Neckar
Neckar
Dettingen
Neckarhausen
Glatt
Fischingen
Neckartalradweg
Sulz am Neckar
Aistaig
Oberndorf
Talhausen
Neckar
2 km
Rottweil

lohnt sich aber, zuvor oben an der Wegkreuzung einen kurzen Abstecher zu unternehmen, weiter geradeaus und die paar Meter direkt hinunter zum Neckar zu fahren. Hier führt nämlich eine der typischen gedeckten Holzbrücken über den Fluss, der an der Stelle anmutig über Stufen plätschert. Ein idealer Platz für eine kleine Pause.

Unten beim Wasserwerk fahren wir eine Kehre und dann über die Bahngleise; direkt links neben dem Neckar führt unser geschotterter Weg weiter, noch mal links von uns ist ein bewaldeter Hang. Infotafeln erklären, wie hier früher Flöße gebunden wurden. Wir unterqueren die mächtig hohe Autobahnbrücke und verfolgen die Neckarschleifen, umgeben von üppigem Grün. Bei **Talhausen** kommt eine gedeckte Brücke, wir überqueren den Neckar und die Bahngleise. Der Neckar ist hier noch recht jung und schmal, das eingeschnittene Tal ist eng und die Landschaft ursprünglich. Der Weg führt ohne Autoverkehr am Fluss entlang, jetzt für kurze Zeit am rechten Ufer, dann geht es wieder über den Neckar und auf der linken Seite zwischen Streuobstwiesen, Auen und Feldern weiter.

Links taucht **Epfendorf** auf, wir fahren auf einer ruhigen Straße am Ort entlang, es gibt eine Unterquerung von Bahnlinie und Straße, um in den Ort hineinzukommen. Der Radweg bleibt auf der rechten Seite und führt dort an Epfendorf vorbei. hinter Epfendorf fahren wir auf der hübschen Schenkenbergbrücke über den Neckar, an der wenig befahrenen kleinen Straße entlang, schließlich unter der Straßenbrücke hindurch und auf dem Radweg am rechten Ufer weiter. Wir fahren durch **Altoberndorf**, das sich auf der linken und rechten Uferseite verteilt, vorbei an Vereinsheimen und am Sportgelände, überqueren die Untere Straße und fahren auf der Kienzlestraße weiter. Eine Tafel erinnert hier an die 5000 Zwangsarbeiter, die während des Zweiten Weltkriegs unter der nationalsozialistischen Herrschaft in der Oberndorfer Rüstungsindustrie Zwangsarbeit leisten mussten. Weiter vorne am Neckar erinnert das »Buch der Erinnerung« an das Zwangsarbeiterlager Linde, auch »Russenlager« genannt. Kurz nach einer Finnenbahn gibt es in Oberndorf zwei Möglichkeiten zur Weiterfahrt. Die eine Variante führt rechts am Neckar entlang, die andere geht in einem Bogen nach links in Richtung Oberndorf-Zentrum und entlang der L424. Kurz vor Aistaig kommen beide Wege wieder zusammen. Im Oberndorfer

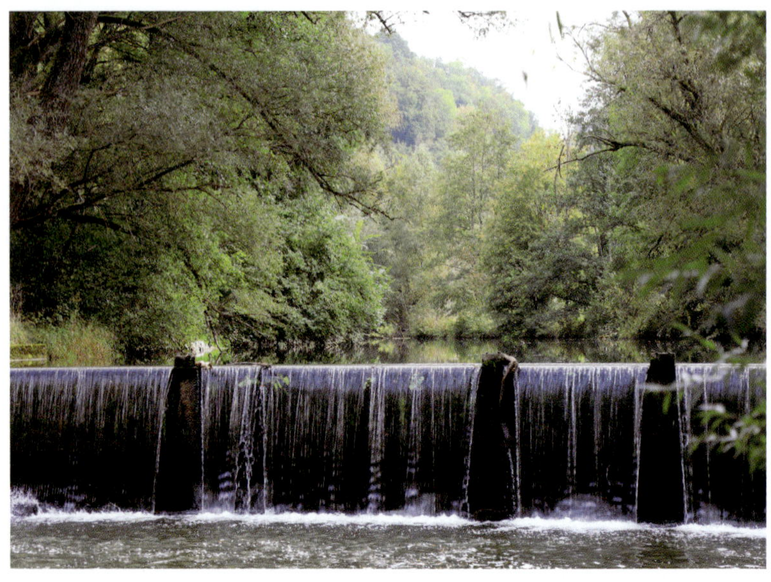

Ein schöner Pausenplatz mit Wasserfall an der Neckarburg

Ortsteil **Aistaig** geht es durch ein Wohngebiet bis zum Ortsende, dann fahren wir auf der rechten Uferseite durch bewaldetes Gebiet, meist leicht erhöht mit schönem Blick auf den Neckar.

Am Ortseingang von **Sulz** geht es auf der Weilerstraße vorbei an Minigolfanlage und Freibad Susolei. Auf der Oberen Hauptstraße erreichen wir das Zentrum mit Marktplatz und Brunnen, auf der Unteren Hauptstraße und der Holzhauser Straße setzen wir unsere Fahrt fort. Am Kreisverkehr nehmen wir die dritte Ausfahrt und fahren auf dem Bitzeweg weiter.

Wir verlassen Sulz, das Tal wird breiter, es geht vorbei an Wiesen und Feldern, der Neckar mal näher, mal weiter entfernt von uns. Wir radeln über eine Brücke auf die linke Neckarseite und erreichen **Fischingen**. Wir überqueren die Straße Obere Talwiesen, radeln nach links und am Sportplatz vorbei, dann entlang der L424, wenn es rechts über eine Brücke in den Ort geht, biegen wir vorher nach links ab, es geht bergauf, und wir fahren auf der Alten Glatter Straße oberhalb der Bahnlinie durch den linken Ortsteil von Fischingen. Dann kommt der Abzweig nach Glatt. Hier kann man einen Abstecher zu dem Ort und seinem gleichnamigen Wasserschloss machen, das bedeutet insgesamt rund acht Kilometer mehr. Der Weg lohnt sich, das Schloss mit seiner idyllischen Lage am Ortsrand und seinen Museen ist sehenswert. Wir fahren also dorthin: Es geht einen schönen Weg entlang an Streuobstwiesen. Am Ortseingang von **Glatt** nehmen wir zunächst eine Rechtskurve und dann eine Linkskurve und fahren auf der Straße »Spätengarten«; die Unterdorfstraße bringt uns schließlich zum Schloss.

Auf demselben Weg fahren wir zurück zum Neckartalweg, dort kommen wir bald schon auf die Straße nach **Neckarhausen** und fahren ein Stück links entlang auf dieser Straße. Dann geht es rechts auf einen asphaltierten Weg und zwischen Wiesen und Weiden weiter nach **Dettingen**. Dort überqueren wir an der Sulzer Straße den Neckar, biegen auf die Straße »Degenau« ein und radeln auf der rechten Uferseite, durch Wiesen und Felder, nach **Horb**. Den Bahnhof erreicht man, wenn man am Kreisverkehr den ersten Abzweig nimmt; in die Horber Ortsmitte gelangt man, wenn man nach dem Kreisverkehr ein Stück weiter am Neckar entlangfährt und dann über die Brücke radelt.

Das gibt's zu sehen

Wer **Rottweil** nur mit Fasnet und Testturm verbindet, der wird überrascht sein von dem, was die Stadt zwischen Schwarzwald und Alb ihren Besuchern darüber hinaus zu bieten hat. Rottweil empfängt uns zwar mit dem Testturm von Thyssenkrupp, der weithin zu sehen ist. Es hat jedoch auch eine ausgesprochen hübsche Altstadt, die man sich ansehen sollte, auch wenn der Weg vom Bahnhof dorthin aufwärts führt. Hierbei lässt sich gut variieren. Je nachdem, wie viel Zeit man sich dafür nehmen möchte, kann man die Stadt intensiver studieren oder einfach für kurze Zeit das mittelalterliche Flair genießen. Wer eine halbe Stunde durch die Gassen schlendert, kann schon viele schöne Eindrücke auf die weitere Tour mitnehmen.

Die älteste Stadt Baden-Württembergs hat viele hübsche Häuser, und auf dem Weg von der Hochbrücke zur Hauptstraße könnte man den Eindruck gewinnen, man befindet sich in einem Freilichtmuseum. Reich verzierte Erker, kunstvoll geschmiedete Stechschilder, aufwendig gestaltete Hauseingänge – in der Innenstadt fällt es schwer vorwärtszukommen, gibt es doch so viel zu sehen. Jedes Haus ist für sich ein Augenschmaus, es macht

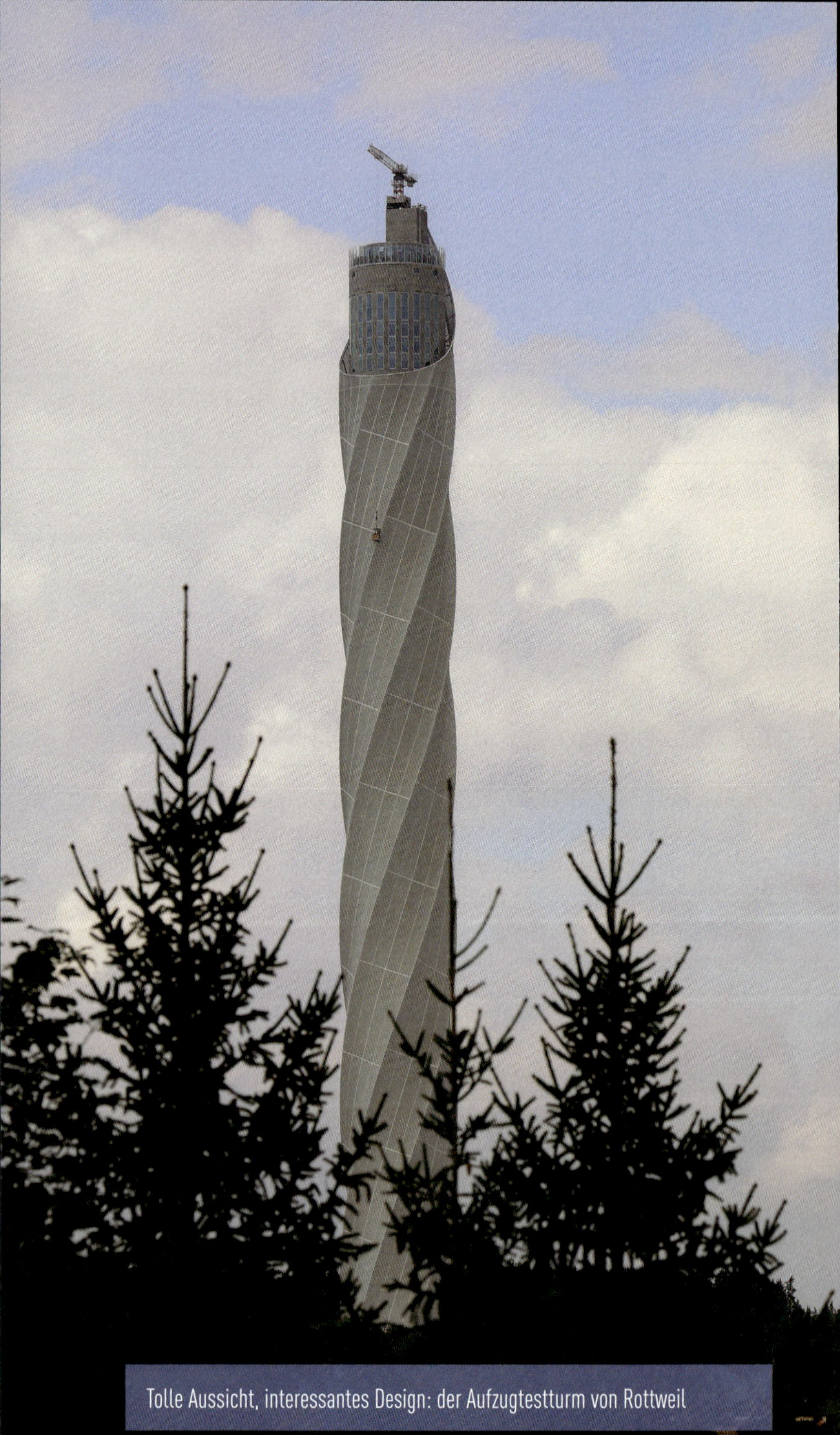

Tolle Aussicht, interessantes Design: der Aufzugtestturm von Rottweil

Spaß, angesichts der individuellen Ausschmückungen zu rätseln, wer wohl einst das Gebäude besessen und bewohnt hat. In der Hauptstraße fallen die hohen Aufbauten der stattlichen Bürgerhäuser und die Speicheraufzüge auf. Damit haben die Rottweiler früher das Korn auf den Dachboden gebracht, das zum Schutz vor Ungeziefer dort oben gelagert wurde. Im Mittelstock wohnte man selbst, und unten im Erdgeschoss war das Vieh untergebracht. Um die Häuser herum stehen Kirchen und Brunnen, die sich auch sehen lassen können.

Die Kapellenkirche in der Hochbrücktorstraße wurde ungefähr 1320 erbaut. Der 70 Meter hohe Kirchturm gilt als einer der schönsten gotischen Kirchtürme Baden-Württembergs und als das wertvollste Baudenkmal im Landkreis Rottweil. In der Hauptstraße steht das Alte Rathaus, erstmals taucht es 1321 in den Urkunden auf. In der dort untergebrachten Tourist-Information lässt sich exemplarisch das »Innenleben« dieser betagten Häuser studieren. Wer tiefer in die Stadtgeschichte eintauchen möchte, der muss nach gegenüber gehen. Im Stadtmuseum im Herder'schen Haus kann man sich nämlich mit der Stadthistorie beschäftigen und das Fasnetsstüble mit Narrensprung und Narrenkostümen anschauen. Einen Besuch wert ist auch das Dominikanermuseum am Kriegsdamm hinter der Predigerkirche, denn hier gibt es Stadthistorie und zeitgenössische Kunst unter einem Dach. Glanzstück der historischen Ausstellung, die sich der römischen Vergangenheit Rottweils widmet, ist das Orpheus-Mosaik.

Eine Kuriosität aus der Vergangenheit ist der »Hübsche Winkel« in der Hauptstraße. Die Fassade des schmalen Hauses verläuft in einem Knick von 45 Grad. Auch die liebevoll gestalteten Verzierungen machen es zu einem ausgesprochen sehenswerten Unikat. Das benachbarte Schwarze Tor wurde bereits um 1230 errichtet. Später wurden zum Sockel noch drei Stockwerke hinzugefügt, dort brachte man die Gefangenen unter. Außen zu sehen sind eine Uhr, vier Löwen als Wasserspeier und das Stadtwappen mit dem schwarzen Adler. Zum Schutz der Stadt gegen Feinde aus dem Westen wurde 1225 mit dem Bau des Hochturms in der Hochturmgasse begonnen. 1556 bekam er im Zuge eines Ausbaus seinen hübschen stadtwärts gerichteten Erker dazu. Von oben hat man eine tolle Aussicht auf das Neckartal, die Schwäbische Alb und das Schwarzwaldvorland. Einen Schlüssel gibt es unter der Woche in der Tourist-Information gegen Vorlage eines

Identitätsnachweises und am Wochenende im Dominikanermuseum am Kriegsdamm hinter der Predigerkirche.

Wer noch höher hinauswill, dem sei ein Besuch des Thyssen-Testturms empfohlen. 2017 wurde das markante Bauwerk eröffnet. Der Turm hat Deutschlands höchste Aussichtsplattform. Er wurde von Thyssenkrupp erbaut, um neue Aufzugsmodelle zu testen.

Interessant ist auch ein Besuch im ehemaligen Gewerbegebiet Neckartal, dem »Industriepfad Pulverfabrik«. 1889/1890 baute der Apothekersohn Max von Duttenhofer am Neckar eine Pulverfabrik, wo er Nitrozellulosepulver herstellen ließ. Über die Jahre entstand, von renommierten Architekten entworfen, eine große Anlage mit allerlei Industriebauwerken. Manches Haus fiel schließlich in einen jahrelangen Dornröschenschlaf. Heute werden die Gebäude zum Teil wieder genutzt, im Kraftwerk finden Großveranstaltungen statt, in anderen Gebäuden sind Büroräume untergebracht. Auf 44 Infotafeln an acht Stationen können sich Besucher über die Geschichte der Pulverfabrik informieren. Vom Industriepark aus gibt es auch einen Wanderweg zum Testturm. In den Gewerbepark geht es vom Zentrum aus über die Hauptstraße, die Hochbrucktorstraße und den Kriegsdamm in die Duttenhoferstraße, der man etwa 900 Meter folgt.

In **Oberndorf** sollte man sich auf jeden Fall das ehemalige Augustinerkloster mit Klosterkirche anschauen. Der erste Kirchenbau an dieser Stelle stand schon im 13. Jahrhundert, 1772 bis 1779 errichtete man dann den noch heute existierenden Gebäudekomplex. Kunstvolle Deckenfresken und schöne Stuckarbeiten zeichnen die Kirche aus. In den Klostergebäuden sind heute Rathaus und Verwaltung untergebracht, außerdem dienen sie als Kulturzentrum.

Den Namen »Oberndorf« verbindet man gemeinhin mit der Produktion von Waffen. Die Geschichte der Waffenproduktion begann hier 1811, als Friedrich II. die Königliche Gewehrfabrik von Christophstal nach Oberndorf verlegte und hierfür die Räume des säkularisierten Augustinerklosters nutzen ließ. Die in der Gewehrfabrik angestellten Brüder Wilhelm und Paul Mauser gründeten 1872 ihren eigenen Betrieb. Ehemalige Mauser-Mitarbeiter gründeten dann 1949 Heckler & Koch. Der Waffenhersteller hat seinen Sitz seither in Oberndorf, auch heute noch werden dort Waffen produziert.

Ein Gebäude mit langer Tradition ist das Haus gegenüber der katholischen Kirche in der Kirchtorstraße. Es ist das Verlagsgebäude des Schwarzwälder Boten. 1835 erwarb Wilhelm Brandecker den Verlag in Sulz und zog zwei Jahre später nach Oberndorf. Sehenswert ist auch die Evangelische Stadtkirche ein paar Straßen weiter, auch »Bergkirche« genannt. Unter der Leitung des Stuttgarter Architekten Martin Elsaesser entstand hier zwischen 1915 und 1916 eine Jugendstilkirche, alles in allem ein eigenwilliges, ganz besonderes Kirchengebäude.

In **Sulz** liegt das beheizte Solefreizeitbad Susolei am Eingang des Ortes unweit vom Radweg, es lässt sich also durchaus eine entspannte Badepause einlegen. Sole und Baden haben in Sulz eine lange Tradition. Schon im Mittelalter wurden Badehäuser erwähnt. Das Alte Badhaus in der Mühlstraße wurde 1794 nach dem Stadtbrand erbaut. Der Ort verdankt seinen Namen im Übrigen vermutlich dem Salz. Bis ins 16. Jahrhundert hinein befanden sich auf dem Marktplatz Salzsiedehallen. Die Waldhornbrücke wiederum, die nach links über den Neckar in den Stadtpark Wöhrd führt, hat ihren Namen vom früheren benachbarten Hotel. Sie wurde zwischen 1740 und 1742 als Steinbrücke gebaut, um damit eine hochwassersichere Leitung zum Transport der Sole von den Stollenmündungen zu den Siedeanlagen

Fachwerk und Walmdach: die kunstvollen gedeckten Brücken am Oberen Neckar

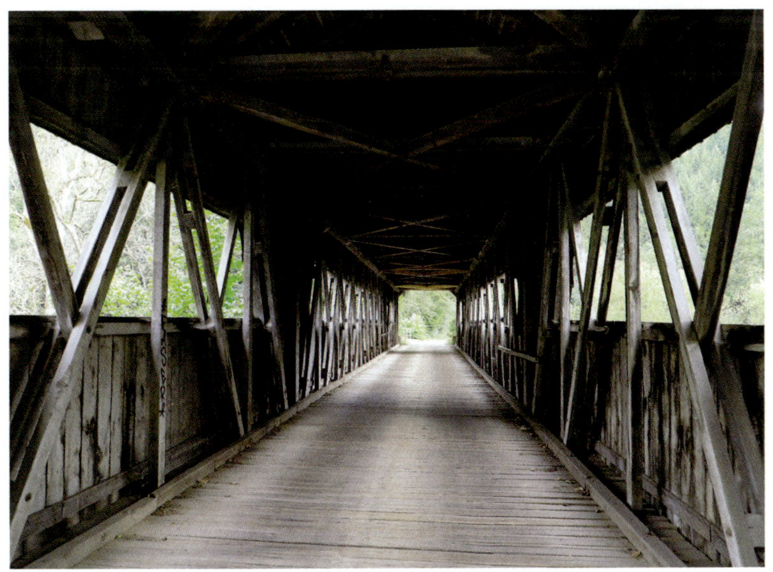

auf dem Wöhrd zu schaffen. 1924 wurde der Salinenbetrieb in Sulz schließlich eingestellt.

Glatt liegt ein Stück vom Neckartalradweg entfernt. Der Ort ist die paar zusätzlichen Radkilometer aber auf alle Fälle wert. Das zwischen 1533 und 1540 erbaute Renaissanceschloss gehört zu den besterhaltenen Schlossanlagen Baden-Württembergs. Mit seinen vier mächtigen Türmen und den dicken, wehrhaften Mauern ruht das Schloss gleichermaßen im Wasser und hat in dieser Ruhe eine ziemlich beeindruckende Ausstrahlung. Im Schloss ist das KMZ, das Forum für Kunst und Kultur am oberen Neckar beheimatet. Das heißt, hinter den Schlossmauern befinden sich vier Museen. Das Adelsmuseum mit Rüstkammer veranschaulicht die Lebensweise der »Blaublütigen« in Mittelalter und Früher Neuzeit. Es werden die politischen und gesellschaftlichen Hintergründe der adeligen Herrschaft dokumentiert. Der bäuerliche Alltag ist Thema der Bauernmuseumsausstellung in der Zehntscheuer. Hier wird gezeigt, wie die Bauern in der Region am oberen Neckar bis Mitte des letzten Jahrhunderts gewohnt und gearbeitet haben, Arbeitsprozesse von der Saat bis zur Ernte werden erläutert, die sozialen und politischen Strukturen der dörflichen Gemeinschaft beleuchtet. Die Geschichte von Dorf und Herrschaft ist Thema der Ausstellung im Schlossmuseum. Die Galerie Schloss Glatt befindet sich im Westflügel und nimmt flächenmäßig knapp die Hälfte der gesamten Museumsfläche ein. Rund 170 Exponate sind dort in der Dauerausstellung zu sehen, außerdem erzählt sie die Geschichte der legendären Bernsteinschule, die die Nachkriegskunst des Südwestens von Deutschland nachhaltig geprägt hat. Kulturinteressierten sei außerdem empfohlen, im Rahmen der Radtourplanung einen Blick in den Veranstaltungskalender des KMZ zu werfen. Hier finden immer wieder interessante Veranstaltungen statt, zum Beispiel im Juli die Opernfestspiele. Der Eintritt für alle vier Museen kostet im Übrigen nur vier Euro.

Unbedingt sollte man sich nach so viel Kunst, Kultur und Geschichte eine Pause gönnen und das königliche Ambiente sowie die freundliche Atmosphäre im Café im Schloss genießen. Man darf sich stilvoll auf goldgerahmten Sesseln niederlassen. Leckere Kuchen und Torten werden hier natürlich auf edlem Porzellan gereicht.

Schon von Weitem beeindruckt und lockt die Kulisse von **Horb** mit ihren – in der Höhe thronenden – Bürgerhäusern und

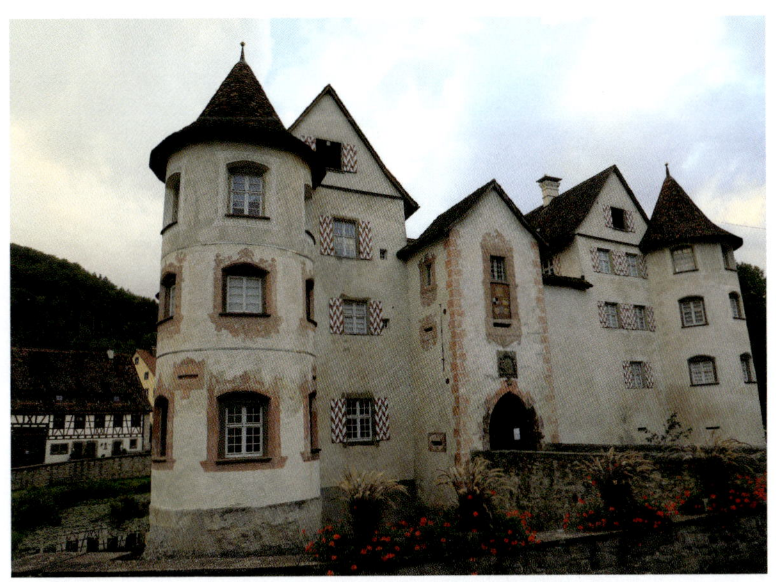

Der Mittelpunkt von Glatt, sein Wasserschloss

der Stiftskirche oberhalb des Neckars. Ins Stadtzentrum geht es zwar bergauf, die schönen Gassen und Plätze sollte man sich aber nicht entgehen lassen. Unten am Mühlkanal steht das Wassertor, eine ehemalige Wehranlage. Auf der Seite zum Kanal hin sind Freskomalereien, das hohenbergische Stadtwappen und das Bindenschild der einstigen österreichischen Stadtherren zu sehen. Um 1300 herrschten über Horb die Grafen von Hohenberg, 1381 wurde Horb dem Haus Österreich unterstellt, 1806 endete die über 400-jährige Zugehörigkeit der Stadt zum Hause Habsburg – und Horb wurde württembergisch. Hier am Kanal bietet sich dem Betrachter eine wahre Idylle, dieser Teil der Stadt wird deshalb auch »Klein Venedig« genannt. Hübsche Häuser säumen das Ufer, ruhig fließt das Wasser im Mühlkanal.

Steigt man in den Ortskern hinauf, kann man sich auf dem Marktplatz ein Freiluftbilderbuch anschauen, denn das Rat- und Wachthaus ist prächtig bemalt mit dem »Horber Bilderbuch«. Der heimische Künstler Wilhelm Klink zeichnete 1925/27 Bilder, auf denen die Geschichte von Horb abgebildet ist. Hier auf dem Marktplatz lässt es sich auch wunderbar im Café Pause machen, auch das sollte man unbedingt ins Programm mitaufnehmen!

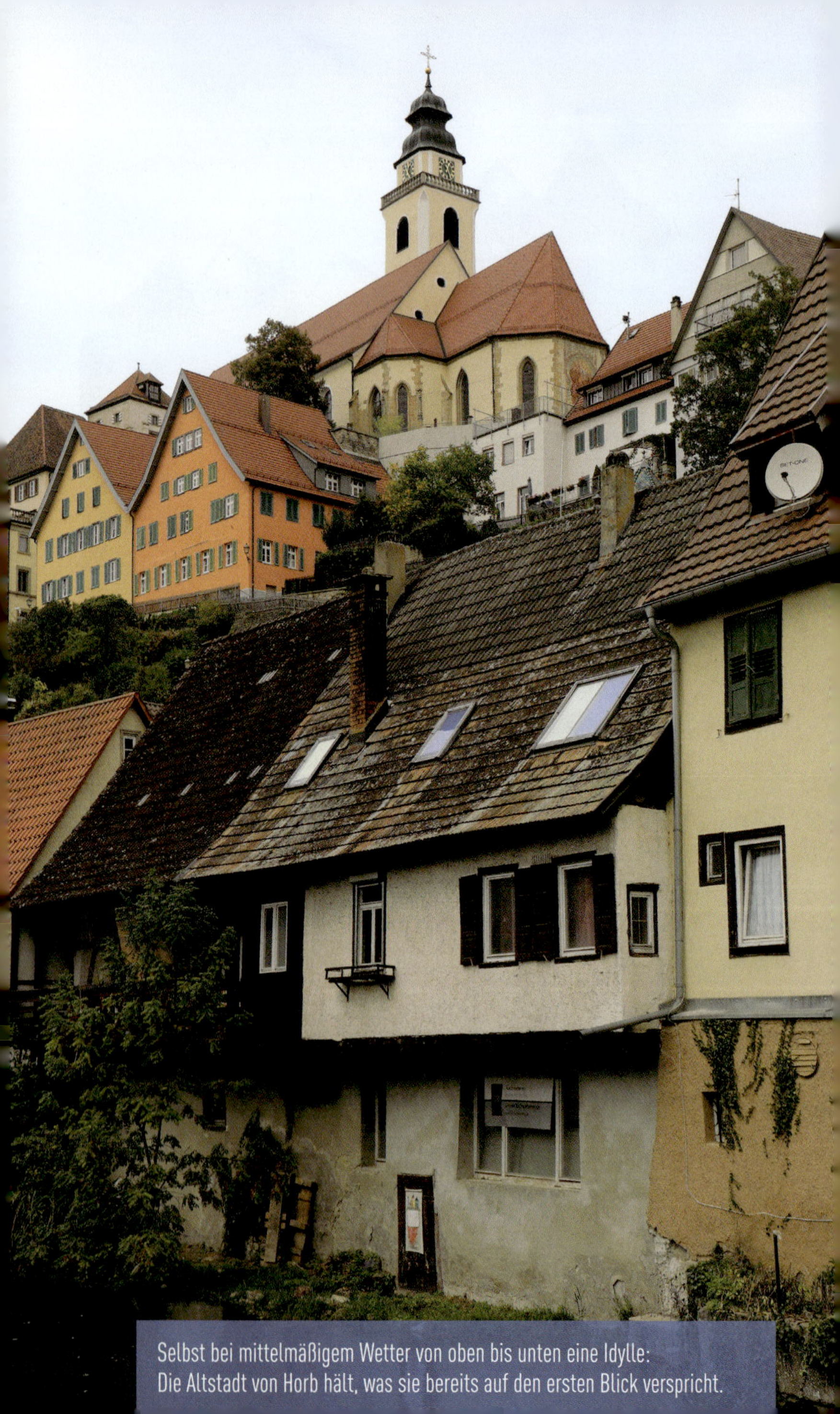

Selbst bei mittelmäßigem Wetter von oben bis unten eine Idylle:
Die Altstadt von Horb hält, was sie bereits auf den ersten Blick verspricht.

Eine Besonderheit in Horb sind auch die Horber Themengärten. 300 winterharte Kakteen und Sukkulenten kann man im Kakteengarten besuchen und ganz nebenbei die schöne Panoramasicht genießen. Der Kakteenexperte Holger Dopp und seine Frau Gudrun haben die Idee zu dem besonderen Garten entwickelt und mithilfe der Stadt und ein paar Ehrenamtlichen tatkräftig umgesetzt. In der Hauptblütezeit zwischen Mai und August können schon mal an die tausend Blüten zu sehen sein. Ein weiterer Garten ist der Weiße Garten im ehemaligen Dominikanerinnenkloster, in dem nur weißblühende Pflanzen wachsen. Von Mai bis Oktober ist er täglich geöffnet. Der dritte Garten, der Steinerne Geschichtsgarten, ist eine Art Freilichtmuseum und damit jederzeit zugänglich. Er liegt auf einem der Horber Hausberge, nämlich dem Kreuzkapellenberg, und bietet einen schönen Aussichtspunkt über Horb und das Neckartal. Über 70 Vermessungs-, Rechts- und Verkehrskleindenkmale erzählen hier ihre Geschichte. Sie dokumentieren Grenzverläufe oder Gemarkungsgrenzen in Wald und Flur. Manche erinnern an besondere Begebenheiten oder Personen, beispielsweise an Unglücke, Kriege, Hungersnöte, Morde oder Hinrichtungen. Eine Beschreibung der einzelnen Steine mit den geschichtlichen und volkskundlichen Hintergründen gibt es bei der Stadtinformation Horb.

Die weithin sichtbare Stiftskirche Heilig Kreuz ist der älteste Horber Kirchenbau und steht an der hochsten Stelle der Altstadt. Mitte des 13. Jahrhunderts erbaut, wurde sie im 14. und 15. Jahrhundert erweitert und brannte 1725 aus. 1728 begann dann der Wiederaufbau im Barockstil. Sehenswert ist im Frauenchörle die »Horber Madonna«, eine künstlerisch bemerkenswerte Figur aus Kalkstein.

Einen weiteren tollen Ausblick gibt's im *Biergarten Rauschbart*. Er liegt auf einer Aussichtsplatte an der B 14 in Horb. Vom Parkplatz an der B 14 in Richtung Bildechingen sind es zwei Minuten zu Fuß, es geht bergauf. Oben beim Lokal kann man aber den Akku des E-Bikes aufladen lassen – und auch für den eigenen Akku gibt es dort Energiequellen, zum Beispiel Hähnchen und Bier. So kann dann der Tag ganz gut ausklingen. Eine ebenfalls reizvolle Alternative: Wir radeln nach einer genüsslichen Ortsbesichtigung von Horb zum *Forellengasthof* und genießen hier die schöne Lage im Neckartal. Am nächsten Morgen kann, wer will, jedenfalls erfrischt direkt mit der Tour nach Nürtingen (s. S. 26ff.) anschließen.

Ausgewählte Adressen und Tipps

Rottweil, www.rottweil.de

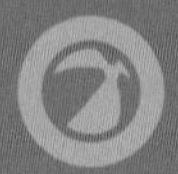

Aquasol, Brugger Str. 11, 78628 Rottweil
Tel. 07 41/47 27 00, www.aquasol-rottweil.de
Freizeitbad mit Innen- und Außenbereich, Sauna u. Wasserrutsche

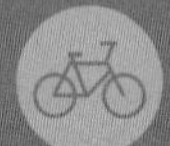

Fahrrad Kaiser, Balinger Str. 9, 78628 Rottweil
Tel. 07 41/89 19, www.fahrradkaiser.de

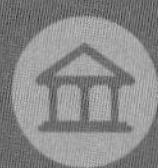

Thyssen-Testturm, www.testturm.thyssenkrupp-elevator.com
Für Besucher Fr u. So 10.00–18.00, Sa 10.00–20.00
Sonderöffnungszeiten in den Ferien, Infos online oder in der Tourist-Info

Sulz am Neckar, www.sulz.de

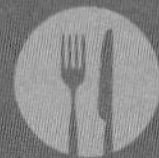

Café im Schloss, OT Glatt, 72172 Sulz am Neckar
Tel. 0 74 82/3 16 oder 0 74 82/18 64
Eis, Kuchen u. Torten aus eigener Herstellung im Schlossambiente

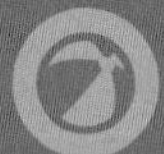

Susolei, Jahnstr. 5, 72172 Sulz am Neckar
Tel.0 74 54/62 82
Sole-Freizeitbad mit Wasserrutsche u. Sprungbecken

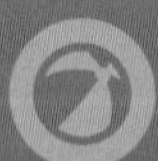

Kanusport Neptun, Klaus Weiblen
Burg-Wehrstein-Str. 55, OT Fischingen, 72172 Sulz am Neckar
Tel. 0 74 54/96 74 55, www.kanusport-neptun.de

Horb am Neckar, www.horb.de

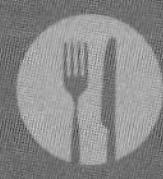

Rauschbart, Rauschbart 1, 72160 Horb am Neckar
Tel. 0 74 51/37 17, www.rauschbart.de
Öffnungszeiten saisonal abhängig, Infos online
Bratwürste, Hähnchen u. Eiscreme, Gartenlokal mit Blick ins Neckartal

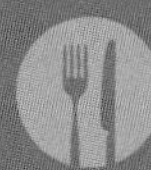

Hotel Forellengasthof Waldeck, Mühlsteige 33, OT Isenburg, 72160 Horb am Neckar
Tel. 0 74 51/38 80, www.forellengasthof-waldeck.de
Di–Do 17.30–21.30, Fr u. Sa 11.30–14.00 u. 17.30–21.30, So 11.30–16.30
Mo Ruhetag
Schöne Lage, leckere Forellengerichte

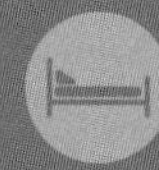

Camping und Wohnmobile, Fam. Kuch, Schütteberg 7–9, 72160 Horb am Neckar
Tel. 0 74 51/39 51, www.camping-schuettehof.de

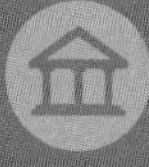

Horber Themengärten:
Kakteengarten – Sommerhalde
Weißer Garten – Oberamteigasse
Steinerner Garten – Kreuzerstraße

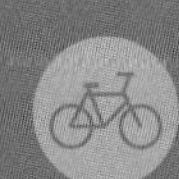

E-Bike Ladestationen:

Rottweil:
– beim Aquasol (Brugger Str. 11)
Oberndorf:
– beim Café Melber (Hölderlinstr. 2)
Horb:
– beim Gleis Süd (Bahnhof 1)
– im Biergarten Rauschbart

2 Die Dichter- und Denkertour

Den Neckar entlang von Horb nach Nürtingen

Ein Kapitel mit klangvollem Namen: Berühmte Dichter, Denker und Philosophen haben in dieser Region schon die tolle Landschaft und die ausgesprochen sehenswerten Fachwerkstädtchen genossen. Wir begeben uns auf ihre Spuren. Hierfür kann man sich auch mehr Zeit als einen Tag nehmen, denn die Tour lässt sich problemlos in unterschiedliche Etappen aufteilen.

INFO

Die Strecke: Horb – Bieringen – Rottenburg – Tübingen – Pliezhausen – Neckartailfingen– Nürtingen

Länge: Ca. 78 km, kombinierbar mit Tour 1 (s. S. 10)

Markierung: Neckartalradweg, gut ausgeschildert

Einstiegspunkt: Bahnhof Horb

Anfahrt mit ÖPNV: Mit der Gäubahn ab Stuttgart Richtung Singen oder ab Singen Richtung Stuttgart oder mit der Kulturbahn ab Tübingen, Umstieg in Rottenburg

Rückfahrt mit ÖPNV: Ab Nürtingen Bahnhof mit dem Regionalzug nach Stuttgart oder Tübingen

Wetter: Schöne Strecke von Frühjahr bis Herbst, gut befestigte Wege, sonnige und schattige Abschnitte, an Sonnenschutz denken!

Schwierigkeitsgrad: Leicht, wenn man in Tübingen den Weg am Neckar entlang wählt (weniger Steigung)

Für Familien: Gut geeignet, da der Radweg nur wenige Steigungen hat und es unterwegs viel zu sehen gibt; Strecke kann gut verkürzt oder noch einmal unterteilt werden durch Ausstieg oder Pause in Rottenburg oder Tübingen; Freibäder in Horb, Rottenburg, Tübingen, Nürtingen, Badestellen im Neckar, Baggersee Hirschau zwischen Rottenburg und Tübingen

Übernachtung: Überall in den Orten an der Strecke ausreichend Hotels und Gasthöfe

Hilfreiche Internetadresse: www.neckartalradweg-bw.de

Hier geht's lang

Wir starten am Bahnhof **Horb** und fahren nach rechts auf die Dammstraße. An den Christophorusbrücken stoßen wir auf den Radweg, der entsprechend markiert ist, überqueren kurz darauf die Gleise und fahren an Grünanlagen vorbei zum Ortsausgang, wo wir erneut über die Gleise wechseln. Weiter geht es auf dem Egelstaler Weg Richtung **Mühlen**. Dort kommen wir an den Weg »Wagrain« und fahren nach links und ein kurzes Stück abwärts, dann geht es rechts in den Auwaldweg. Der Weg steigt an und gabelt sich, unser Radweg verläuft links. Ein kurzes Stück bergauf unterqueren wir die Brücke der A81, queren danach das Flüsschen Eyach und fahren gleich danach links auf die L360, am Bahnhof des Ortes **Eyach** vorbei. Links vom Radweg zeigt sich die Weitenburg. An der Lohmühle geht der Radweg nach links, wir überqueren den Neckar und fahren gleich danach rechts weiter. Erneut geht es links, in Richtung **Börstingen**, weg vom Neckar und schließlich auf die L370. Wir biegen nach rechts ab und fahren an **Sulzau** vorbei, das am linken Neckarufer liegt.

Weiter geht es auf der Straße Richtung Bieringen. Kurz nach Sulzau führt ein Weg rechts von der Straße weg und durch einen Golfplatz hindurch. Ein Schild warnt uns vor umherfliegenden Bällen, die Durchfahrt ist aber erlaubt. Kurz vor **Bieringen** geht es erneut auf die Straße und schließlich auf einer steinernen Brücke über den Neckar. Nach der Brücke biegen wir links ab in die Allmandstraße und fahren an Sportplätzen vorbei. Nach einer Rechtskurve biegen wir noch einmal links ab und fahren durch

Schon über 600 Jahre alt: der Marktbrunnen am Horber Marktplatz

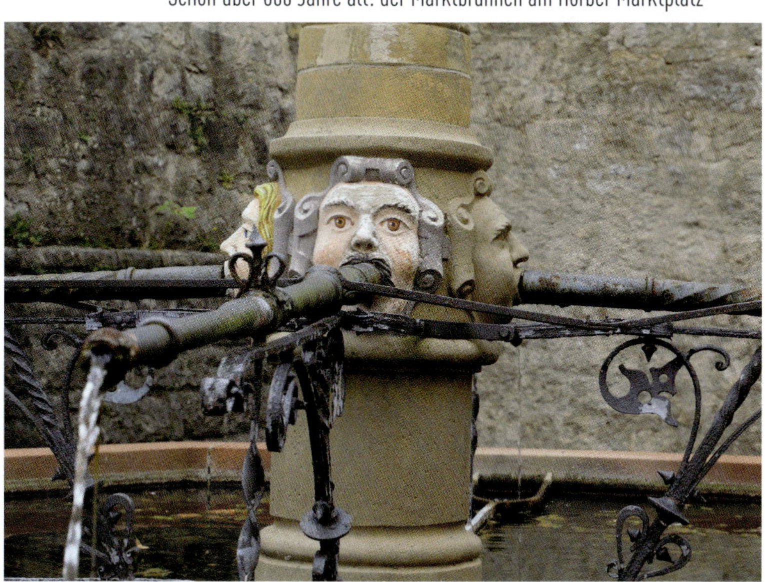

eine schöne Landschaft mit Schilf, Wiesen und idyllischem Neckarufer. In einem Bogen werden wir über den Neckar geleitet und radeln nach **Obernau**, das wir jetzt besichtigen können, indem wir der Neckarau ins Zentrum folgen.

Richtung Rottenburg geht es von der Neckarau rechts ab und dann immer links von Fluss und Bahngleisen entlang zur Bronnmühle. Unterwegs erfreuen wir uns immer wieder an einem Blick auf den Neckar, auf dem sich auf unserer Tour eine Gruppe Schwäne tummelt. An der Bronnmühle vorbei gelangen wir auf einem asphaltierten Weg, der in eine Straße übergeht, bis zur Straße »Neckarhalde«, die uns zu einem Kreisverkehr bringt. Dort biegen wir leicht links ein auf die Königstraße, die uns schließlich ins Zentrum und auf den Marktplatz von **Rottenburg** bringt. Am Ende des Marktplatzes, beim Dom, geht es nach rechts in die Stadtlanggasse und schließlich weiter auf der Gartenstraße, die schließlich zur Siebenlindenstraße wird. Wir queren die B 28 und verlassen Rottenburg.

Es geht weiter auf einer sehr schönen Ebene in Neckarnähe und mit Blick auf die eindrucksvolle Wurmlinger Kapelle bis nach **Hirschau** und zum Hirschauer Baggersee. Wer die Kapelle besichtigen will, startet von Rottenburg aus auf dem Radweg, der markiert ist. In Hirschau führt der Radweg gut beschildert auf der rechten Seite des Ortes entlang. Am Ortsende kreuzt er die L 371 und geht auf der linken Seite weiter in Richtung Tübingen.

Wir fahren am Friedhof vorbei, bis an den **Tübinger** Stadtrand, wo man nun zwei Möglichkeiten hat, um in die Altstadt zu kommen. Entweder man radelt noch einmal bergauf und fährt am Schloss vorbei, oder man bleibt in der Ebene und fährt über die Eberhardsbrücke.

Wir entscheiden uns für die Berg- und Schlossvariante und radeln am Kanal entlang weiter, auf der Rappenberghalde, vor-

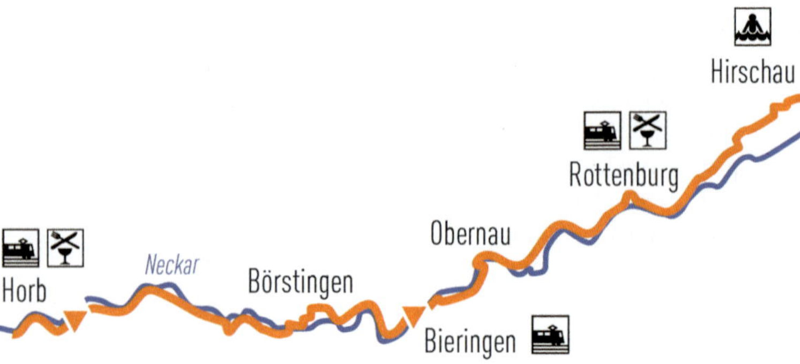

bei am Campingplatz und an prächtigen Bürgerhäusern, auf die Hirschauer Straße und schließlich auf die Straße Neckarhalde. Links oben liegt dann das Schloss, von dem aus wir eine tolle Aussicht genießen. Zur Weiterfahrt geht es über die Neckarhalde hinunter in Richtung Neckar und zur Neckargasse. Wir radeln vorbei an der *Gasthausbrauerei Neckarmüller* und fahren kurz darauf bei der Jugendherberge nach rechts in Richtung Neckar und dann weiter am Fluss entlang. Nach Queren der Ammer führt unser Weg nach rechts über den Neckar auf die Kusterdinger Straße. Wir passieren die B 27, das Tal ist jetzt offen und weit. Wir überqueren die L 379 und dann das Flüsschen Echaz und schließlich erneut den Neckar. Der Weg führt am Baggerseegelände vorbei, bis die B 297 einmündet, an ihr fahren wir weiter entlang bis **Altenburg**, dort bleibt der Radweg in Neckarnähe, bis er die Oferdinger Straße überquert, dann geht es rechts vorbei an **Pliezhausen**.

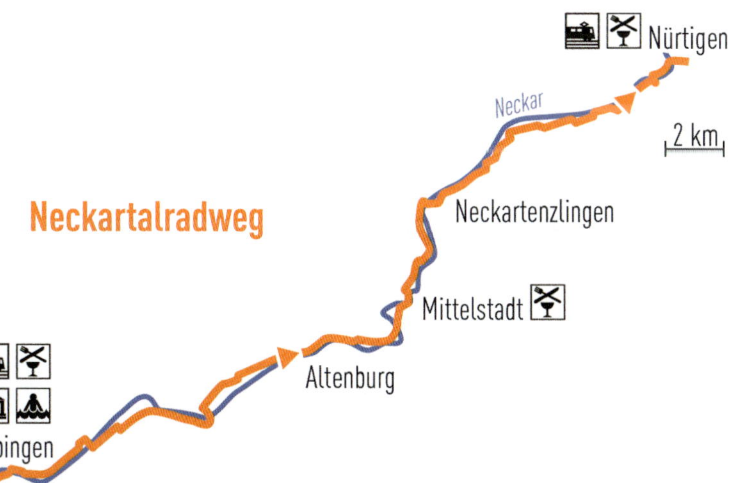

Wir queren den Neckar und radeln links an **Mittelstadt** vorbei. Immer zwischen B 297 und Neckar radeln wir nach **Neckartenzlingen**. Entlang des Neckars verlassen wir Neckartenzlingen, queren vor **Neckartailfingen** am Aileswasensee die B 312, radeln an den Parkplätzen vorbei zur Reutlinger Straße, auf die wir nach links einbiegen. Zwischen Neckar und Bahnlinie radeln wir an **Neckarhausen** vorbei.

Am Ortseingang von **Nürtingen** queren wir die Metzinger Straße und radeln nach links über die Brücke, und anschließend gleich wieder nach rechts durch ein schönes Ufergebiet am Neckar entlang bis zur Stadtbrücke, die wir nun rechts überqueren und dann direkt auf die Altstadt stoßen.

Das gibt's zu sehen

Auf dem Weg vom Stadtzentrum oder vom Bahnhof zum Radweg werfen wir noch einmal einen Blick hinüber und genießen das schöne Panorama von Horb (s. S. 20ff.). Zwischen Schwarzwald und Schwäbischer Alb setzen wir unseren Weg fort.

Bei **Mühlen** ist das Neckarufer wirklich idyllisch und wird von den Einheimischen als Badestelle genutzt. Hier wäre also ein Platz für eine erste Erfrischungspause gefunden. Eine schöne Kulisse bietet bei **Börstingen** die Weitenburg, die links über dem Tal thront.

In der **Bronnmühle** kurz vor Rottenburg werden bereits in der vierten Generation Mehle gemahlen. Im Mühlenladen kann man Mehl und viele weitere regional erzeugte Produkte kaufen. Dieses Angebot ist für uns Radler natürlich weniger interessant.

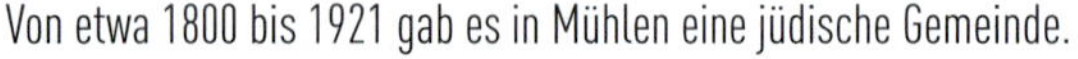
Von etwa 1800 bis 1921 gab es in Mühlen eine jüdische Gemeinde.

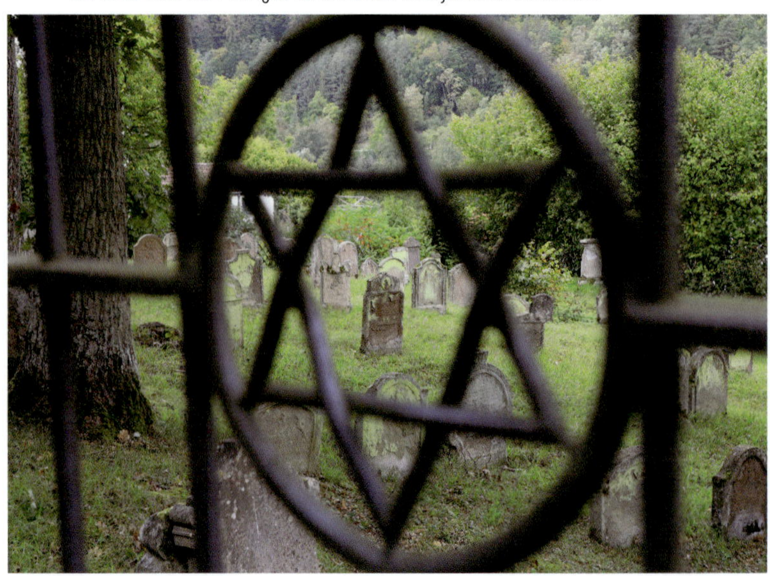

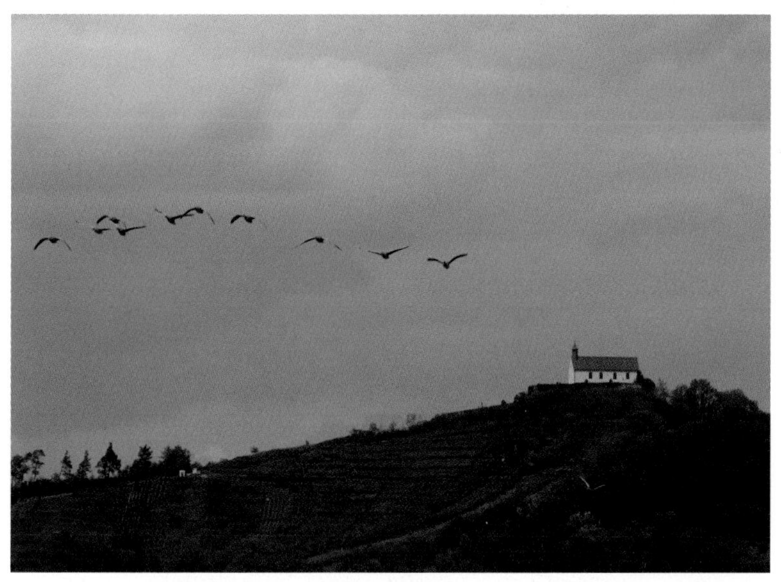

Offensichtlich auch für Wildgänse interessant: die Wurmlinger Kapelle

Es gibt hier im Mühlencafé aber leckeren selbst gebackenen Kuchen, sodass wir gerne eine Pause einlegen. Das Geschirr setzt sich aus vielen verschiedenen hübschen Raritäten zusammen. Drinnen in der guten Stube ist es gemütlich, wenn es draußen kalt sein sollte. Bei Sonnenschein sitzt es sich ganz herrlich draußen im Hof.

Wir genießen … und ziehen dann doch weiter, die Bischofsstadt ruft. **Rottenburg** ist Bischofssitz seit 1828. Die ausgeprägte religiöse Kultur hat im Ort aber eine deutlich längere Tradition. 1817 war Rottenburg zweitgrößte katholische Stadt im Königreich Württemberg. Im 17. und 18. Jahrhundert waren die Klöster der Karmeliter, Kapuziner, Franziskanerinnen der Oberen Klause, der Jesuiten und das Chorherrenstift St. Moriz in der Stadt angesiedelt. Auch heute ist das noch erkennbar. Die stattliche Domkirche St. Martin aus dem 15. Jahrhundert dominiert den Marktplatz, etliche Einrichtungen der Diözese Rottenburg-Stuttgart sind in ehemaligen Klostergebäuden untergebracht. In den Gassen stößt man auf Privathäuser, in deren Gemäuer Heiligenfiguren eingemauert wurden. Museumsfreunde finden im Übrigen im Diözesanmuseum eine besondere Sammlung: Schaurig-Schönes wie die größte Reliquienglassammlung des

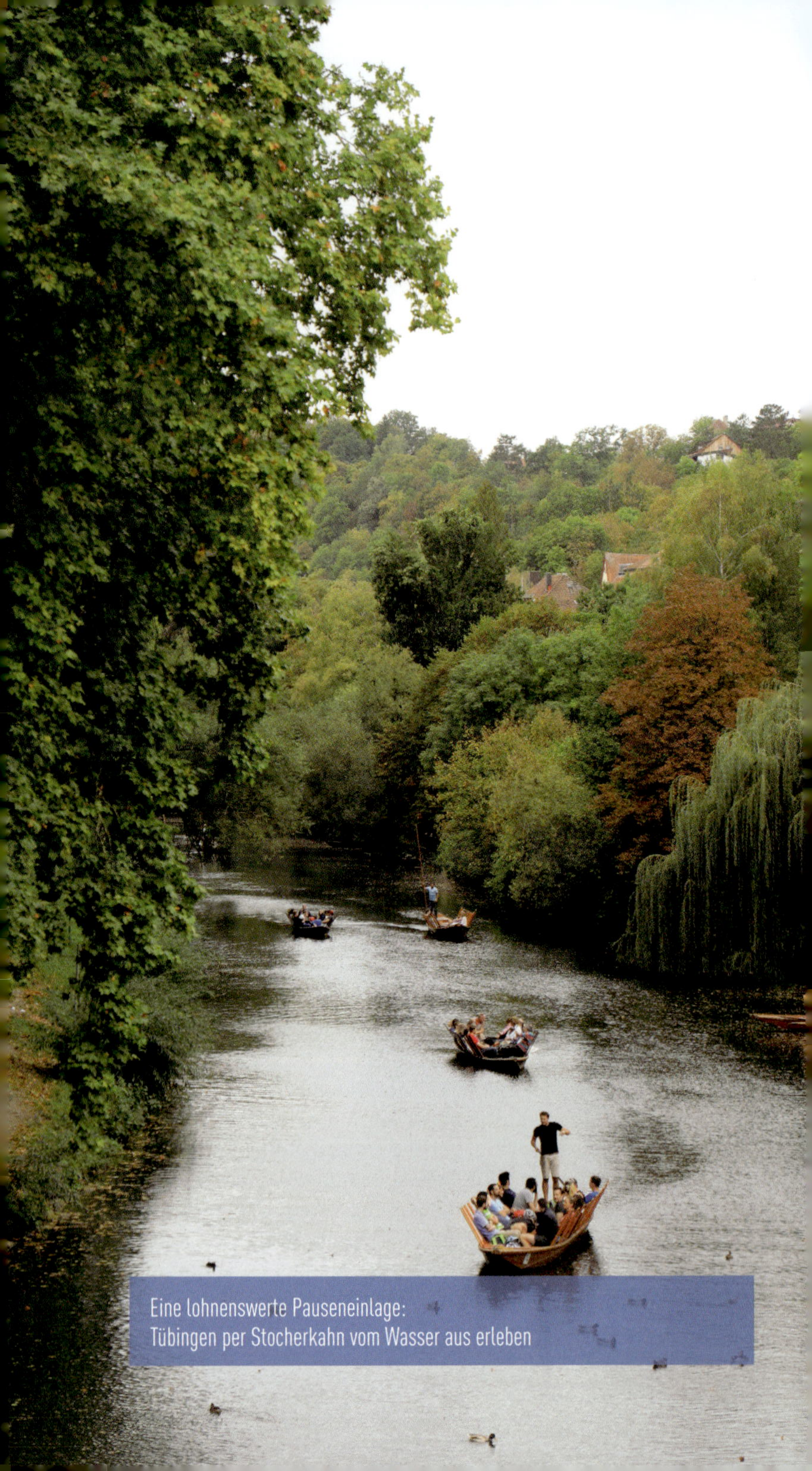

Eine lohnenswerte Pauseneinlage:
Tübingen per Stocherkahn vom Wasser aus erleben

süddeutschen Raums gibt's hier unter anderem zu sehen. Ebenfalls auf dem Marktplatz steht das Rathaus aus dem 18. Jahrhundert, ein stattliches Gebäude im Barockstil. Ein Eis in der Sonne vor dem Marktbrunnen mit der wohl schönsten gotischen Brunnensäule Südwestdeutschlands ist eigentlich ebenfalls ein Muss.

Rottenburg ist eine Weinstadt und verfügt sogar über Wein vom eigenen städtischen Weingut. Besenwirtschaften in der Stadt und der Umgebung bieten Wein, Hausmannskost und ein gemütliches Ambiente. Die *Weinstube Stanis* ist eigentlich ebenfalls ein Muss im Besuchsprogramm! Wenn man Glück hat, dann steht gerade eine Lesung mit den Gedichten von Sebastian Blau auf dem Programm. Näheres hierzu kann man auch in der Tourist-Info erfahren. Apropos Sebastian Blau, alias Josef Eberle: Auf einem nach dem berühmten Poeten, Verleger und Publizisten benannten Weg kann man an mehreren Stationen seine Gedichte lesen, zu denen der Sohn der Stadt an diesen Orten inspiriert wurde. Ein Teil der Stationen findet sich im Stadtzentrum, Start ist am Römischen Stadtmuseum.

Entspannt bummeln in verträumten Gässchen und über lebendige Plätze lässt es sich in dem Gebiet zwischen Marktplatz und Neckarufer mit dem ehemaligen Gerberviertel auf jeden Fall auch. Unten am Neckarufer genießen Einwohner und Touristen an schönen Tagen gemeinsam die Sonne. An der Josef-Eberle-Brücke wacht der Heilige St.-Johann-Nepomuk über das Wohl der Brücke und derer, die darüber gehen.

Wenn es der Tourenplan erlaubt, dann ist eine Führung durch den Garten des Professors Roland Doschka etwas ganz Besonderes. In **Dettingen**, unweit von Rottenburg, hat der Romanistikprofessor zusammen mit seiner Frau Gabi ein vier Hektar großes privates Gartenparadies erschaffen. Dabei hat sich der Kunstexperte an berühmten Gemälden orientiert und einen Park im englischen sowie im französischen Stil geschaffen. Der Garten ist zwar im Privatbesitz, die Doschkas bieten jedoch Führungen an, Einzelpersonen vermitteln sie in eine Gruppe. Bei Interesse sollte man rechtzeitig buchen, mehr dazu gibt es auch bei der Tourist-Info Rottenburg zu erfahren.

Über eine schöne Ebene radeln wir in Richtung **Tübingen** und erfreuen uns an dem eindrucksvollen Blick auf die Wurmlinger Kapelle. Von den Dichtern Ludwig Uhland und Nikolaus Lenau beschrieben und gepriesen, strahlt das Kirchlein eine ganz

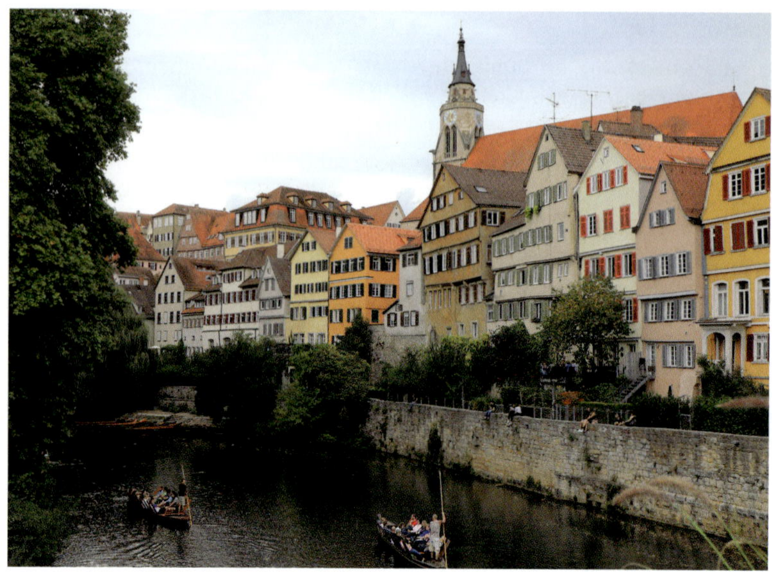

Blick von der Neckarbrücke auf Neckarufer, Neckarinsel und Stiftskirche

besondere Ruhe aus. Ein schöner Wanderweg führt nach oben, wer sich die Zeit dafür nimmt, wird es nicht bereuen. Los geht es am Kapellenparkplatz in **Wurmlingen**.

Vom Tübinger Schloss aus genießen wir zum Auftakt unserer Stadtbesichtigung den großartigen Überblick über Stadt, Neckar und Umland. Im Schloss Hohentübingen befindet sich das Museum der Universität, außerdem ruht im Schlosskeller das weltweit älteste erhaltene Riesenweinfass, das mit 84 000 Litern Fassungsvermögen auch als das größte je mit Wein befüllte gilt. Auf dem Weg nach unten in die Innenstadt kommen wir am Marktplatz mit Rathaus vorbei. In Tübingen gibt es viele hübsche Gässchen mit ausgefallenen Cafés und gemütlichen Weinstuben, und es macht Spaß, hier seiner Neugierde freien Lauf zu lassen. Auf jeden Fall empfehlenswert ist es, sich an einem Wochentag gemütlich an einem Cafétisch am Markt niederzulassen, das bunte Treiben zu beobachten und den Blick auf das 1435 als Markthalle erbaute Rathaus mit seiner prächtigen Fassade zu genießen. Auch am Holzmarkt, im Schatten der Stiftskirche, der Grablege des württembergischen Fürstenhauses, lässt sich wunderbar ein Kaffee genießen und dabei Tübinger Atmosphäre schnuppern.

Und dann ist da noch die Neckarinsel mit ihrer großartigen Platanenallee, die auf keinen Fall ausgelassen werden sollte. Für einen Besuch schlendern wir vom Holzmarkt die Neckargasse hinunter und nehmen die Treppen von der Eberhardsbrücke auf die Insel. Von hier hat man einen tollen Blick auf das andere Neckarufer mit Stocherkähnen, Stiftskirche, den Menschen, die auf der gegenüberliegenden Zwingelmauer sitzend die Sonne genießen und dem berühmten Hölderlinturm. Natürlich gehört auch eine Stocherkahnfahrt zu jenen Dingen, die man in Tübingen unternehmen sollte. Die Tübinger Stocherkähne, einst von den Neckarfischern genutzt, sind etwas ganz Besonderes. Man kann einen Kahn mieten und sich selbst am Stochern versuchen, oder man lässt sich durch den Neckar stochern. Es gibt auch Themenfahrten wie Abendfahrt, Gourmetfahrt oder Fahrt mit Weinprobe. Näheres weiß man in der Tourist-Info, die hier gleich um die Ecke am Neckarufer beheimatet ist – und wo man selbstverständlich auch noch sehr viel mehr Infos zu der ganzen Fülle an touristischen Attraktionen bekommen kann.

Der Hölderlinturm am Neckarufer ist das Tübinger Fotomotiv schlechthin. Im ersten Stock des Turms verbrachte der 1770 geborene Dichter, nachdem er psychisch krank von der Schreinerfamilie Zimmer aufgenommen worden war, die letzten 36 Jahre (!) seines Lebens bis zu seinem Tod 1843. Er schrieb in dieser Zeit etliche seiner berühmten Gedichte. Aber Achtung: Vor dem Jubiläumsjahr 2020 wird der Turm umfassend saniert und ist für die Öffentlichkeit nicht zugänglich. Die neu konzipierte Dauerausstellung soll die Gedichte Hölderlins dann durch multimediale Elemente mit allen Sinnen erfahrbar machen.

Tübingen hat jedoch bekanntlich noch mehr Dichter- und Denkerspuren: Die Herren Schelling und Hegel studierten hier einstmals ebenso wie Hölderlin im Stift. Auch Hermann Hesse hat einst in Tübingen gewohnt. In der Buchhandlung Heckenhauer verbrachte er seine Lehrjahre. Die Räume des Hesse-Kabinetts am Holzmarkt erzählen davon, an den Wochenenden kann man sie besichtigen.

Lohnenswertes Ziel eines Abstechers ist das Kloster Bebenhausen in schöner Lage im Schönbuch, einem Waldgebiet sechs Kilometer nördlich von Tübingen. Das wusste auch schon der Dichter Eduard Mörike, der immer wieder hier einkehrte. Das Ende des 12. Jahrhunderts gegründete Zisterzienserkloster entwickelte sich im Verlauf des späten Mittelalters zum reichsten Kloster Württembergs. Im 18. und 19. Jahrhundert wurden Teile der Klosteranlage zum Jagdschloss umgebaut.

Nürtingen ist ein lebendiges Städtchen, in dem die Anwohner ihre Gässchen mit liebevoll bepflanzten Blumentöpfen und Dekoartikeln aller Art verschönern. Immer wieder ein Winkel, ein Eckchen, wo noch ein Tisch und zwei Stühle Platz haben – und schon ist die Außenterrasse perfekt! Hölderlins Spuren findet man auch in Nürtingen an etlichen Stellen. Der Dichter verbrachte hier die längste Zeit seiner Kindheit und Jugend und kehrte während seiner Schulzeit in Maulbronn und Denkendorf und während seines Studiums in Tübingen in den Ferien gerne zur Mutter und seinen Geschwistern nach Nürtingen zurück. Wer gerne wandern möchte: Ein zwölf Kilometer langer Rundweg führt durch »Hölderlins Landschaft«. Eine Broschüre hierzu gibt es in der Tourist-Info im Rathaus.

24 Jahre lang war der Schweizer-Hof die Heimat der Familie Hölderlin-Gock. Seit dem 19. Jahrhundert wurde das Gebäude als Schulhaus genutzt, heute ist in dem unscheinbaren Gebäude die Volkshochschule untergebracht. In den Nürtinger Gassen mit all den Fachwerkhäusern und netten Geschäften lässt es sich sehr schön bummeln. Wir stoßen auf viele einladende Cafés und Eisdielen. Sie sind allesamt hervorragend geeignet, um hier die Tour zu beschließen.

Friedrich Hölderlin

Hölderlin war zeit seines Lebens eng mit dem Neckar verbunden. In Lauffen am Neckar wurde er geboren, in Nürtingen am Neckar wuchs er auf, in Tübingen blickte er täglich von seinem Turmzimmer aus auf den Fluss. Dieser taucht mehrfach in seinen Werken auf, ein Gedicht ist ihm sogar gewidmet:

Der Nekar

In deinen Thälern wachte mein Herz mir auf
Zum Leben, deine Wellen umspielten mich,
Und all der holden Hügel, die dich
Wanderer! kennen, ist keiner fremd mir.

Auf ihren Gipfeln löste des Himmels Luft
Mir oft der Knechtschaft Schmerzen; und aus dem Thal,
Wie Leben aus dem Freudebecher
Glänzte die bläuliche Silberwelle.

Der Berge Quellen eilten hinab zu dir,
Mit ihnen auch mein Herz und du nahmst uns mit,
Zum stillerhabnen Rhein, zu seinen
Städten hinunter und lustgen Inseln.

Noch dünkt die Welt mir schön, und das Aug entflieht
Verlangend nach den Reizen der Erde mir,
Zum goldenen Paktol, zu Smirnas
Ufer, zu Ilions Wald. Auch möcht ich

Bei Sunium oft landen, den stummen Pfad
Nach deinen Säulen fragen, Olympion!
noch eh der Sturmwind und das Alter
Hin in den Schutt der Athenertempel

Und ihrer Gottesbilder auch dich begräbt,
Denn lang schon einsam stehst du, o Stolz der Welt,
Die nicht mehr ist. Und o ihr schönen
Inseln Ioniens! wo die Meerluft

Die heißen Ufer kühlt und den Lorbeerwald
Durchsäuselt, wenn die Sonne den Weinstock wärmt,
Ach! wo ein goldner Herbst dem armen
Volk in Gesänge die Seufzer wandelt,

Wenn sein Granatbaum reift, wenn aus grüner Nacht
Die Pomeranze blinkt, und der Mastyxbaum
Von Harze träuft und Pauk und Cymbel
Zum labyrintischen Tanze klingen.

Zu euch, ihr Inseln! bringt mich vielleicht, zu euch
Mein Schuzgott einst; doch weicht mir aus treuem Sinn
Auch da mein Nekar nicht mit seinen
Lieblichen Wiesen und Uferweiden.

Ausgewählte Adressen und Tipps

Horb am Neckar, www.horb.de **(s. S. 25)**

Rottenburg am Neckar, www.rottenburg.de

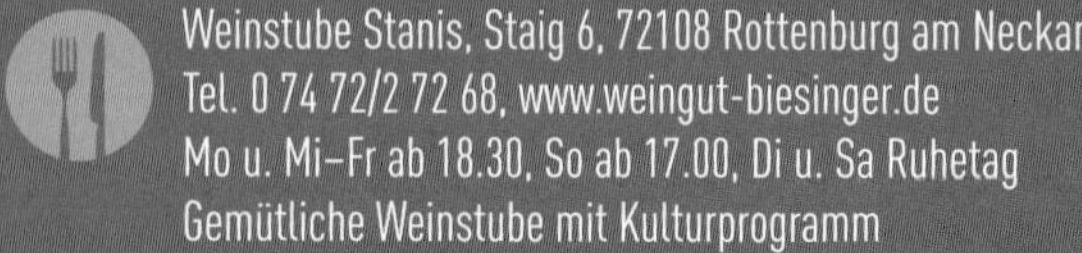

Weinstube Stanis, Staig 6, 72108 Rottenburg am Neckar
Tel. 0 74 72/2 72 68, www.weingut-biesinger.de
Mo u. Mi–Fr ab 18.30, So ab 17.00, Di u. Sa Ruhetag
Gemütliche Weinstube mit Kulturprogramm

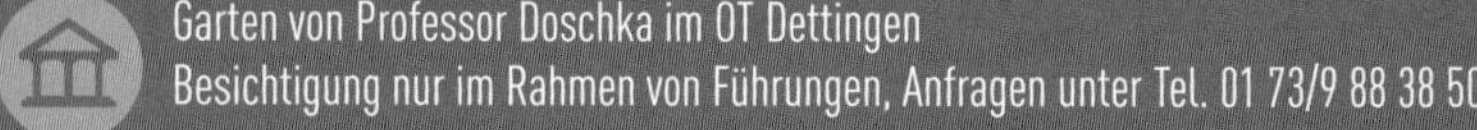

Garten von Professor Doschka im OT Dettingen
Besichtigung nur im Rahmen von Führungen, Anfragen unter Tel. 01 73/9 88 38 50

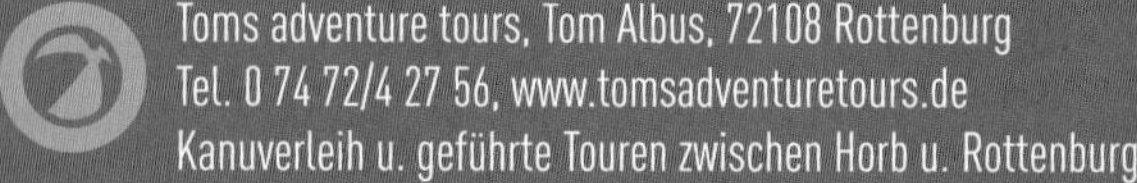

Toms adventure tours, Tom Albus, 72108 Rottenburg
Tel. 0 74 72/4 27 56, www.tomsadventuretours.de
Kanuverleih u. geführte Touren zwischen Horb u. Rottenburg

Tübingen, www.tübingen.de

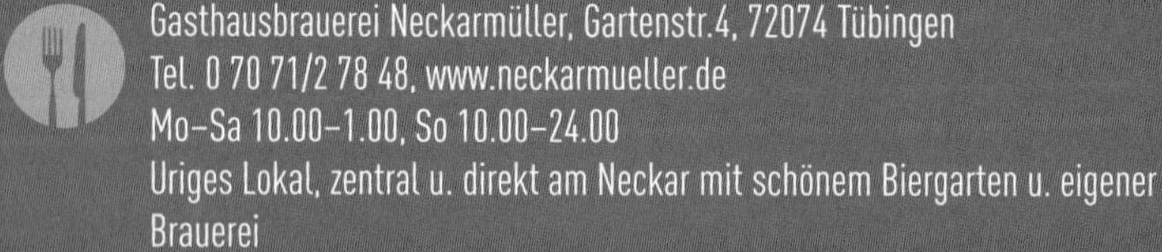

Gasthausbrauerei Neckarmüller, Gartenstr.4, 72074 Tübingen
Tel. 0 70 71/2 78 48, www.neckarmueller.de
Mo–Sa 10.00–1.00, So 10.00–24.00
Uriges Lokal, zentral u. direkt am Neckar mit schönem Biergarten u. eigener Brauerei

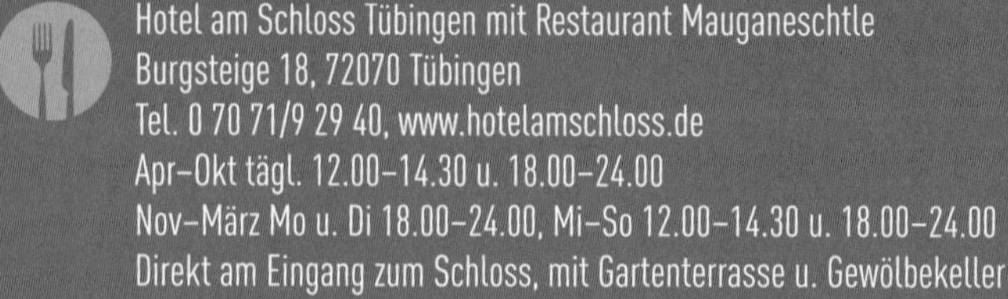

Hotel am Schloss Tübingen mit Restaurant Mauganeschtle
Burgsteige 18, 72070 Tübingen
Tel. 0 70 71/9 29 40, www.hotelamschloss.de
Apr–Okt tägl. 12.00–14.30 u. 18.00–24.00
Nov–März Mo u. Di 18.00–24.00, Mi–So 12.00–14.30 u. 18.00–24.00
Direkt am Eingang zum Schloss, mit Gartenterrasse u. Gewölbekeller

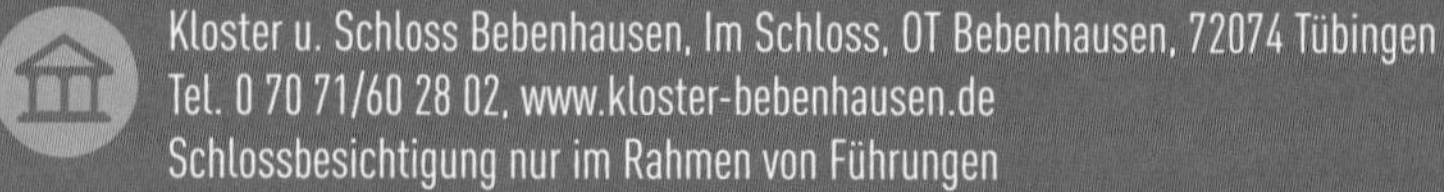

Kloster u. Schloss Bebenhausen, Im Schloss, OT Bebenhausen, 72074 Tübingen
Tel. 0 70 71/60 28 02, www.kloster-bebenhausen.de
Schlossbesichtigung nur im Rahmen von Führungen

Hesse-Kabinett Tübingen, Holzmarkt 5, 72070 Tübingen
Tel. 0 70 71/2 04 17 11
Ausstellung zur Jugend Hermann Hesses

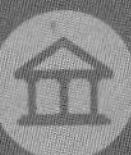

Hölderlinturm, Bursagasse 6, 72070 Tübingen
Achtung: Turm ist 2019 wegen Umbau geschlossen!

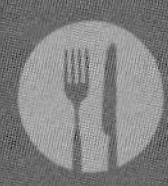

Reutlingen, www.reutlingen.de

Hotel Restaurant Klostermühle, Neckartenzlinger Str. 90
OT Mittelstadt, 72766 Reutlingen
Tel. 0 71 27/8 11 70, www.klostermuehle-reutlingen.de
Mo, Di u. Do–Sa 17.00–23.00, So 11.00–23.00, Mi Ruhetag
Direkt am Neckar, mit Biergarten

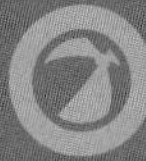

Kanu Witt, Wolfgang Neunhoeffer
Im Besterwasen 36, OT Oferdingen, 72768 Reutlingen
Tel. 0 71 21/96 60 90, www.kanu-witt.de
Kanuverleih für rund zweistündige Tour auf dem Neckar ab Oferdingen, zwischen Tübingen u. Nürtingen

Nürtingen, www.nuertingen.de

Café Kaffeeklatsch, Brunnsteige 13, 72622 Nürtingen
Tel. 0 70 22/40 78 66, www.kaffeeklatsch-nuertingen.de
Mo–Fr 9.00–18.00, Sa 9.00–16.00, So 10.00–18.00
Kaffee aus regionaler Röstung, mit vielen saisonalen u. regionalen Spezialitäten

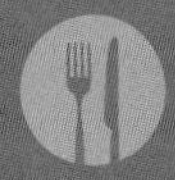

Nürtinger Zeitreiseapp: Infos in der Tourist-Info im Rathaus, Tel. 0 70 22/7 53 81

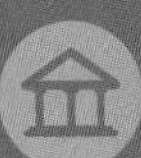

E-Bike Ladestationen

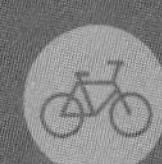

Tübingen:
– beim RADLager (Lazarettgasse 19–21)
– bei der Gasthausbrauerei Neckarmüller (s. links)
– bei der Silberburg (Am Markt)
– am Kloster Bebenhausen

3 Prächtige Felsen, wildromantische Burgen und ein Märchenschloss

Durch das Tal der Jungen Donau von Tuttlingen nach Sigmaringen

Grandiose Ausblicke und abwechslungsreiche Eindrücke – zu Recht zählt die Tour im Donautal entlang der Jungen Donau zu den beliebten Klassikern. Bei Fridingen werden wir Augenzeugen, wie die Donau versinkt. Wir laufen »übers Wasser«. Und dann wird das Tal so eng, dass Radler, Wanderer und Kanuten unter sich bleiben und in aller Ruhe die imposanten weißen Felsen und Felskanten bestaunen können. Auch ein Aus- oder Einstieg unterwegs ist gut möglich, da sich an der Strecke mehrere Bahnhalte befinden.

INFO

Die Strecke: Tuttlingen – Mühlheim – Fridingen – Beuron – Thiergarten – Inzigkofen – Sigmaringen

Länge: 55 km

Markierung: Grün-gelb-blau gemustertes Schild »Deutsche Donau«, gut beschildert

Einstiegspunkt: Tuttlingen Donaustadion (vom Bhf. aus links über Bahnhofstr. und Königsstr. in ca. 10 Min. zu erreichen)

Anreise mit ÖPNV: Mit der Bahn bis Bhf. Tuttlingen; Radexpress »Naturpark Obere Donau« pendelt von Anfang Mai bis Mitte Oktober samstags, sonntags und feiertags zwischen Tuttlingen und Sigmaringen – Möglichkeit zur kostenlosen Fahrradmitnahme

Rückfahrt mit ÖPNV: Ab Bhf. Sigmaringen entweder mit Radexpress zurück zum Ausgangspunkt oder mit Bahn Richtung Ulm oder Singen

Wetter: Da die Strecke vorwiegend befestigt ist, kann sie auch nach längeren Regenschauern gut gefahren werden; wechselnd schattige und sonnige Abschnitte, also an Sonnenschutz denken; an schönen Wochenenden mitunter viel Betrieb

Schwierigkeitsgrad: Leicht; überwiegend asphaltiert; kaum abschüssig, wenige überschaubare Anstiege

Für Familien: Gut geeignet für selbstradelnde Kinder ab etwa 10 Jahren, eine gewisse Fitness vorausgesetzt; Strecke prinzipiell auch anhängertauglich; weitgehend autofrei, lediglich kurze Abschnitte auf relativ ruhigen Straßen; viele Einkehr- und Rastmöglichkeiten; Bademöglichkeiten am Etappenstart Tuttlingen, in einigen Orten unterwegs und am

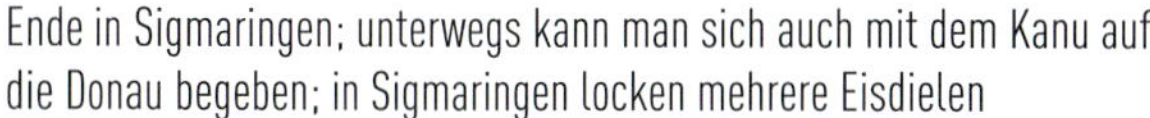

Ende in Sigmaringen; unterwegs kann man sich auch mit dem Kanu auf die Donau begeben; in Sigmaringen locken mehrere Eisdielen

Übernachtung: Zahlreiche Übernachtungsmöglichkeiten am Start, in fast allen Ortschaften unterwegs und am Ziel der Tour

Hilfreiche Internetadressen: www.deutsche-donau.de, www.die-junge-donau.de

Hier geht's lang

Wir starten am Donaustadion in **Tuttlingen**, das direkt an der Donau und bereits am Radweg in Richtung Nendingen liegt. Auf asphaltiertem Wirtschaftsweg geht es am Wasser entlang flussabwärts. Nachdem wir nach dem Kreisverkehr auf der Rußbergstraße den Bahnübergang überquert haben, fahren wir nach rechts und radeln an den Bahngleisen entlang. Bald kommt auch schon **Nendingen** in Sicht, das idyllisch im Tal am rechten Ufer liegt. Vor Nendingen unterqueren wir die Bahngleise, und kurz nachdem wir nach rechts auf der Industriestraße die ersten Häuser passiert haben, biegen wir links ab in die Sattlerstraße. Wir überqueren die Bräunisbergstraße und verlassen auf der Austraße Nendingen wieder.

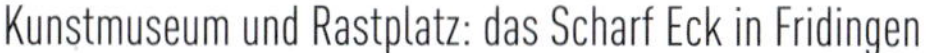

Kunstmuseum und Rastplatz: das Scharf Eck in Fridingen

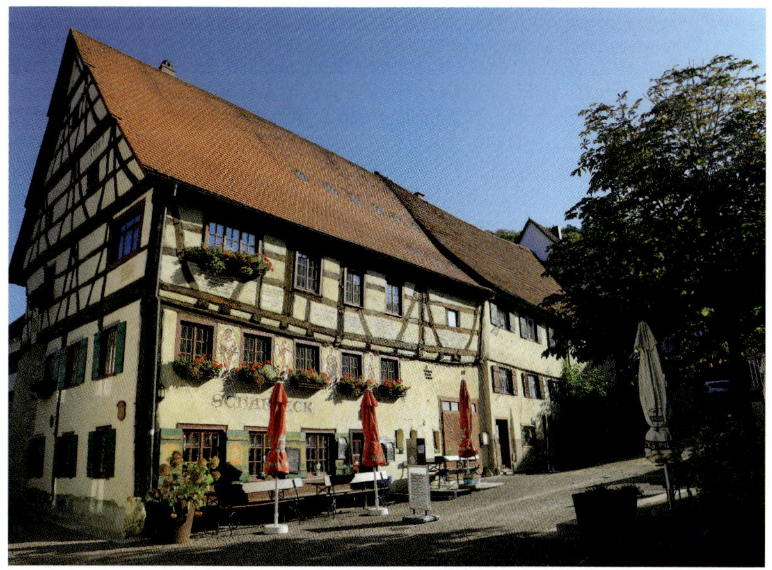

An Nendingens Ortsmitte, die rechts liegt, geht es vorbei und weiter Richtung **Stetten**. Wir gelangen zu einer kleinen Brücke und fahren in Mühlheim die Bachstraße entlang bergauf. Nach Queren der Bahnlinie geht es nach rechts auf den Griesweg. Wenig später gelangen wir durch ein Wohngebiet nach **Mühlheim-Altstadt**. Dort legen wir an der Galluskirche einen Zwischenstopp ein, und wer will, schaut sich die zum Teil aus dem 10. Jahrhundert stammende Kirche an, die sehr hübsch auf einer leichten Anhöhe neben dem Friedhof mit Gebeinehaus liegt.

Nun folgt ein sehr sehenswerter Abschnitt, auf dem sich der Radler beim Anblick der urwüchsigen Flusslandschaft mit abgestorbenen Baumstümpfen, dicht mit Gras bewachsenen Inseln und bizarr aus dem Wasser ragenden Baumkronen an das Amazonasgebiet erinnert fühlen kann. Das Tal wird enger, die markanten Donautalfelsen rücken näher und erheben sich majestätisch links vor uns. Wir passieren ein Wegkreuz und kommen an der Donau entlang nach **Fridingen**, wo wir nach der Eisenbahnbrücke links entlang der Bahnhofstraße Richtung Zentrum fahren. Bleiben wir auf der Bahnhofstraße, gelangen wir in die Ortsmitte. Unser Radweg geht vorher rechts ab auf den »Oberen Damm«. Von der Bahnhofstraße gelangen wir durch das Obere Tor in den alten Ortskern mit Fachwerkhäusern und dem Ifflinger Schloss, das nun als Heimatmuseum genutzt wird.

Der Radweg führt wieder aus Fridingen hinaus, an der Kläranlage geht es auf dem Steigweg leicht bergan, in einer Linkskurve fahren wir an Feldern entlang weiter, während die Donau

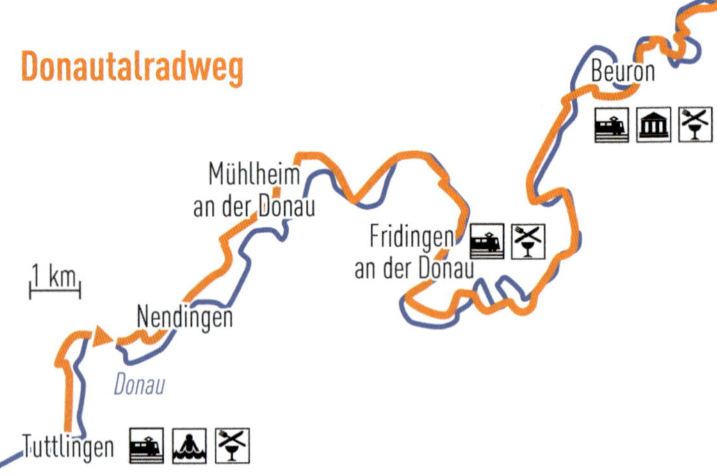

den Bogen weiträumiger schwingt. An der Lourdesgrotte vorbei geht es leicht bergab zur Donau und zu den **Versinkungsstellen**. Bei Immendingen, Möhringen und Fridingen versickert das Wasser der Donau in Klüften, fließt unterirdisch weiter und speist schließlich die Aachquelle. Oberirdisch ist das hinter Fridingen daran zu sehen, dass an den Versinkungsstellen plötzlich deutlich weniger Wasser im Flussbett fließt. Ein Infoschild am Ufer gibt weitere Informationen zum Wassereinzugsgebiet der Donau.

Erneut liegt ein besonders schöner Abschnitt vor uns. Der Donaudurchbruch bietet spektakuläre Eindrücke, und das Tal wird nun so eng, dass keine Straße mehr hineinpasst, sodass wir bis Beuron autofrei dahinradeln können. Wir überqueren den Fluss und radeln auf der rechten Uferseite. Das Tal wird noch enger, die Felskanten rücken noch näher, von oben lugen Schlösser herab und geben dem ganzen Ensemble einen besonders wildromantischen Anstrich. Über die *Vesperstube Ziegelhütte* geht es leicht bergan, wir werden für die kurzen Anstrengungen mit schönen Blicken auf die Donauschleifen und das dahinterliegende Felsenpanorama belohnt. Es folgen der Scheuerlehof, eine Grillstelle und die ehemalige Bronnenmühle, dann führt die eindrucksvolle Tour weiter durch das Gelände der Ausflugsgaststätte *Jägerhaus*, mit Aussicht auf den Knopfmacherfelsen und Schloss Bronnen. Hier kreuzen etliche Wanderer unseren Weg.

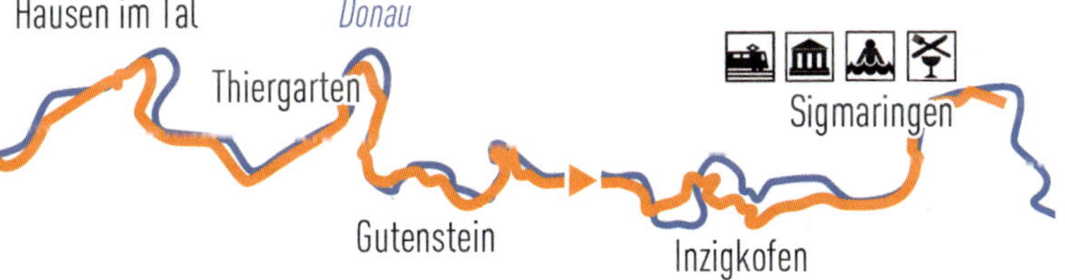

Immer an der Donau entlang geht es bergauf an einer Kneippanlage und einem Hinweisschild zum Gedächtnistempel vorbei weiter nach **Beuron**, wo wir vom Radweg einen Abstecher hinunter in den Ort und zum Kloster machen. Oberhalb des Ortes und rechts von den Bahngleisen fahren wir dann wieder weiter. Wir radeln nach links, queren die Bahnlinie, überqueren kurz darauf die Donau, dann geht es bergauf und wir erreichen die Kapelle

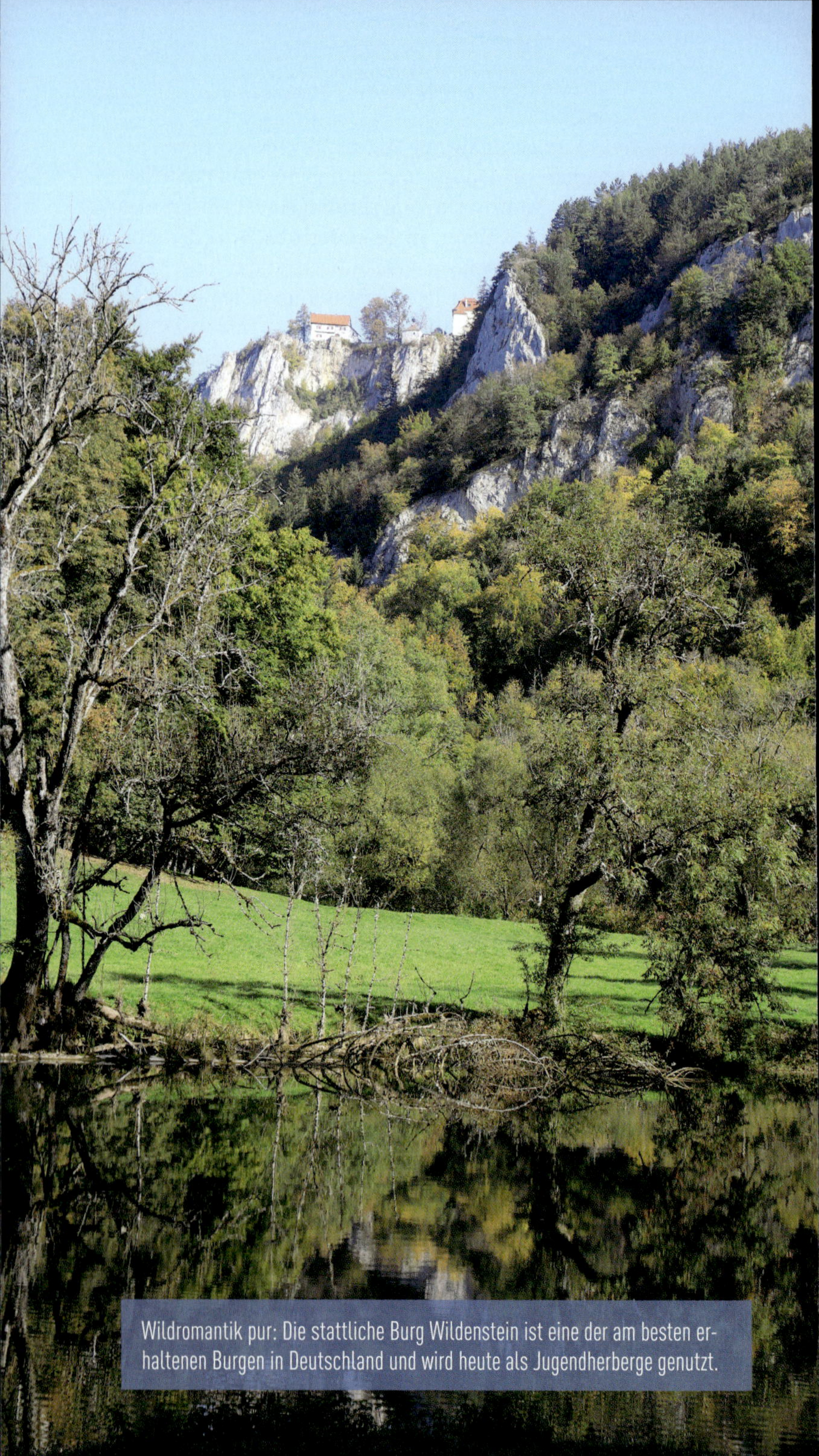

Wildromantik pur: Die stattliche Burg Wildenstein ist eine der am besten erhaltenen Burgen in Deutschland und wird heute als Jugendherberge genutzt.

St. Maurus, rechts oben thront die Burg Wildenstein. Eine weitere Brücke bringt uns wenig später wieder zurück auf die rechte Uferseite. Schließlich geht es durch einen Wald und kurz kräftig bergauf, wer mag, kann hier nach rechts abbiegen und auf einem steilen Weg zur Burg Wildenstein radeln. Der Radweg biegt nach links ab, auf der linken Seite sehen wir hoch droben über dem Dorf Langenbrunn das Schloss Werenwag.

Hausen im Tal liegt vorne am linken Donauufer, wir fahren vorbei an Sportplatz, Grillstelle, Gaststätte, Minigolfanlage, Bootsanlegestelle und Kanuverleih. Ein Schild des nahegelegenen Kiosks lockt mit Kaffee und Donauwellen. Wir bleiben auf der rechten Uferseite, halten uns am Ende des Parkplatzes rechts und biegen dann am Wald nach links ab. Es folgt ein von Bäumen und Büschen flankierter Wegabschnitt entlang der Alten Hausener Wand, Tafeln informieren über die speziellen Gegebenheiten und die Fische der Donau. Auf der linken Seite sehen wir die 200 Meter hoch aufragenden Schaufelsen, dann rechts die Lenzenfelsen, dann müssen wir kurz absteigen, um den Parkplatz des *Gasthofes Neumühle* zu überqueren.

Weiter geht es danach im Wald, vorbei an der auf der linken Seite hoch droben liegenden Burgruine Falkenstein. Der Ort **Thiergarten**, am linken Donauufer gelegen, hieß früher »Weiler« und verdankt seinen Namen tatsächlich der Schaffung eines echten Tiergartens im 16. Jahrhundert durch Graf Wilhelm von Zimmern. Nachdem das Geschlecht der Herren von Zimmern ausgestorben war, übernahm das Haus Fürstenberg das Gebiet und ließ ein Schmelz- und Hammerwerk errichten, dessen zugehörige Arbeiterwohnhäuser zum Teil heute noch stehen. Nach dem Ort taucht in der Mitte einer 180-Grad-Kehre der Donau der *Gutshof Käppeler* mit einem Gasthof auf. Die benachbarte dreischiffige Basilika St. Georg gilt als die kleinste Basilika nördlich der Alpen und ist beliebt bei Brautpaaren. Auf einem Schotterweg fahren wir zu einer Brücke und überqueren die Donau. Nachdem wir vor einer Eisenbahnbrücke die Gleise unterquert haben, radeln wir zwischen Eisenbahnschienen und Donau nach **Gutenstein**.

Wir fahren durch den Ort, kreuzen wieder mal die Bahnlinie, verlassen Gutenstein, passieren einen Wanderparkplatz und radeln weiter im Tal, das hier nun wieder breiter verläuft. Nach einem kurzen steilen Anstieg geht es bergab, und wir überqueren

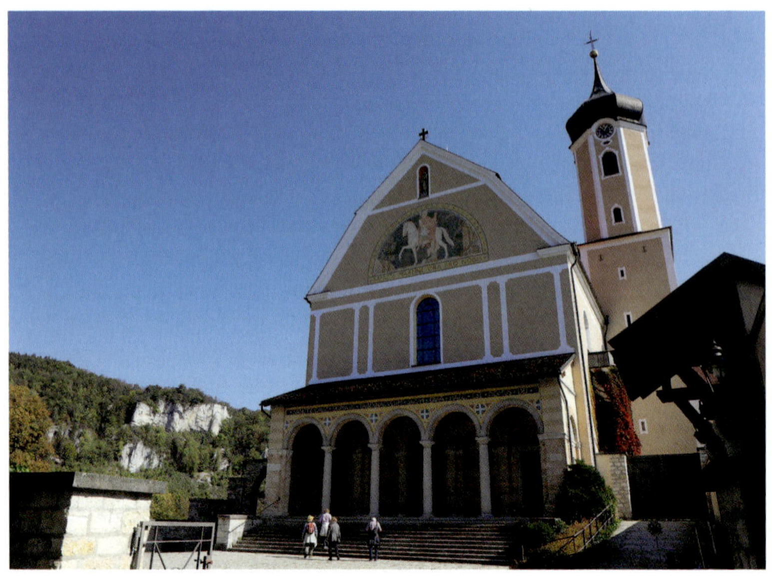

St. Martin ist der Namensgeber der Abtei des Klosters Beuron.

die Donau und unterqueren im Anschluss die Eisenbahngleise. Vorbei am Weiler **Dietfurt** und der gleichnamigen Burgruine radeln wir auf einer ehemaligen Straße durch einen Steintunnel und dann weiter bis zum Bahnhof **Inzigkofen**. Dort überqueren wir die Donau und radeln hoch zum Schloss Inzigkofen mit der Klosterkirche St. Johannes Baptist. An der Kirche biegen wir nach links ab und radeln wieder ins Donautal hinunter Richtung **Laiz**. Immer rechts von der renaturierten Donau geht es am Schaukelweg, einer Ein- und Ausstiegsstelle für Kanus, am Freibad und am Campingplatz vorbei schließlich nach **Sigmaringen** ins Zentrum.

Das gibt's zu sehen

Tuttlingen, der Ausgangspunkt unserer Tour, darf sich »Weltzentrum der Medizintechnik« nennen. Den Grundstein hierfür legte 1867 Gottfried Jetter mit der Herstellung chirurgischer Instrumente. Erstmals urkundlich erwähnt wurde Tuttlingen 797 in einer Urkunde des Klosters St. Gallen. Von der über tausendjährigen Stadtgeschichte ist heute leider nicht mehr viel zu sehen. Kriege und vor allem der verheerende Stadtbrand von 1803 haben viel alte Bausubstanz zerstört. Die Industrialisierung gab dem zuvor bäuerlich geprägten Tuttlingen schließlich ein gänzlich neues Erscheinungsbild. Nach dem Brand wurde die Stadt 1804 im klassizistischen Stil wieder aufgebaut. Es entstanden quadratisch angeordnete Stadtquartiere und rechtwinklig angeordnete breite Straßen, die auch heute noch zu sehen sind.

Sehenswert ist der Marktplatz mit dem zweitürmigen Rathaus. Entspannt im Grünen flanieren und ersten Kontakt zur Donau aufnehmen lässt es sich im Donaupark. 2003 ließ die Stadt die Donauufer neu gestalten und eröffnete damit die Möglichkeit, sich dort an einem durchgängigen Grünzug aufzuhalten. Das Wahrzeichen Tuttlingens ist die Ruine Honberg, die frei zugänglich ist. Als Festung sollte die Burg die südliche Grenze Württembergs sichern. Nach ungefähr 20-minütigem Fußmarsch vom Stadtzentrum aus kann man von Honberg einen schönen Ausblick auf die Stadt genießen. Dabei fällt einem auch sofort die evangelische Stadtkirche auf, die 1817 geweiht wurde. Ihr markantes Aussehen im Jugendstil bekam sie 1903 durch einen Umbau. Geöffnet ist sie von Mai bis September sonntags bis donnerstags von 14 bis 16 Uhr. Tuttlingen ist ein guter Ausgangspunkt zum Wandern, etliche Wanderwege kreuzen hier, unter anderem jene des Premiumwanderwegs »DonauWellen«.

Apropos Donauwellen: der gleichnamige Kuchen besteht aus je einer Schicht hellem und dunklem Teig und Buttercreme; in den noch weichen Teig eingedrückte Kirschen sorgen für ein Wellenmuster, das sich beim Aufschneiden des Kuchens zeigt. Warum das Gebäck nun gerade Donauwelle heißt, ist leider nicht bekannt. Fest steht aber, dass es sich dabei um ein sehr leckeres Backwerk handelt, das am Donauufer auch tatsächlich immer wieder angeboten wird. Und natürlich schmeckt es hier besonders gut.

Fridingen eilt der Ruf eines Künstlernestes voraus. Dies hat vor allem mit der Familie Bucher zu tun. Als Künstlerfamilie hat sie über drei Generationen im *Scharf Eck* gewohnt, einem der ältesten und schönsten Häuser in zentraler Lage. Nachdem der letzte Bewohner – Hans Bucher – 2002 verstorben war, gründeten die Erben gemeinsam mit der Stadt eine Stiftung. Jetzt ist das Haus ein Museum und beherbergt dazu eine Wirtschaft – sehenswert schon allein wegen der alten Bauweise und dem herrlich urigen

Ambiente! Die Sammlung des Museums zeigt Leben und Werk des Künstlers Hans Bucher. Erkennbar ist das Haus schnell durch seine bemalte Fassade.

Eine zweite Ausstellung ist im Ifflinger Schloss untergebracht. Im dortigen Heimatmuseum lässt sich die Geschichte Fridingens erkunden und gleichzeitig ein Blick in das Innere des gut erhaltenen, hübschen Schlosses werfen.

In **Beuron** sollte man auf jeden Fall eine Pause einlegen, denn das imposante Kloster der Abtei St. Martin ist durchaus sehenswert. Eine Begehung der Klosteranlage selbst ist zwar nicht möglich, aber die Klosterkirche ist tagsüber außerhalb der Gottesdienstzeiten für Besucher geöffnet. 1077 wurde die Anlage als Augustiner Chorherrenstift gegründet. Nach wechselvoller Geschichte wurde die Abtei 1802 aufgehoben, etwa sechzig Jahre später zogen Benediktinermönche ein. In der barocken Kirche zeigt ein Deckenfresko die Szene der Gründung des Klosters. Dem Grafen Peregrin von Hosskirch war der Geschichte nach auf der Jagd die Gottesmutter Maria erschienen; sie habe ihm befohlen, an dieser Stelle eine Abtei zu gründen. Ein weiteres beeindruckendes Fresko zeigt den heiligen Martin, wie er auf einem Schimmel reitend seinen Mantel teilt. Die Gemeinschaft der Mönche betreibt heute unter anderem einen Kunstverlag,

Schloss Sigmaringen als imposantes, weithin sichtbares Wahrzeichen der Stadt

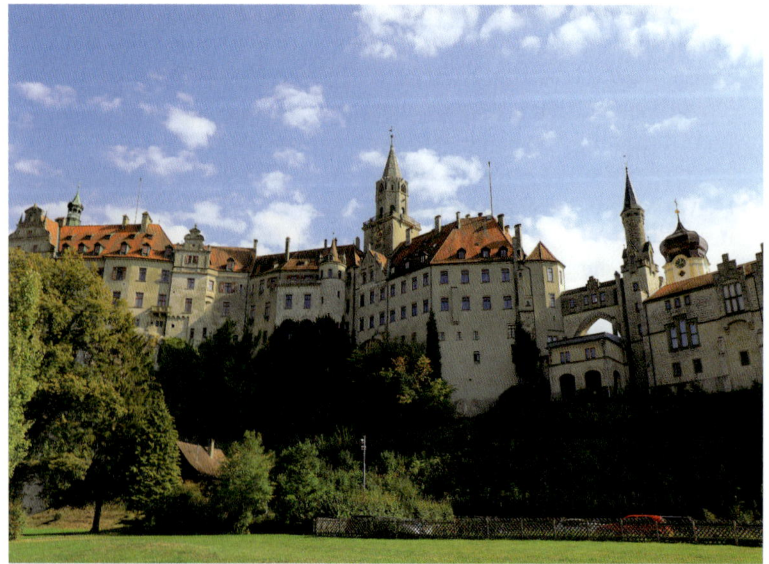

eine Klostergärtnerei, eine Brennerei und eine Klosterbuchhandlung, die man vom Kirchvorplatz aus erreicht. Das Kloster bietet zudem Übernachtungsmöglichkeiten für Einzelpersonen und Gruppen, außerdem gibt es Seminare und Exerzitien.

Inzigkofen war seit Mitte des 14. Jahrhunderts Sitz eines Augustiner-Chorfrauenstifts. Die dazugehörige Stiftskirche St. Johannes Baptist wurde 1780 zum wiederholten Mal erweitert und umgebaut. Anfang des 19. Jahrhunderts ging die gesamte Anlage in den Besitz der Herrschaft von Hohenzollern-Sigmaringen über. Das zu einem Landschlösschen umgestaltete klösterliche Amtshaus diente nach der Säkularisierung als Sommerresidenz. Die Sigmaringer Fürstin Amalie ließ den angrenzenden Hangbereich an der Donau zu einem romantischen Garten umgestalten. Heute ist in den Schlossgebäuden die Volkshochschule untergebracht, in der Zehntscheuer befindet sich ein Bauernmuseum mit angrenzendem Bauern- und Kräutergarten. »Standesgemäß« wandeln lässt es sich nach wie vor durch den Fürstlichen Park mit seinen Grotten, der Teufelsbrücke, dem 29 Meter hohen Amalienfelsen und dem Aussichtsplateau »Känzele«, von dem aus man einen schönen Blick auf die Donau hat.

Zwischen Laiz und Sigmaringen, an der renaturierten Donau, sorgt schließlich der Schaukelweg noch mal für Abwechslung. Zwölf verschiedene Schaukeln und eine Aussichtsplattform stellen vor allem für Familien mit Kindern eine ernsthafte Konkurrenz zum Alternativprogramm »Weiterradeln« dar. Aber vielleicht lässt sich da ja mit der Aussicht auf eine Portion Eis etwas machen …

Schon von Weitem ist das Schloss von **Sigmaringen** zu sehen. Wie ein Märchenschloss thront es ausgesprochen dekorativ auf den Felsen über der ehemaligen Fürstenstadt. Diesen prächtigen Bau sollte man sich aber auch von innen anschauen. Das Schloss liegt direkt in der Innenstadt, unweit von Rathaus, Marktplatz und Tourist-Info. Es geht ein kurzes Stück den Berg hinauf, oben kann man sein Rad an Fahrradständern abstellen. Eine ganze Reihe verschiedener Führungen gibt es im Angebot. Für den Durchreisenden bietet sich eine geführte Schlossbesichtigung an, die mehrmals stündlich angeboten wird. Während man die rund 20 Salons und Galerien besichtigt, erfährt man noch etwas über die Familiengeschichte der Hohenzollern. Für Gruppen gibt es weitere Themenführungen, zum Beispiel aus der Perspektive einer Kammerzofe, oder eine Rätselführung für Familien.

Nach dem Zeitsprung durch die Jahrhunderte gelangen wir vom Schloss direkt in die Altstadt. Und diese ist mit den vielen hübschen Fachwerkhäusern allein schon sehens- und erlebenswert. Gleich benachbart zum Schloss und mit ihrem hohen Turm auch auffallend steht die Stadtpfarrkirche St. Johann. Drinnen in der Kirche gibt es den Fidelisschrein, das Armreliquiar des heiligen St. Fidelis sowie die Fideliswiege zu sehen. Fidelis, geboren 1578 als Sohn des Sigmaringer Bürgermeisters Johannes Rey, trat 1612 in den Kapuzinerorden ein und starb 1622 den Märtyrertod. Er ist der Stadtpatron von Sigmaringen, sein Geburtshaus, das Fidelishaus, steht unweit der Stadtpfarrkirche, heute sind hier das Bezirkskantorat und die Caritas untergebracht. Immer am 24. April, dem Namenstag des Heiligen, zieht eine Prozession durch die Stadt und als Sigmaringer ist man stolz, wenn man auf eine verwandtschaftliche Verbindung zu Fidelis verweisen kann. Nach altem Brauch werden die Kinder in der Stadtpfarrkirche nach der Taufe kurz in die Fideliswiege gelegt.

In Sigmaringen locken dazu überall Cafés, Eisdielen und Restaurants zum Verweilen. In der *Hofkonditorei Seelos* fällt die Auswahl angesichts des reichhaltigen Sortiments an Kuchen und Torten besonders schwer – im Zweifel liegt man mit einem Stück Hohenzollerntorte sicherlich richtig. Wer noch ein bisschen Kraft hat oder die angefutterten Kalorien gleich wieder loswerden möchte, dem sei ein Aufstieg zur Josefskapelle empfohlen. Sie liegt auf einem Hügel über der Stadt und bietet einen tollen Blick auf das Zentrum mit dem Schloss. Der 15-minütige Marsch von der Josefinen- oder der Josefstraße aus ist recht steil und daher ohne Fahrrad empfehlenswert. Die Treppenstufen hinauf zur Kapelle kann man gut von der Altstadt aus zu Fuß erreichen.

Auf dem Weg zur Josefskapelle kommen wir am Heimatmuseum vorbei. Der Runde Turm beherbergt eine liebevoll zusammengetragene Sammlung. Kleidungsstücke, Geschirr, Fotos, Karten, Möbel und Schatullen erzählen anschaulich von der Stadtgeschichte, freundliche ehrenamtliche Museumswärter erklären ihren Gästen gerne mehr zur Ausstellung und geben Tipps zur Stadtbesichtigung. Das Stadtmuseum hat immer am Wochenende geöffnet. Für Fans von motorisierten Zweirädern

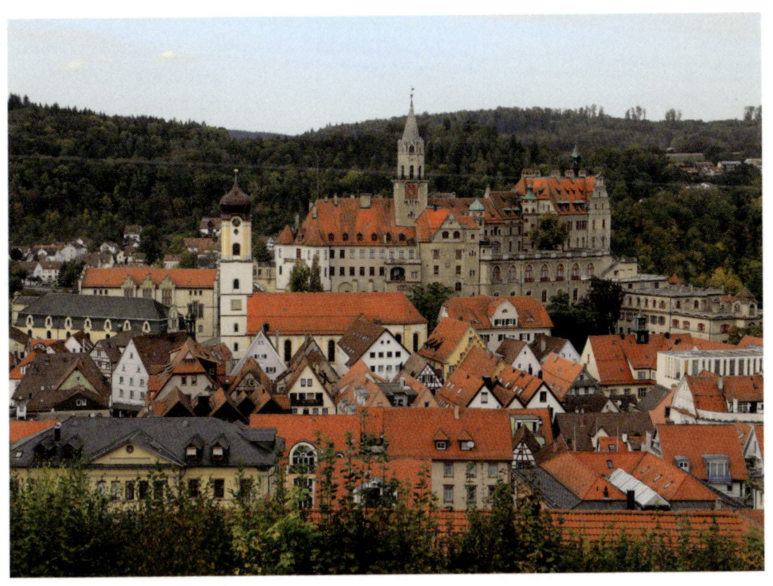

Von der Josefskapelle genießt man einen tollen Ausblick auf die Stadt.

(oder ausgefallenen Museen) bietet sich das Zündapp-Museum der Brauerei Zoller-Hof mit etwa hundert Exponaten aus den Baujahren 1917 bis 1984 der Kultmarke Zündapp an. Auch Rasenmäher, Bootsmotoren, Nähmaschinen und das legendäre Automobil »Janus« sind zu sehen. Das Museum liegt außerhalb des Zentrums in der Leopoldstraße und hat zwischen April und Oktober an Wochenenden und Feiertagen von 10 bis 15 Uhr geöffnet. Eine ganze Reihe an Outdooraktivitäten – wie Paddeln, Wandern oder Klettern am Felsen oder im Hochseilgarten – erweitert die Liste der Freizeitmöglichkeiten noch einmal zusätzlich. Da hilft vielleicht nur, einfach noch eine Nacht in Sigmaringen dranzuhängen …

Die Donau

Etwa 2 850 Kilometer lang ist die Donau insgesamt, sie ist nach der Wolga der zweitgrößte und zweitlängste Fluss Europas. Aber das ist nur eine von vielen imponierenden Besonderheiten dieses Flusses, der durch zehn Länder fließt, ehe er ins Schwarze Meer mündet. Ein weniger bekanntes: Nicht das ganze Wasser, das die Donau durch unsere Region führt, kommt auch tatsächlich am Schwarzen Meer an.

Unterirdisch »verschwindet« ein Teil an den Versickerungs- und Versinkungsstellen bei Immendingen, Möhringen und Fridingen und taucht nach maximal sechzig Stunden in der 12 bis 18 Kilometer entfernten Aachquelle wieder auf. Die Aach wiederum fließt in den Rhein, und der Rhein bekanntlich in die Nordsee. So mündet die Donau genaugenommen in zwei Meere.

Mein persönlicher Tipp: Einkehren auf dem Donautalradweg

Einkehrmöglichkeiten gibt es auf dem Donautalradweg jede Menge. Großer Beliebtheit erfreuen sich dabei jene Gaststätten mit Außenbereich, die in sehr schöner Lage auf der Strecke verteilt sind. Sie sind zwar längst keine Geheimtipps mehr, aber bieten mit imposanten Ausblicken, viel Platz im Grünen und guten Speisen und Getränken besonders attraktive Einkehrmöglichkeiten.

Kurz nach Fridingen lädt die *Vesperstube Ziegelhütte* ein, sich im schönen Innenhof unter schattenspendenden Schirmen zu einem leckeren, selbst gemachten Wurstsalat, einem kühlen Bier oder Kaffee und Kuchen niederzulassen.
Vesperstube Ziegelhütte, Ziegelhütte 1, 78567 Fridingen
Tel. 0 74 63/89 96, www.ziegelhuette-fridingen.com
Mo, Di, Do u. Fr–So 11.30–18.30, Mi Ruhetag
Öffnungszeiten können wetterbedingt variieren

Vor Beuron bietet das *Jägerhaus* Stärkendes für Radler und Wanderer – und dazu einen grandiosen Blick auf die imposanten Felsen in der Umgebung. Spezialität des Hauses ist das Zeburind aus eigener Zucht. Im Sommer kann man hier übers Wasser marschieren, über Trittsteine gelangt man nämlich an der Versinkungsstelle über die Donau.
Jägerhaus Fridingen, Bronnen 7, 78567 Fridingen
Tel. 0 74 66/2 54, www.jaegerhaus.de
Mo, Do u. So 11.00–18.00, Mi, Fr u. Sa 11.00–23.00
Apr–Okt Di Ruhetag, Nov u. Dez Mo u. Di Ruhetag, Jan – Mitte März Winterpause

Sehr malerisch zwischen Beuron und Sigmaringen liegt auch der *Gutshof Käppeler*. Im Restaurant gibt es Forellen aus der Oberen Donau und zum Kaffee am Nachmittag selbst gebackene Kuchen.
Restaurant Gutshof Käppeler, Hofstr. 20, OT Thiergarten, 88631 Beuron
Telefon 0 75 70/4 79, www.restaurant-gutshof-kaeppeler.de
Küche Mo u. Mi–So 12.00–20.00, Di Ruhetag

Ausgewählte Adressen und Tipps

Tuttlingen, www.tuttlingen.de

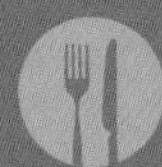

Como Coffee & More, Königstr. 3, 78532 Tuttlingen
Tel. 0 74 61/9 66 79 97, www.como-coffee.de
Mo–Fr 8.30–20.00, Sa 9.30–18.00, So 8.00–18.00
Selbst gerösteter Kaffee, Frühstück u. kleine Speisen, in der Fußgängerzone beim Marktplatz

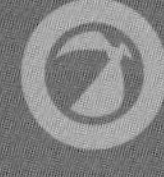

Freibad, Badstr. 4, 78532 Tuttlingen, www.freibad-tuttlingen.de

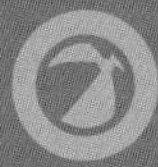

TuWass Freizeit- und Thermalbad TuWass, Mühlenweg 1–5, 78532 Tuttlingen
Tel. 0 74 61/96 65 50, www.tuwass.de

Radler-Welt, Michael Baier, Goethestr. 1, 78532 Tuttlingen
Tel. 0 74 61/7 20 01, www.radler-welt.de
Mo, Di, Do u. Fr 12.00–13.00 u. 14.30–18.30, Mi 12.00–13.00, Sa 9.00–13.00
Außerhalb der Öffnungszeiten: Automat zum Kauf von Fahrradschläuchen

Fridingen an der Donau, www.fridingen.de

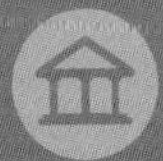

Künstlerhaus Scharf Eck, Oberes Tor 3, 78567 Fridingen an der Donau
Tel. 0 74 63/99 12 05 55, www.scharfeck.de
Mai–Okt Sa, So u. Fei 14.00–18.00
Führungen jederzeit nach Vereinbarung, Eintritt frei

Gasthaus Scharf Eck, Tel. 0 74 63/9 95 27 82
Di–So 10.00–24.00, Mo Ruhetag

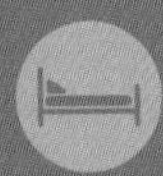

Hotel Gasthof Sonne, Bahnhofstr. 22, 78567 Fridingen an der Donau
Tel. 0 74 63/9 94 40, www.sonne-fridingen.de
Übernachtungsmöglichkeit mit Bike-Betrieb

Beuron, www.beuron.de

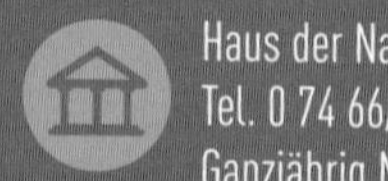

Haus der Natur Obere Donau, Wolterstr. 16, 88631 Beuron
Tel. 0 74 66/9 28 00, www.nazoberedonau.de
Ganzjährig Mo–Fr 9.00–17.00, Apr–Okt zusätzl. Sa, So u. Fei 13.00–17.00
Interaktive Dauerausstellung zur Naturlandschaft der Oberen Donau

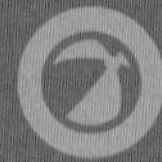

Bootsvermietung Donautal-Touristik, Kreenheinstetter Str. 10
OT Hausen im Tal, 88631 Beuron, www.donautal-touristik
Paddel-Hotline: 0 74 66/15 25

E-Bike-Center Donautal, Manfred Frei, Talhof 2, 88631 Beuron
Tel. 0 75 79/9 33 90 09, www.e-bike-donautal.de
Mi–So 9.00–12.00 u. 13.00–18.00, Mo u. Di nur nach Voranmeldung

Sigmaringen, www.sigmaringen.de

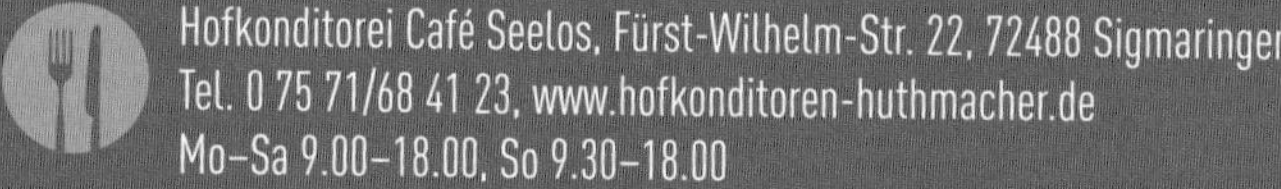

Hofkonditorei Café Seelos, Fürst-Wilhelm-Str. 22, 72488 Sigmaringen
Tel. 0 75 71/68 41 23, www.hofkonditoren-huthmacher.de
Mo–Sa 9.00–18.00, So 9.30–18.00

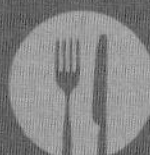

Café Restaurant Bootshaus, In den Burgwiesen 9, 72488 Sigmaringen
Tel. 0 75 71/6 86 71 00, www.bootshaus-sig.de, tägl. 10.00–22.00
Biergarten direkt an der Donau mit Blick aufs Schloss

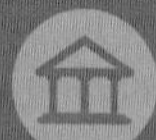

Heimatmuseum Runder Turm, Antonstr. 22, 72488 Sigmaringen
Tel. 0 75 71/6 29 74, Sa u. So 14.00–17.00

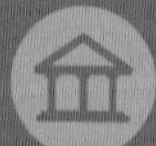

Zündapp-Museum der Brauerei Zoller-Hof, Leopoldstr. 40, 72488 Sigmaringen
Tel. 01 70/7 77 44 27, www.zuendappmuseum.de
Apr–Okt Sa u. So 10.00–15.00

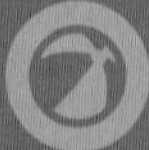

Freibad Sigmaringen, Roystr. 15, 72488 Sigmaringen
Tel. 0 75 71/6 34 74, www.stadtwerke-sigmaringen.de
Direkt am Radweg, mit 80-Meter-Riesenrutsche, wird vorauss. bis Mai 2020 saniert

Out & Back, Georg-Zimmerer-Str. 6, 72488 Sigmaringen
Tel. 0 75 71/5 04 11, www.outandback.de
Hochseilgarten u. Kletterpark

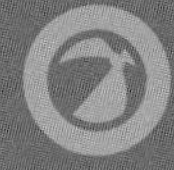

Radladen Sattelfest, Burgstr.10, 72488 Sigmaringen
Tel. 0 75 71/68 22 55, www.sattelfest-sigmaringen.de

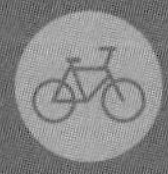

Dany's bike shop, Hauptstr.15, 72488 Sigmaringen
Tel. 0 75 71/6 35 00

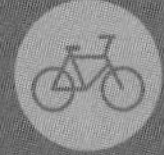

E-Bike Ladestationen

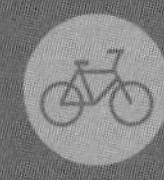

Tuttlingen:
- am Rathaus (Ecke Waaghausstr./Helfereistr.)
- im Donaupark (beim Minigolf)
- bei der Golem Bar (Stuttgarter Str. 8)

Mühlheim:
- am Kultur- und Verkehrsamt (Schlossstr. 1)
- beim Edeka (Kolbingerstr. 16)

Beuron:
- beim Fahrrad Buck (Abteistr. 24)
- beim E-Bike-Center (OT Thalhof, s. links)
- bei der Gaststätte am Minigolf (Kreenheinstetter Str. 10, OT Hausen im Tal)

Inzigkofen:
- beim Gasthaus zur Mühle (Burgstr. 9, OT Dietfurt)

Sigmaringen:
- am Rathaus (Fürst-Wilhelm-Str. 15)
- am Landratsamt (Leopoldstr. 4)

4 Im Tal der vielen Burgen

Entlang von Lauter und Donau von Münsingen bis Munderkingen oder Zwiefalten

Wer die Schwäbische Alb in ihrer typischen Form erleben und erradeln will, der sollte diese Tour wählen. Fast 50 Kilometer fließt und schlängelt sich die Lauter in ihrem idyllischen Tal durch diese eigenwillige Landschaft mit Wacholderheiden, Schafherden, Magerwiesen, Höhlen, bizarren Kalkfelsen und malerischen Auen. Die ausgesprochen naturnahe Tour führt direkt durch das Biosphärengebiet. Und dann sind da noch die Burgen: Fast auf jedem Bergsporn steht eine.

INFO

Die Strecke: Münsingen – Marbach – Buttenhausen – Anhausen – Lauterach – Munderkingen oder Zwiefalten
Länge: Zwischen 53 und 56 km, je nach Variante
Markierung: Lautertalradweg; Donautalradweg; gut beschildert
Einstiegspunkt: Bahnhof Münsingen
Anreise mit ÖPNV: Mit der Schwäbischen Alb-Bahn von Ulm über Schelklingen nach Münsingen oder von Bad Urach mit dem Lautertal-Freizeitbus, jeweils kostenloser Fahrradtransport; Busse und Bahnen fahren nicht an allen Tagen und zu jeder Zeit, vorher informieren!
Rückfahrt mit ÖPNV: Bahn oder Freizeitbus ab Munderkingen beziehungsweise Freizeitbus ab Zwiefalten
Wetter: Von Frühjahr bis Herbst, allerdings könnte es nach längerem Regen matschig sein
Schwierigkeitsgrad: Mittel, ein paar kürzere Steigungen
Für Familien: Gut geeignet, da viele Möglichkeiten zur Pause, zum Spielen und Grillen, zu Burgenbesichtigungen und zum Paddeln; etliche Einkehrmöglichkeiten; Freibad in Münsingen und Zwiefalten, Badeplätze an der Lauter
Übernachtung: Gasthöfe in vielen Ortschaften an der Strecke, wer vor oder nach der Tour noch länger verweilen möchte, für den empfiehlt sich zum Übernachten u. Einkehren der »Hirsch im Grünen« in Mehrstetten
Hilfreiche Internetadressen: www.tourismus.alb-donau-kreis.de, www.mythos-schwaebische-alb.de

Hier geht's lang

Die Lauter entspringt im Klostergarten von Offenhausen. Wegen der besseren Anbindung an den öffentlichen Nahverkehr sind wir Quereinsteiger und beginnen unsere Tour in **Münsingen**, wo wir am **Bahnhof** starten. Auf der Grafenecker Straße geht es hinaus in die Felder. Leicht erhöht radeln wir auf einem Asphaltweg, genießen unterwegs den Ausblick auf Hecken, Hügel, Wald und Wiesen und gelangen durch die idyllisch gelegene Ortschaft **Fauserhöhe** bis **Grafeneck**. Unterhalb von Schloss Grafeneck verläuft unser Radweg; an der Abzweigung zum Schloss geht's rechts über die Bahnlinie und dann auf der Landstraße 247 weiter Richtung Marbach.

In **Marbach** am Bahnhof stoßen wir auf den Lautertalradweg, dem wir von nun an folgen. Wer einen Abstecher ins Gestüt machen möchte, fährt nach rechts und setzt später an dieser Stelle die Lautertaltour wieder fort. Wer gleich weiter durchs Lautertal möchte, der wendet sich nach links und überquert auf der Straße, die in Richtung Schelmenbühl und Dapfen führt, erneut die Bahnlinie. In **Schelmenbühl** biegen wir ein auf den Riedwiesenweg, stoßen auf die Lautertalwegmarkierung, fahren vorbei an Feuchtwiesen und Weidezäunen und nähern uns **Dapfen**, wo

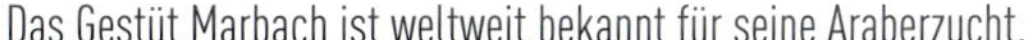

Das Gestüt Marbach ist weltweit bekannt für seine Araberzucht.

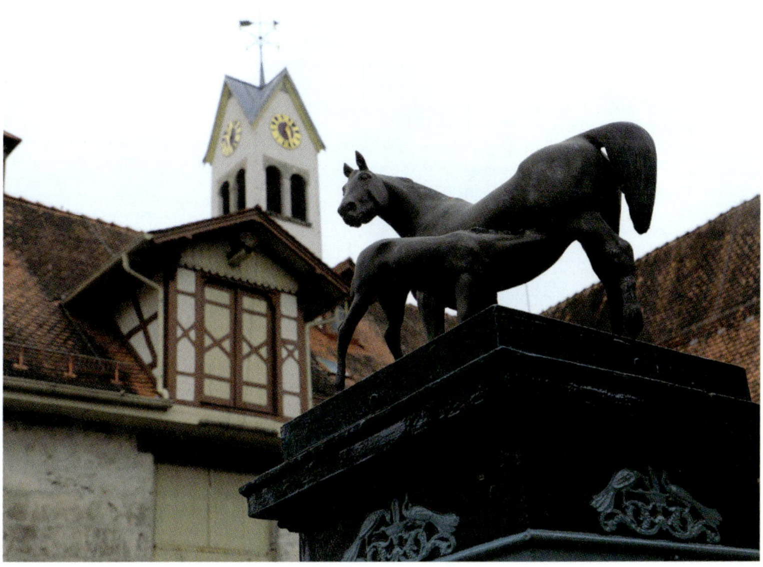

rechter Hand mit dem *Lagerhaus an der Lauter* auch schon die erste Versuchung in Form einer Einkehrmöglichkeit winkt.

Auf asphaltiertem Weg geht es dann in Richtung **Wasserstetten**, vorbei an einer alten Ölmühle am rechten Lauterufer. Wir gelangen am Ortsausgang an die Straßenbrücke über die Lauter. Eine Infotafel und eine Skulptur erinnern an die Schafwäscher. Wir bleiben am linken Lauterufer und überqueren die Straße. Rechts von der Straße fahren wir weiter, dann führt uns eine Holzbrücke auf die rechte Uferseite. Jetzt durchqueren wir auf Schotterweg und gewalztem Erdpfad ein natürlich gepräg-

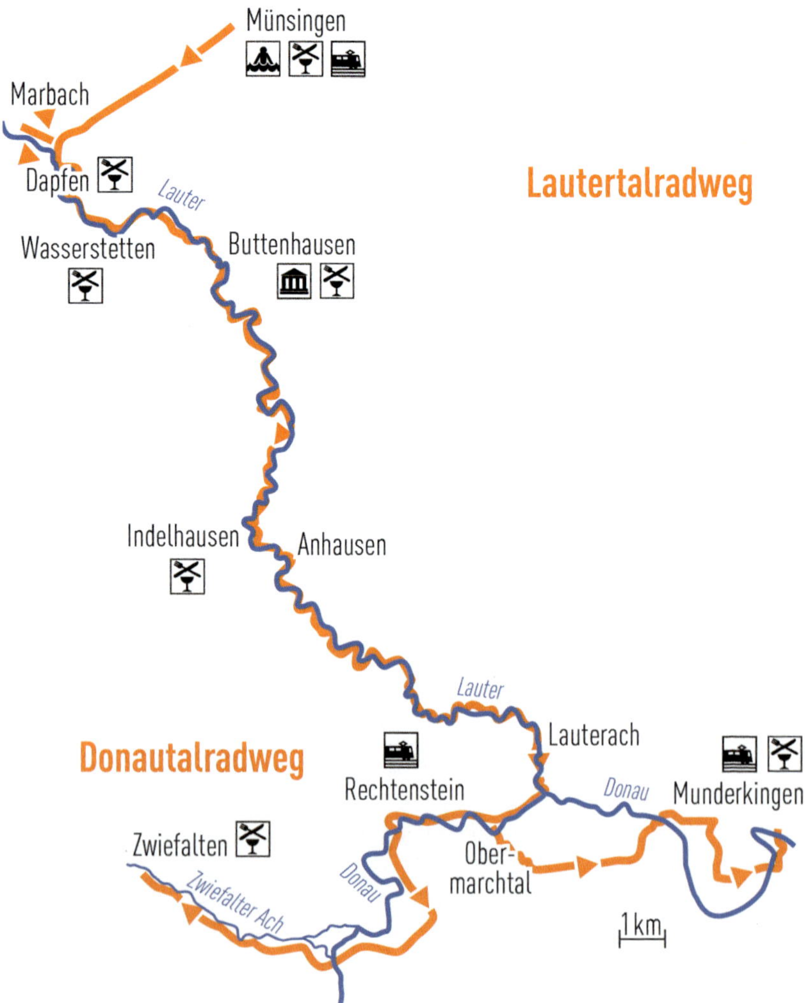

tes Gebiet, auf Infotafeln wird die örtliche Flora und Fauna erklärt. Nach einer großzügigen Rechtskehre um die beiden Berge Hochberg und Schachen erreichen wir **Buttenhausen**.

In die Ortsmitte geht es steil bergab. Wir fahren auf der Straße »Im Wiesengrund«, stoßen auf das Geburtshaus von Matthias Erzberger und zweigen nach links in die »Riedhalde« ein. Auf einer wenig befahrenen Straße geht es rechts der Lauter Richtung **Hundersingen**, vorbei am Schulzentrum. Wir streifen Hundersingen und fahren vorbei an Pferdeweiden nach **Bichishausen**, wo links das *Bootshaus an der Lauter* zu sehen ist.

Am Fuße der Burg Bichishausen fahren wir rechts auf die Fürstenbergstraße. Nach einer Linkskurve vor der Kirche geht es rechts in die Straße »Im Gässle«; auf asphaltiertem Weg radeln wir, vorbei an einer Badestelle mit Liegewiese, weiter Richtung **Gundelfingen**. Auf der Straße »Am Bürzel« überquert man die Lauter, dann geht es bis zur K6769, der Straße von Bichishausen nach Gundelfingen und Indelhausen, dort biegen wir rechts ab in die Matthias-Erzberger-Straße. In einer großen Schleife passieren wir den Ortskern, überqueren erneut die Lauter auf einer Holzbrücke und fahren schließlich am rechten Ufer entlang Richtung Indelhausen. Wir erreichen das Örtchen **Weiler**, wo es leicht bergauf geht. An der Kapelle kommen wir wieder an die Straße in Richtung Indelhausen, auf der wir ein kurzes Stück links in Richtung Gundelfingen weiterradeln. Nach einer Steinbrücke über die Lauter geht es rechts auf einen Weg, der uns nach **Indelhausen** führt.

An der Mühlstraße biegen wir dort nach links ab nach **Anhausen**, dort fahren wir rechts in die »Hanfgärten« und die Sankt-Ursula-Straße und wechseln dann an der Gabelung – erneut rechts – in den »Schülzburgweg«. An der Ölmühle überqueren wir die Lauter, und nach einem Wanderparkplatz mit Grillstelle beginnt ein traumhaft schöner autofreier Abschnitt. Wir passieren einen Wasserfall und eine weitere Grillstelle, dann fließt die Lauter in weiten, anmutigen Schleifen bis nach **Unterwilzingen**, wo wir auf die K7337, die Straße von Erbstetten nach Unterwilzingen, kommen und auf ihr die Lauter überqueren. Jetzt geht es erneut am linken Ufer entlang, das Tal wird wieder enger, weiße Felsen geben den Rahmen.

Wir erreichen das Schwäbische Aquädukt, wo ein Teil des Lauterwassers in einen künstlichen Mühlbach abgezweigt wird,

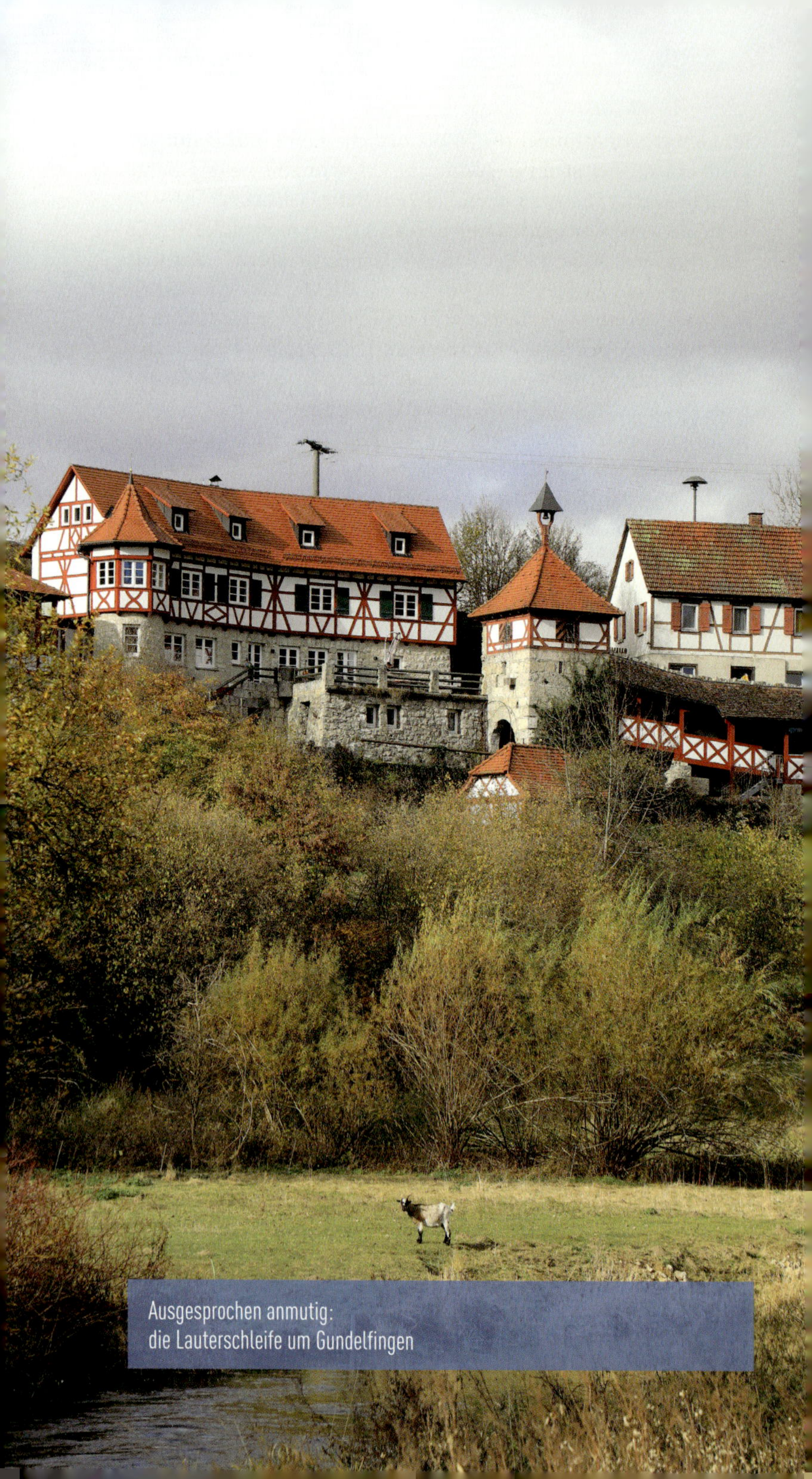

Ausgesprochen anmutig:
die Lauterschleife um Gundelfingen

und biegen scharf links ab. Vor der *Laufenmühle* geht es auf asphaltiertem Weg steil bergab, ein Schild weist die Radler darauf hin, dass sie absteigen sollen. Unten steigen wir wieder auf und fahren auf einer Zufahrtsstraße Richtung Lauterach. Es geht vorbei an einer Steinsäge, dem Biosphären-Informationszentrum und dem Abzweig ins Wolfstal. Dann fahren wir durch einen in den Felsen gehauenen Tunnel, radeln an Infotafeln über die örtliche Flora und Fauna vorbei und erreichen schließlich **Lauterach**, wo wir auf der Lautertalstraße bis zur K7339 fahren und dann nach links abzweigen. Vor der »Lauterbrücke« geht es rechts auf einen schönen Schotter-Erdweg, vorbei an großen Felsen, Wehren, Weihern und einem Wasserwerk. Wir verlassen die Lauter, fahren unter den Bahngleisen durch und gelangen ans Donauufer. Wir wenden uns nach rechts, wo wir schließlich an die Stelle kommen, an der die Lauter in die Donau mündet. Es geht weiter an der Donau entlang, mit Blick auf die prächtige Klosterkirche Obermarchtal.

Nun können wir entweder nach Munderkingen fahren oder unsere Tour in Zwiefalten beenden. **Nach Munderkingen** überqueren wir am Fuße des Klosters an einem Wehr die Donau, gelangen auf den Mühlweg, ins Dorfzentrum von **Obermarchtal** und zum Kloster. Vom Mühlweg und der Hauptstraße kommen wir auf die Oberwachinger Straße, auf der wir die B311 unterqueren. Der Donauradweg führt auf Wirtschaftswegen bergab weiter bis **Untermarchtal**. Dort überqueren wir die Donau und die Bahnlinie. Dann geht es nach rechts auf die Munderkinger Straße und noch einmal bergauf. Bei der Abzweigung nach Algershofen, vor der Frauenbergkirche, biegen wir rechts ab, passieren die Bahnlinie und fahren bergab. In **Algershofen** biegen wir links ab, an einer Mühle überqueren wir auf der »Neuen Donaubrücke« die Donau und erreichen **Munderkingen**. Über die Hausener Straße und die Schillerstraße gelangen wir ins Zentrum, der Angerweg bringt uns über die Donau in die Bahnhofstraße und zum Bahnhof.

Oder wir fahren **nach Zwiefalten**: Dann fahren wir auf dem Donauradweg und kommen im Norden an **Obermarchtal** vorbei, überqueren in **Rechtenstein** die Donau, im Anschluss geht es hoch zur B311 und nach **Datthausen**. Von dort fahren wir nach **Zwiefaltendorf**, biegen nach rechts ab und radeln an der Zwiefalter Ach entlang an **Baach** vorbei nach **Zwiefalten**.

Das gibt's zu sehen

Markante Felsen, von Schafherden meisterhaft gepflegte Wacholderheiden, auf jedem Bergsporn eine Burgruine und ein selbstbewusst durch Wiesen und Auen mäanderndes Flüsschen – das ist das Lautertal. Hier kann man die Seele bestens baumeln lassen. In **Münsingen** fangen wir damit an. In der Münsinger Ortsmitte drängen sich die Häuser um die Martinskirche und bilden damit einen schönen, heimelig anmutenden Platz rund um das Kirchengemäuer. Die Martinskirche wurde 804 erstmals urkundlich erwähnt – vermutlich im Zusammenhang mit der Stadterhebung Münsingens Ende des 13. und Anfang des 14. Jahrhunderts wurde sie neu erbaut oder zumindest umfassend erneuert und erweitert. Heute sind davon noch das Langhaus und die drei Turmuntergeschosse als älteste Teile der Martinskirche erhalten.

Der künstlerisch wertvollste Teil der Martinskirche ist der 1976 restaurierte spätgotische Chor. Den Jahreszahlen am Türsturz des Treppenturmes und am ersten südlichen Strebepfeiler zufolge wurde der Bau um 1495 begonnen und 1498 vollendet.

Das hübsche Sternnetzgewölbe des Chores ist das Werk von Peter von Koblenz. Der Baumeister baute im Auftrag von Graf Eberhard im Bart unter anderem die Stiftskirche St. Amandus in Bad Urach und zusammen mit Hans Augsteindreyer die Stiftskirche in Tübingen.

Im Glockenturm der Martinskirche läuten vier Glocken. Die älteste und größte Glocke ist die Gebetsglocke. Sie stammt aus dem Jahr 1487, wiegt 1400 Kilogramm und hat die Tonhöhe e'. Im Mai 1942 wurde sie vom Turm geholt und sollte ursprünglich zum Zweck der Waffenherstellung eingeschmolzen werden. Dank glücklicher Umstände überstand sie den Krieg unbehelligt in Lünen. Nach dem Krieg konnte sie unbeschadet wieder nach Münsingen zurückkehren. Die Christus- oder Friedensglocke, die Martinsglocke und die Taufglocke wurden zwischen 1922 und 1952 von Heinrich Kurtz in Stuttgart gegossen. Sie wiegen zwischen 322 und 865 Kilogramm.

Das Alte Rathaus am Marktplatz wurde ursprünglich 1496 als Allerseelenpfründe, also als Pfarrhaus, der Münsinger Bruderschaft aller gläubigen Seelen errichtet. Herzog Christoph überließ es nach der Reformation im Jahr 1534 der Stadt mit der

Auflage, seine Jagdgerätschaften dort unterzubringen und seine Jagdgesellschaften beziehungsweise sein Gesinde während der Jagd zu bewirten. An der Südseite befindet sich die Sonnenuhr des Malers Kurt Zeh von 1952 mit einem Zitat von Conrad Ferdinand Meyer: »Stund um Stunde zeigt die Uhr, die doch die letzte Dir verschweigt«. Jagdgerät findet man nun keines mehr in dem Haus, heute hat dort die Volkshochschule ihre Räume. Vor dem Alten Rathaus steht der Marktbrunnen mit einer Brunnensäule aus der Renaissance. In Münsingen gab es mehrere öffentliche Brunnen, die von Quellen am nahegelegenen Hungerberg gespeist wurden. Das war auf der wasserarmen Alb etwas Besonderes. Um den Trog sieht man ein Pflasterband, gelegt aus Böttinger Marmor. Dieser Marmor wurde vom 18. bis zum 20. Jahrhundert in dem benachbarten Münsinger Ortsteil abgebaut. Charakteristisch ist seine Bänderung, die dem Stein eine besondere Musterung gibt. Auch die Altarverkleidung in der Martinskirche ist aus Böttinger Marmor. Landesweit bekannt wurde der Böttinger Marmor, als er für den Marmorsaal und den herrschaftlichen Treppenaufgang im Neuen Schloss in Stuttgart abgebaut wurde. Mittlerweile ist der kleine Steinbruch geschlossen.

Im Schloss, das um 1485 gebaut wurde, ist heute das Heimatmuseum untergebracht. Ein Schwerpunkt der Ausstellung

Auch Alpakas fühlen sich im Lautertal wohl …

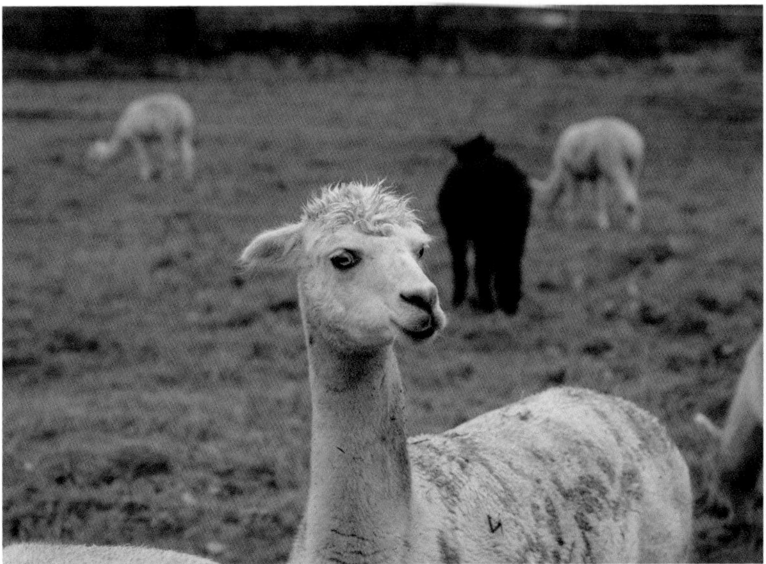

widmet sich dem »Münsinger Vertrag«, einem wichtigen Dokument der Landesgeschichte Württembergs, das im Jahr 1482 den durch Erbstreitigkeiten getrennten Uracher sowie den Stuttgarter Teil der Grafschaft wieder miteinander verband. Vor unserem Tourstart machen wir auf dem Weg zurück zum Bahnhof zwischen Marktplatz und Neuem Rathaus noch kurz Halt im *Eiscafé Pinocchio* und genießen in der Vorfreude auf den vor uns liegenden Tag noch schnell einen Cappuccino.

Schloss Grafeneck, unweit des weltbekannten Marbacher Gestüts, erinnert mit einer Gedenkstätte an die schlimmen Verbrechen während der Nazizeit. Zwischen 1940 und 1941 wurden unter nationalsozialistischer Herrschaft in Grafeneck 10.654 Menschen mit geistiger oder psychischer Erkrankung getötet. In dem 2005 errichteten Informationszentrum wird dies alles dokumentiert und dem Besucher anhand von einzelnen Schicksalen nähergebracht. Mit jährlich 25 000 Besuchern ist Grafeneck die am besten besuchte Gedenkstätte in Baden-Württemberg. 1560 wurde es als Jagdschloss erbaut und von Herzog Carl Eugen zu einer barocken Sommerresidenz erweitert. Seit 1928 war das Schloss ein Behindertenheim, 1939 beschlagnahmten es die Nazis. Heute leben und arbeiten in Grafeneck wieder psychisch erkrankte und behinderte Menschen. Die Gedenkstätte ist täglich geöffnet und bietet Führungen nach Absprache an. Aber auch ohne Führung kann man die Gedenkstätte und das Informationszentrum gut besuchen, auf Infotafeln gibt es Hinweise zu den einzelnen Stationen. Für den Besuch wird eine Dauer von mindestens eineinhalb Stunden empfohlen, deshalb ist es vielleicht eine Überlegung wert, den Besuch in Grafeneck auf einen Tag vor Tourenbeginn zu legen. Selbstredend alles andere als leichte Kost, aber ein eindrücklicher, empfehlenswerter Abstecher.

Der erste Beleg für eine Pferdezucht in Marbach ist auf 1514 datiert, damit ist es das älteste staatliche Gestüt Deutschlands. Schwarzwälder Füchse, Württemberger Warmblüter und Araber werden von hier aus in alle Welt verkauft. Die schöne Lage, das historische Ambiente und die edlen Mutterstuten mit ihren anmutigen Fohlen auf der Frühjahrskoppel locken sicherlich auch erklärte Pferdemuffel aus der Reserve.

In **Dapfen** im *Lagerhaus* lässt sich direkt an der Lauter vortrefflich selbst gerösteter Kaffee genießen. Hier kann der Besucher auch Seifensiedern und Chocolatiers über die Schulter schauen.

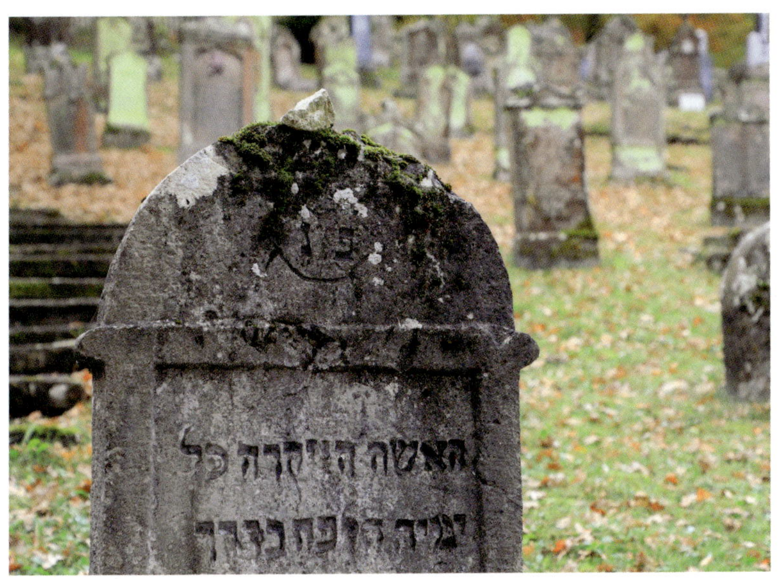

Über 100 Grabsteine stehen auf dem jüdischen Friedhof in Buttenhausen.

Allerdings muss man das dann schon direkt einplanen, denn das *Lagerhaus* öffnet nur mittwochs ab 14 Uhr seine Manufaktur.

In **Buttenhausen** befindet sich das Geburtshaus von Matthias Erzberger. Erzberger wurde 1875 hier geboren und war ein bedeutender Zentrumspolitiker im Kaiserreich und während der Weimarer Republik. Er wurde 1921 von rechtsterroristischen Attentätern ermordet. Die Erinnerungsstätte ist zwischen April und Oktober sonn- und feiertags zwischen 13 und 17 Uhr geöffnet.

Die Juden von Buttenhausen

1787 erlaubte der von Ortsherr Philipp Friedrich von Liebenstein verfasste Judenschutzbrief 25 jüdischen Familien, sich in Buttenhausen auf der (schattigen) rechten Lauteruferseite niederzulassen. Es entstanden eine Synagoge, ein jüdischer Friedhof und ein Badehaus. Zwischen 1827 und 1870 war schließlich der Judenanteil im Ort höher als der Anteil der christlichen Bewohner. 1933 lebten noch 89 jüdische Personen in Buttenhausen. 1938 wurde die Synagoge niedergebrannt, nach und nach wurden alle jüdischen Bewohner deportiert. Im Jüdischen Museum in der ehemaligen Bernheimer'schen Realschule wird das Leben der Juden von Buttenhausen gezeigt. Die Bernheimer'sche Realschule wurde von dem aus Buttenhausen stammenden Kommerzienrat Lehmann Bernheimer gestiftet. In der 1903 verfassten Stiftungsurkunde ist festgehalten, dass der Schulbesuch nicht von der Zugehörigkeit zu einer bestimmten Religion oder Konfession abhängen dürfe. Ein ausgeschilderter Rundgang durch Buttenhausen führt unter anderem zum jüdischen Friedhof. Der Anstieg dorthin ist zwar etwas mühselig, der beeindruckende Friedhof mit einem herrlichen Blick auf das Lautertal lohnt aber die Anstrengung. Führungen für einen Rundgang durch Münsingen können über das Stadtarchiv gebucht werden. Für ihre eigene Erkundung steht Besuchern ein Faltblatt zur Verfügung. Es ist bei der Stadtverwaltung Münsingen, im Stadtarchiv oder in der Touristik-Information Münsingen erhältlich.

Nun beginnt ein Abschnitt, für den sich Fans von Burgen und Burgruinen sicherlich begeistern können. Wenn man mit Kindern unterwegs ist, kann man für Abwechslung sorgen, indem man mindestens ein Mal an einem der schön angelegten Bade- und Spielplätze im Lautertal eine Pause einlegt und zu einer der Burgen hinaufklettert.

Über **Hundersingen** thront die Ruine Hohenhundersingen, ehemals eine Burg aus der Stauferzeit. Sie wurde um 1100 von der Familie von Hundersingen erbaut und 1530 zerstört. Zu sehen

Das Schwäbische Aquädukt führt oberhalb der Laufenmühle über die Lauter.

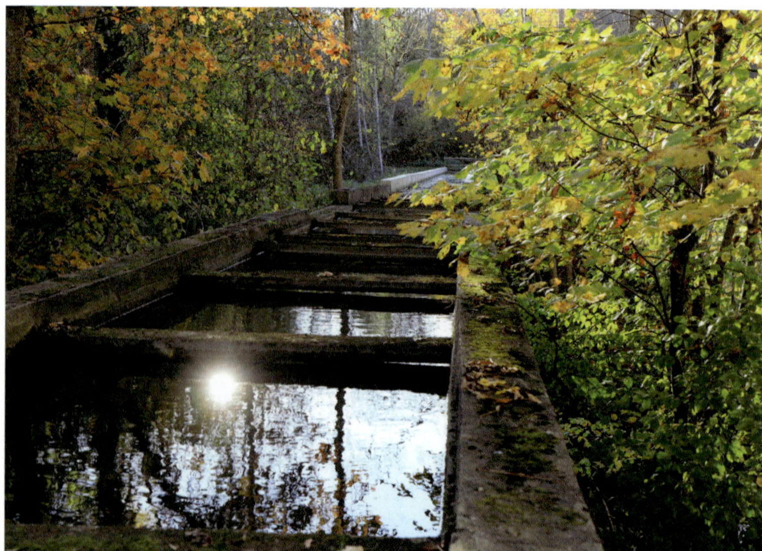

sind noch der Bergfried mit Buckelquadermauerwerk und Reste einer Vorburg mit Umfassungsmauern. Zur Burgruine kommt man auf ausgeschilderten Wanderwegen, sie ist frei zugänglich.

In **Bichishausen** auf einer Anhöhe, zwischen Württemberg und Fürstenberg, steht die Burg Bichishausen, auch sie ist frei zugänglich. Der Weg zur Burg ist mit Kindern gut machbar, je nach körperlicher Fitness braucht es ungefähr eine Viertelstunde bis zur Treppe an der Außenmauer, die in die Burg hineinführt. Sie wurde im 13. Jahrhundert erbaut und ab Mitte des 16. Jahrhunderts zerstört. Mittlerweile gehört sie dem Landkreis und wurde in den 70er-Jahren des vergangenen Jahrhunderts renoviert. Außerdem gibt es in Bichishausen ein hübsch bemaltes Zollhaus, das von der Zeit erzählt, als in dem Albdorf die Grenze zwischen Württemberg und Fürstenberg verlief. Wer nun eine Radlerpause einlegen und vorübergehend den Fahrradlenker mit dem Paddel tauschen möchte, der kann hier den sprichwörtlichen Anker lichten. Am *Bootshaus an der Lauter* können Kanus ausgeliehen werden, um zwischen Buttenhausen und Indelhausen auf Kanutour zu gehen. Ein Transfer bringt die Paddler dann wieder zurück zum Ausgangspunkt. Außerdem wird das *Bootshaus* bewirtet. Die Plätze im Garten direkt am Fluss haben ihren Reiz, allerdings ist es am Wochenende hier oft überlaufen und das ausgemachte Ziel sehr vieler (Motorrad-)Ausflügler.

In **Gundelfingen** empfangen uns gleich zwei Burgen. Hohengundelfingen thront erhaben über dem Tal, Niedergundelfingen liegt am Umlaufberg. Hohengundelfingen wurde 1236 erstmals urkundlich erwähnt und bereits 1389 in Unterlagen als Ruine bezeichnet. Sie ist frei zugänglich. Will man die Burg Hohengundelfingen erklimmen, folgt man von Gundelfingen aus zunächst der Straße nach Dürrenstetten. Es geht steil bergauf. Etwa 300 Meter nach dem Abzweig der Straße wandert man ungefähr eine Viertelstunde ohne größere Steigungen auf einem beschilderten Wanderweg am Berghang entlang in südliche Richtung zur Burg Hohengundelfingen. Erhalten sind noch Grundmauern vom Frauenhaus, von Wehrgängen, vom Bergfried, von der Zisterne und vom Pallas. Von oben genießt man einen tollen Blick über das Lautertal und die Albhöhenzüge. Burg Niedergundelfingen ist nicht öffentlich zugänglich. Für eine Pause eignet sich in Gundelfingen gut das *Bauhof-Stüble*. Die frisch gebackenen Kuchen sind weithin bekannt und geschätzt. Im Hof lässt es sich

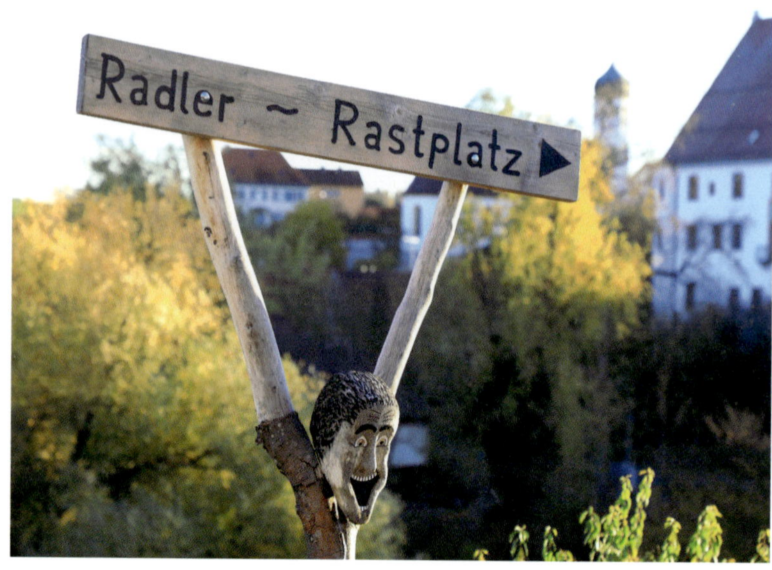

Solch einer Einladung muss man ja folgen: Pause machen in Untermarchtal.

sehr schön sitzen und neue Kräfte sammeln, während an der Stromtankstelle gegebenenfalls der Akku lädt.

Das Örtchen **Weiler** steht ganz im Zeichen der Schnecke. Hier gibt es einen historischen Schneckengarten zu besichtigen, und eine Skulptur auf der Brücke am Ortsrand erinnert an die Schneckenzüchter von der Alb, die die einstmals besonders in katholischen Regionen sehr beliebte Fastenspeise von den kargen Albregionen bis nach Frankreich exportierten.

In **Anhausen** entdecken wir im Schülzburgweg ein Haus, auf dem das Lautertallied in Wort und Bild festgehalten ist. Das ist übrigens überhaupt eine Besonderheit des Lautertals, auf etlichen Häusern entdecken wir akribisch gezeichnete Bilder. Am Parkplatz nach der Gaststätte *Laufenmühle* in **Lauterach** steht eine restaurierte alte Steinsäge, mit der man früher Kalktuffbrocken zersägt hat. Im benachbarten Biosphärengebiet-Infozentrum gibt es eine Ausstellung zum Thema »Wasser als Lebensraum« – mit interaktiven Angeboten für Kinder, Spielplatz mit Bachlauf und Kiosk mit Terrasse. Das Infozentrum ist geöffnet von Anfang März bis Anfang Oktober. Vom Parkplatz aus geht es auch ins Wolfstal, zur Märzenbecherblüte im Frühjahr trifft man hier an den Wochenenden ganze Wanderscharen.

In **Obermarchtal** beeindruckt die Pracht der frühbarocken Klosteranlage. Das Münster St. Peter und Paul ist reich verziert und ausgestattet mit weißem Stuckdekor und kostbaren Altären, die Orgel im Rokokogehäuse ist denkmalgeschützt. Eine weitere Attraktion ist das Refektorium, der mit zwölf großen und 150 kleinen Spiegeln ausgestattete Spiegelsaal. Kirche und Spiegelsaal sind frei zugänglich. Schön pausieren lässt es sich im benachbarten Gasthof. Das Kloster ist heute im Übrigen ein Bildungs- und Tagungshaus der Diözese Rottenburg-Stuttgart und bietet Übernachtungsmöglichkeiten für Einzelgäste.

An den Donauschleifen gelegen bietet **Munderkingen** schon vom Radweg aus einen malerischen Anblick. Auch die Altstadt mit hübschen Fachwerkhäusern, engen Gässchen und dem schönen historischen Rathaus ist sehenswert. Das Rathausdach ist ein beliebtes Zuhause für Störche. An der Vorderseite des Hauses ist der Pranger angebracht, an dem früher Bürger zur Strafe ausgestellt und öffentlich vorgeführt wurden. Um 11.30, 15.30 und 17.30 Uhr erklingt von der Rathausspitze ein Glockenspiel.

Eine Kuriosität befindet sich in **Algershofen,** zwischen Untermarchtal und Munderkingen gelegen. Am westlichen Ortsrand in Richtung Donau stößt man auf die »Warmen Quellen« – wobei »warm« hier relativ ist. Das durch die Erdwärme aufgeheizte Wasser hat durchgängig 16 Grad, auch im Winter friert das Wasser im natürlichen Becken nicht zu. Seit Ende des 19. Jahrhunderts gab es an der idyllischen Badestelle regen Badebetrieb, auch heute steht hier ein Badehäuschen, von dem aus man ins Wasser gelangen kann. Dem Wasser werden übrigens heilende Kräfte zugeschrieben.

Wählt man den Weg nach Zwiefalten, kommt man durch **Zwiefaltendorf**, wo sich der Gasthof der Familie Blank und damit ein weiteres Kuriosum befindet. Dieser Gasthof besitzt eine eigene Tropfsteinhöhle, die der Großvater des derzeitigen Wirtes entdeckte, als er einen Keller ausgrub. Die Wirtsleute zeigen ihre Höhle gerne ihren Gästen, sofern dies der Betrieb in der Gaststube zulässt. Wenn Zeit ist, dann bieten sie auf Anfrage immer zur vollen Stunde eine Führung an.

In **Zwiefalten** lohnt ein Besuch der dortigen (spät-)barocken Klosterkirche, mit ihren beiden Zwiebeltürmen ist sie leicht zu finden. Der Bau wurde 1739 begonnen und 1765 vollendet. Der Innenraum ist reich ausgestattet mit barocken Figuren und

Gemälden. 1521 begannen die Benediktinermönche in Zwiefalten damit, Bier zu brauen. Auch heute noch ist die Brauerei in Betrieb. Das Kloster wurde zu Beginn des 19. Jahrhunderts säkularisiert. In den Gebäuden der Abtei ist heute das Zentrum für Psychiatrie untergebracht.

Mein persönlicher Tipp

Es lohnt sich, die Schwäbische Alb mit ihren charakteristischen Kalkfelsen, den Höhlen, Magerwiesen, Burgen und Wacholderheiden näher kennenzulernen, sich dafür Zeit zu nehmen und früher anzureisen. Der »Landgasthof Hotel Hirsch im Grünen« liegt schön am Ortsrand von Mehrstetten, die freundlichen Wirtsleute, selbst begeisterte Radfahrer, geben gerne Ausflugstipps. Von dort aus kann man gut ins Heutal und ins Schmiechtal radeln. Beide Täler sind sehr schöne Ausflugsziele. Während der Sommerzeit fährt an den Wochenenden die Schwäbische Alb Bahn von Ulm über Schelklingen bis Münsingen und Engstingen. Eine Fahrt mit dem historischen Zug ist ein tolles Erlebnis, besonders sehenswert ist der Abschnitt zwischen Schelklingen und Münsingen. Mit einem Getränk und Knabbereien aus der Minibar des Zuges lässt sich die Fahrt durch die wunderschöne Alblandschaft vortrefflich genießen. Auch Fahrräder werden mitgenommen. Infos unter www.alb-bahn.com

Ausgewählte Adressen und Tipps

Münsingen, www.muensingen.com

Eiscafé Pinocchio, Bachwiesenstr. 2, 72525 Münsingen
Tel. 0 73 81/92 97 33
Mo–Fr 9.15–21.30, Sa 9.00–21.30, So 9.15–21.00
DER Treff zur Sommerzeit in Münsingen

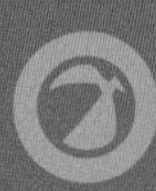

Terrassenfreibad Münsingen, Alter Seeburger Weg, 72525 Münsingen
Tel. 0 73 81/6 93 03
Wurde umgebaut u. im Juni 2019 neu eröffnet, mit Wasserspielplatz Burg u. Wellenrutsche, liegt schön in einem ehemaligen Steinbruch

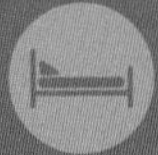

Hirsch im Grünen, Süßweg 12, 72537 Mehrstetten
Tel. 0 73 81/24 79, www.hirsch-im-gruenen.de
Gute Einkehr- u. Übernachtungsmöglichkeit am Ortsrand mit schöner Terrasse, gutem Essen u. freundlichem Service

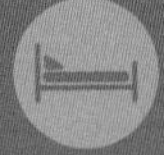

Hofgut Hopfenburg, Hopfenburg 12, 72525 Münsingen
Tel. 0 73 81/93 11 93 11, www.hofgut-hopfenburg.de
Übernachten im Schäferwagen, Planwagen, Tipi oder Zirkuswagen

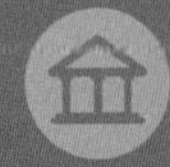

Matthias-Erzberger-Geburtshaus
Mühlsteige 21, OT Buttenhausen, 72525 Münsingen
Tel. 0 73 81/18 21 15 (Stadtarchiv), jeweils Apr–Okt So u. Fei 13.00–17.00
Führungen außerhalb der Öffnungszeiten auf Anfrage, Ausstellung mit originalen Ausstellungsstücken u. 11 Stationen, die historische Zusammenhänge erklären

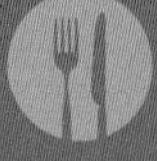

Café Ikarus, Wasserstetter Str. 4, OT Buttenhausen, 72525 Münsingen
Tel. 0 73 83/94 32 42, www.cafe-ikarus.de
Mi–So u. Fei 11.00–17.00, im Sommer So u. Fei bis 18.00
Öffentliches Café der Bruderhaus-Diakonie mit wechselndem Mittagstisch

Bootshaus an der Lauter, Fürstenbergstr. 2, OT Bichishausen, 72525 Münsingen
Tel. 0 73 83/4 08, www.bootshaus.info
Mo–Sa 10.00–20.00, So u. Fei 9.00–20.00, kann witterungsbedingt variieren!
Mit schönem Biergarten direkt an der Lauter, Bikertreff

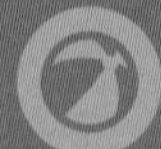

Infos zum Kanuverleih zwischen Buttenhausen u. Indelhausen: www.kanutouren.com

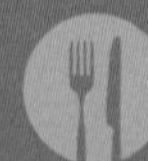

Bauhof-Stüble, Matthias-Erzberger-Str. 15, OT Gundelfingen, 72525 Münsingen
Tel. 0 73 83/94 22 20, www.bauhof-stueble.de
Mo–Mi, Fr u. Sa 11.00–20.00, So 10.00–20.00, Do Ruhetag
Vesper, kleine warme Speisen, selbst gebackene Kuchen, Kaffee, Säfte u. frischer Most, schöner Biergarten

Gomadingen, www.gomadingen.de

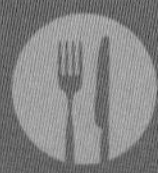

Lagerhaus an der Lauter, Lautertalstr. 65, 72532 Gomadingen-Dapfen
Tel. 0 73 85/96 58 25, www.lagerhaus-lauter.de
Manufaktur Mi geöffnet
Leckere Kaffeespezialitäten u. Kuchen, gemütlich eingerichtet, Verkauf von selbst hergestellten Schokoladen, Pralinen u. Seifen

Hayingen, www.hayingen.de

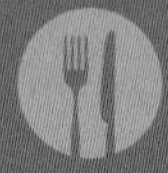

Lautertal Eis, Mühlstr. 1, OT Indelhausen, 72534 Hayingen
Tel. 0 73 86/14 61, www.lautertal-eis.com
Leckeres selbst gemachtes Eis vom Bauernhof, ohne künstliche Zusatzstoffe hergestellt

Lauterach, www.gemeinde-lauterach.de

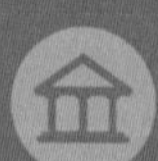

Biosphären-Infozentrum Lauterach, Am Bach 5, 89584 Lauterach
Tel. 0 73 75/2 27
Schön gelegen an der Lauter, Infotafeln informieren über den dortigen Lebensraum, mit tollem, öffentlich zugänglichen Außenspielgelände

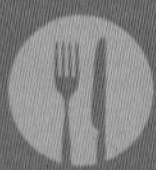

Gaststätte Laufenmühle, Laufenmühle 4, 89584 Lauterach
Tel. 0 73 75/15 26, Di–Sa 11.30–20.00, So 10.00–20.00
Mühlengasthof in sehr schöner Lage mit schönem Außenbereich, direkt am Radweg

Zwiefalten, www.zwiefalten.de

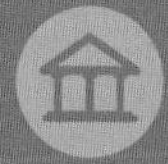

Brauerei Zwiefalter Klosterbräu, verschiedene Brauereiführungen 1,5–2 Std.
Anmeldung im Bierhimmel, Hauptstr. 18, 88529 Zwiefalten
oder unter Tel. 0 73 73/2 00 99

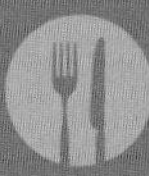

Klosterbräu-Gaststätte, Hauptstr. 24, 88529 Zwiefalten
Tel. 0 73 73/9 12 12, www.zwiefalter.de
Tägl. ab 9.30, gutbürgerliches Essen

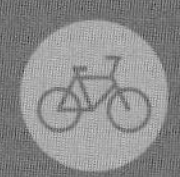

E-Bike Ladestationen

Münsingen:
- beim Mobilitätszentrum (Bahnhofstr. 6/1)
- beim Landhotel Wittstaig (Münsingen-Gundelfingen)
- Im Bauhof-Stüble (Münsingen-Gundelfingen)

Hayingen:
- bei der Burg Derneck
- beim Gasthof Hirsch (Hayingen-Indelhausen)

5 Verwunschene Wälder und schwindelfreie Weine

Abwechslungsreiche Tour entlang von Würm und Enz

Wer diese Tour fährt, der bringt sicherlich jede Menge Bilder und schöne Erinnerungen mit nach Hause. Zwei Täler und etliche unterschiedliche Landschaften sorgen für pausenloses Staunen. Sanfte Hügel und Streuobstwiesen im Heckengäu, dichte Wälder, kristallklare Stromschnellen und moosige Felsen im Schwarzwald. Dann wieder weites Tal und schließlich so steile Weinberge, dass es schwerfällt, sich vorzustellen, wie hier der Wein vom Hang herunterkommen soll.

INFO

Die Strecke: Weil der Stadt – Mühlhausen – Pforzheim – Mühlacker – Vaihingen – Bissingen – Bietigheim

Länge: 81 km

Markierung: Würm.Rad.Weg; Enztalradweg (mit Flößer-Logo), gut ausgeschildert

Einstiegspunkt: Bahnhof Weil der Stadt

Anfahrt mit ÖPNV: Mit S-Bahn von Stuttgart oder mit Stadtbahnlinie von Karlsruhe

Rückfahrt mit ÖPNV: Mit S-Bahn oder RE ab Pforzheim, Mühlacker, Vaihingen oder Bietigheim-Bissingen

Wetter: Bei Regen könnte es stellenweise matschig werden; da die Radwege zwischen sonnigen u. schattigen Abschnitten wechseln, ist es an sonnigen, nicht zu heißen Tagen am schönsten; an Sonnenschutz denken!

Schwierigkeitsgrad: Mittel, an der Würm einige Abfahrten auf Schotter, ansonsten ist der Weg gut befahrbar

Für Familien: Gut geeignet, da es auf dem Weg nicht so viele Radfahrer gibt, können Kinder hier in aller Ruhe radeln; Einkehrmöglichkeiten regelmäßig auf der Strecke verteilt, nur zwischen Mühlhausen und Würm ein etwas längerer Abschnitt ohne Möglichkeiten zu Einkehr oder Einkauf; Bademöglichkeiten in Weil der Stadt, Pforzheim, Mühlacker, Vaihingen u. Bietigheim; Kanu fahren von Mühlacker oder Vaihingen an der Enz bis zur Mündung in den Neckar möglich

Übernachtung: Viele Gasthöfe und Hotels in Weil der Stadt, Pforzheim, Vaihingen/Enz und Bietigheim

Hilfreiche Internetadresse: www.enztalradweg.de

Hier geht's lang

Schön an dieser Tour ist auch die problemlose An- und Abreise mit der S-Bahn, in die man barrierefrei einsteigen kann. Wir starten in **Weil der Stadt** am Bahnhof, fahren am Schießrainweg entlang und nach links in die Jahnstraße. Damit sind wir auch schon auf dem Würmtalradweg und treffen auf die ersten Schilder, die den Radweg markieren. Wir radeln an der Schule vorbei, überqueren etwas später die Josef-Beyerle-Straße und kommen kurz darauf an die Würm. Weiter geht es in einer Kurve nach links, bald darauf führt uns der Weg nach rechts und über die Würm. Nach der Brücke radeln wir am rechten Ufer entlang und vorbei an Wiesen und Feldern auf **Merklingen** zu – schließlich rechts an Merklingen vorbei, lediglich das Gewerbegebiet streifen wir kurz.

Die Würm macht nun bis Hausen und auch danach etliche wilde Windungen, wir radeln aber stoisch in größeren Bögen und etwas größerem Abstand weiter durch schöne Landschaften mit Streuobstwiesen, Hecken und Feldern bis kurz vor **Mühlhausen**, wo wir wieder die Uferseite wechseln. Ab Mühlhausen beginnt dann ein Waldabschnitt, eng an der Würm entlang, aber immer etwas oberhalb von ihr geht es vorbei an **Steinegg** und **Tiefenbronn** auf dem Talweg bis **Würm**.

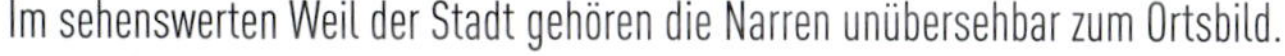
Im sehenswerten Weil der Stadt gehören die Narren unübersehbar zum Ortsbild.

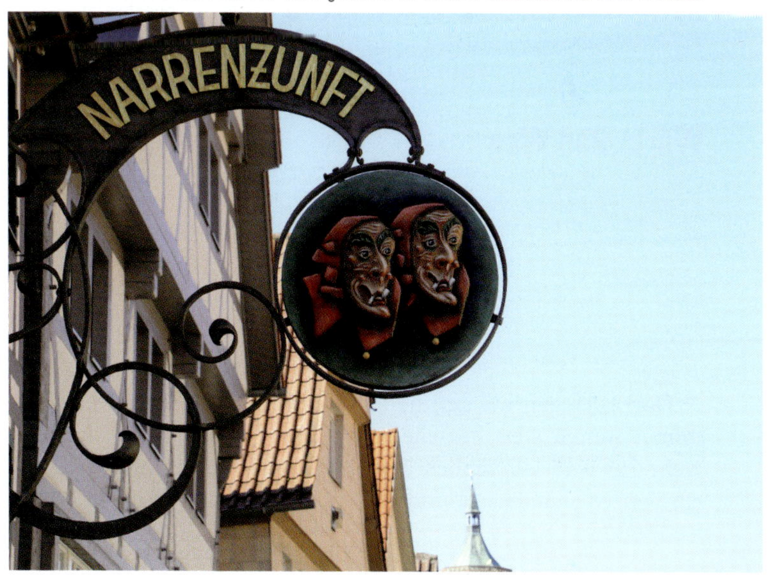

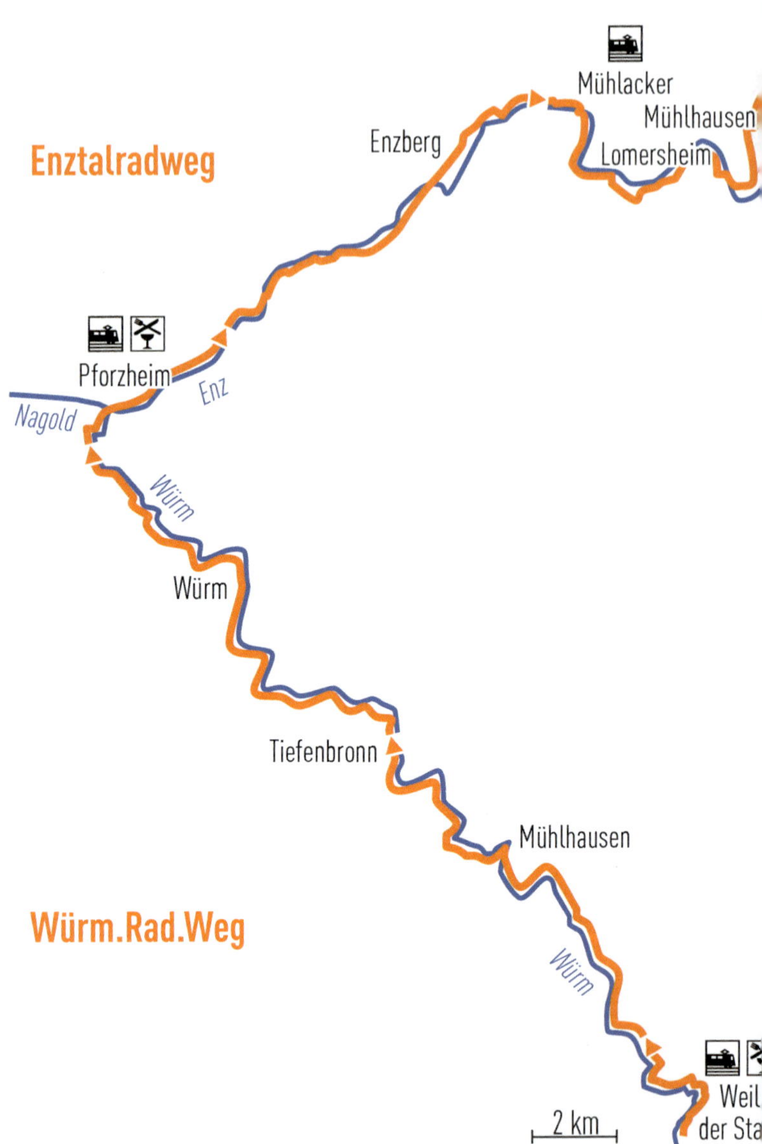

Dort gelangen wir auf die Fahrstraße und radeln in Kurven immer weiter, stets begleitet vom Fluss. Nun macht sich die Nähe zur Stadt allmählich bemerkbar, am Radweg breitet sich ein Freizeitgelände aus, und schließlich erreichen wir **Pforzheim**

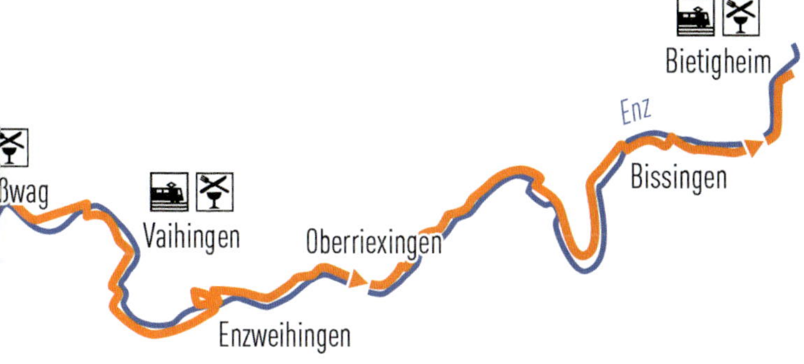

und treffen auf die Nagold, an der wir ein kurzes Stück entlangradeln, um dann die Würm kurz vor der Stelle zu überqueren, an der sie in die Nagold mündet. Wir radeln am rechten Nagoldufer noch ein kurzes Stück weiter und genießen den Blick auf die große Wasserfläche, ehe wir auf das linke Nagoldufer wechseln. Wir gelangen an die Jahnstraße und haben dann bald darauf die Wahl: Die Enz fließt von links dazu, und wir können nun entweder am linken oder am rechten Enzufer weiterradeln. Wir entscheiden uns für links und folgen der Beschilderung in Richtung Enz; es geht ein kurzes Stück an ihr entlang, dann überqueren wir sie, wenden uns nach rechts und radeln am linken Ufer weiter. Es geht vorbei am Gartenschaugelände und dem Gasometer, in dem sich Sonne und Bäume spiegeln. Bei Eutingen wechseln wir die Seite, dann geht es etwas entfernt von der Enz weiter.

Wir passieren die A8 und die B10 und fahren links an **Niefern-Öschelbronn** vorbei. Am EVS-Kanal kurz vor **Enzberg** überqueren wir die Enz erneut und bleiben am Kanal. Wir passieren noch einmal die B10 und kommen schließlich wieder an die Enz. Direkt an der Enz fahren wir nach **Mühlacker** hinein, vorbei am Jugendzentrum und einem renaturierten Uferbereich, um dann wieder die Seite zu wechseln. Zusammen mit der Enz »schlängeln« wir uns nach **Lomersheim** und überqueren den Fluss erneut. Am linken Ufer geht es durch **Mühlhausen** und zu den wunderschönen Enzschleifen.

Von **Roßwag** aus radeln wir weiter, passieren die B10, überqueren mit ihr zusammen die Enz und fahren bis **Vaihingen**, wo uns schon von weit her das Schloss begrüßt. Wenn wir die Innenstadt besuchen möchten, dann müssen wir nach links auf die Auricher Straße fahren und auf dem Weg ins Zentrum die Enz, die sich hier in zwei Stränge teilt, überqueren. Auf demselben Weg kehren wir im Anschluss dann auch wieder auf den Radweg

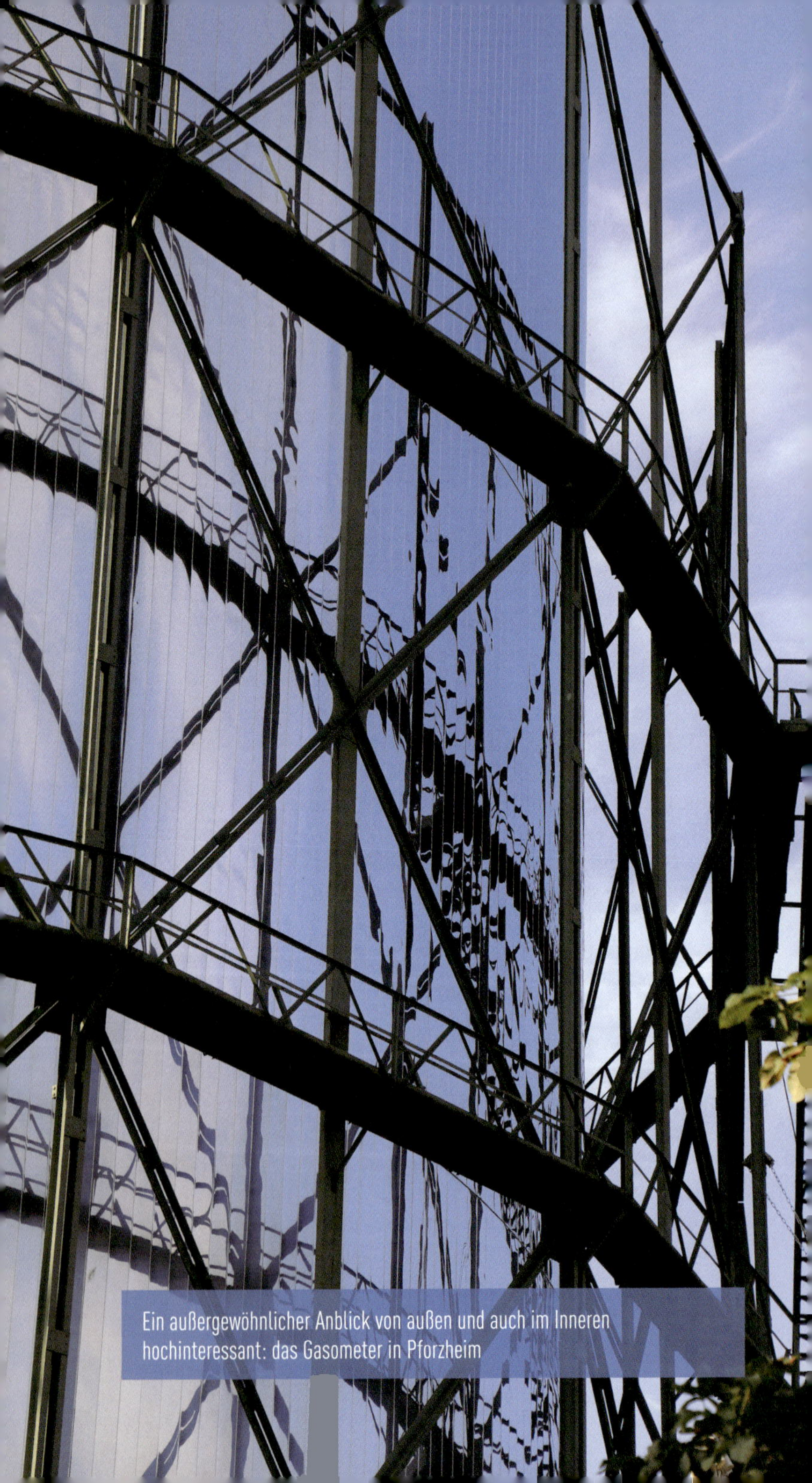

Ein außergewöhnlicher Anblick von außen und auch im Inneren hochinteressant: das Gasometer in Pforzheim

zurück. Vorbei am Sportgelände radeln wir auf die B 10 zu und überqueren sie dann auch. In weiten Kurven geht es am linken Enzufer nach **Enzweihingen**. Wenn wir auf die B 10 stoßen, überqueren wir auch die Enz.

Nach einer Schleife zur Unterquerung der Bundesstraße radeln wir am rechten Rand durch **Oberriexingen** und am linken Enzufer entlang weiter. Jetzt erreichen wir die Stelle, an der die Glems in die Enz mündet, und fahren über die Brücke. Ein paar Kurven weiter überqueren wir die Enz erneut und sind wieder am linken Ufer.

Wir fahren vorbei an einem Enz-Altarm und am Alten Flößerkanal, wechseln in **Bissingen** die Seite und fahren vorbei am Lehrpfad durch ein Parkgelände nach **Bietigheim**. Wenn wir gleich mit der Bahn zurückfahren möchten, dann fahren wir auf der Wobachstraße nach rechts zum Bahnhof. Wer sich noch die Innenstadt anschauen mag, der fährt auf der Wobachstraße nach links und dann weiter bis zum Bürgergarten und der Enzbrücke, die uns hinüber ins Zentrum bringt.

Das gibt's zu sehen

Wir könnten am Bahnhof ankommen und uns direkt zum Radweg in Richtung Merklingen begeben. Dafür ist **Weil der Stadt** aber viel zu hübsch. Man sollte zumindest einmal durch die sehenswerte Innenstadt gebummelt sein, ehe man sich in den Sattel schwingt. Weil der Stadt war einmal freie Reichsstadt und bewahrte sich, allen Übernahmegelüsten der württembergischen Nachbarn zum Trotz, von 1275 an über 500 Jahre lang seine Unabhängigkeit. Die Stadtmauer mit den Wehrtürmen, die imposante Stadtkirche und der Marktplatz zeugen heute noch von der Zeit, als die Stadt direkt dem Kaiser unterstellt war. Zwei berühmte Persönlichkeiten sind außerdem mit der Stadt verbunden. Sie heißen beide Johannes, das war es dann aber auch schon mit den Gemeinsamkeiten. Der eine, nämlich Johannes Brenz, beschäftigte sich bekanntlich mit der Theologie, während der andere sich auf naturwissenschaftlichem Gebiet einen Namen machte. Auf Zweiteren stoßen wir, wenn wir auf den Marktplatz einbiegen: Vor dem Stadtmuseum sitzt nämlich Johannes Kepler auf einem mächtigen Sandsteinsockel. Angrenzend an den hübschen Marktplatz gibt es im Geburtshaus des großen Astronomen ein Museum, das dem berühmten Sohn der Stadt gewidmet ist und von der Kepler-Gesellschaft betrieben wird. Die rührige Kepler-Gesellschaft bietet freitags auch Sternführungen und Sonnenbeobachtungen in der Johannes-Kepler-Sternwarte an. Infos hierzu gibt es im Internet unter www.kepler-sternwarte.de oder bei der Tourist-Information. Und da die Stadt und Kepler so eng miteinander verbunden sind, hat ein Eiscafé in der Stuttgarter Straße sogar ein Keplereis im Angebot.

Weil der Stadt ist außerdem närrisch, der Ruf als Narrenhochburg reicht weit über die Stadtmauern hinaus. Berühmt ist der Fasnetsumzug, der am Fasnetsonntag alljährlich viele Besucher in die Altstadt lockt. Das ganze Jahr über plantschen am Narrenbrunnen auf halbem Weg vom Rathaus hinunter zur Stadtmauer Hexen, Tanzmariechen und Kobolde im Wasser. Wer dem närrischen Treiben auf den Grund gehen möchte, der sollte sich auf der Stuttgarter Straße weiter in Richtung Würm begeben und ins Narrenmuseum gehen, das einen Einblick in die Weil der Städter Fasnet gibt. Wenn man zwischen Mitte Juli und Mitte August herkommt, dann kann man sich im Übrigen auch im Sand vergnügen. Zum Weiler Strandsommer ist der Marktplatz ein großer Sandkasten mit Strandkörben, Liegestühlen, Cocktailangeboten und Musik.

Dem bereits erwähnten Reformator Brenz ist die evangelische Brenz-Kirche gewidmet. Weil der Stadt war aber stets katholisch. Die gut sichtbare katholische Kirche St. Peter und Paul mit ihrem 58 Meter hohen Turm macht das auch heute noch deutlich. Innen bietet sie reichlich Gelegenheit zum Studium von Bildern und Figuren. Eine Besonderheit ist das sogenannte Hitler-Fenster aus dem Jahr 1940 von JoKarl Huber. Dieser hat bei der Gestaltung der Szene von der Versuchung Jesu sehr viel Mut bewiesen, denn er hat dem Teufel die Gesichtszüge von Adolf Hitler gegeben.

Noch einmal kurz zurück zum Marktplatz: Mit dem Rathaus und weiteren schönen Häusern und der Kirche St. Peter und Paul im Hintergrund bietet er einen schönen Anblick. Die Gässchen mit Fachwerkhäusern, Gaststuben und Cafés sind wirklich gut geeignet zum Schlendern und Einkehren … Für uns wird es jetzt aber Zeit weiterzuziehen, wir haben schließlich noch ein paar Kilometer vor uns!

Zu Weil der Stadt gehören die Stadtteile Merklingen, Münklingen, Schafhausen und Hausen. Die Landschaft, in der sie liegen, heißt **Heckengäu**. Streuobstwiesen wechseln sich hier mit Hecken ab, begleitet von der Würm, die sich verspielt hindurchschlängelt. Das Gebiet vor Merklingen ist das **Merklinger Ried**. Hier hat man das Bett der Würm renaturiert. Man radelt entlang am Fluss, der nun also mäandert und an einigen Stellen am Ufer die Möglichkeit zum Füßekühlen bietet. Das Naturschutzgebiet ist auch sichtlich beliebt bei Spaziergängern, Radfahrern – und vielen Vögeln, die im Ried ihren Lebensraum haben.

»Die Perle im Würmtal« wird **Merklingen** genannt. Wir wollen uns hier zeitbedingt und sprichwörtlich nicht zu weit aus dem Fenster lehnen, aber Merklingen hat auf alle Fälle einen Besuch verdient. Sehr interessant ist die Kirchenburg, eine Wehrkirchenanlage bestehend aus mehreren Gebäuden, früher umgeben von einem Mauerring und einem Wassergraben. Die Mauer wurde wieder aufgebaut, der Wassergraben wurde freigelegt, so kann man sich nun gut eine Vorstellung vom Originalzustand der Anlage machen. In der Remigius-Kapelle finden wir sehenswerte Grabmale und Epitaphe aus den Jahren 1574 und 1612.

Vor **Hausen** durchquert man erneut ein Naturschutzgebiet, die Würmaue. An Hausen führt der Radweg rechts vorbei, wenn wir

Rechts die Enz, links die Weinberge: In so einer Landschaft geht's zügig dahin …

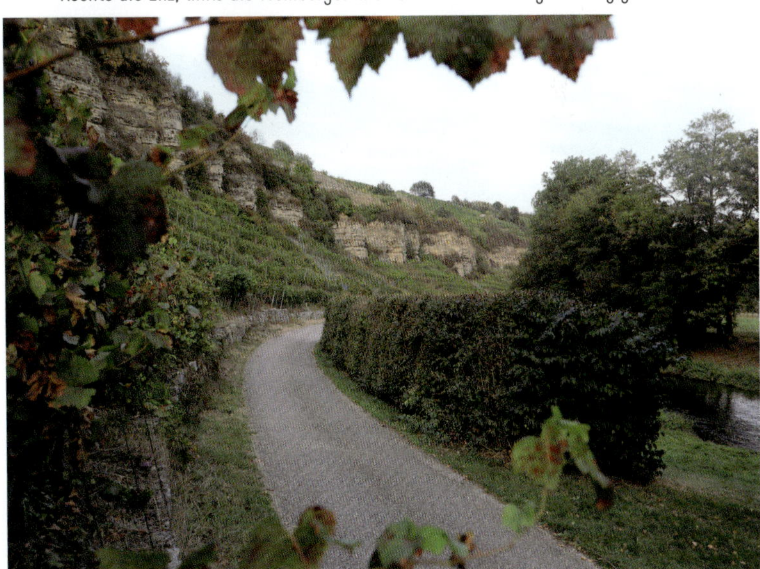

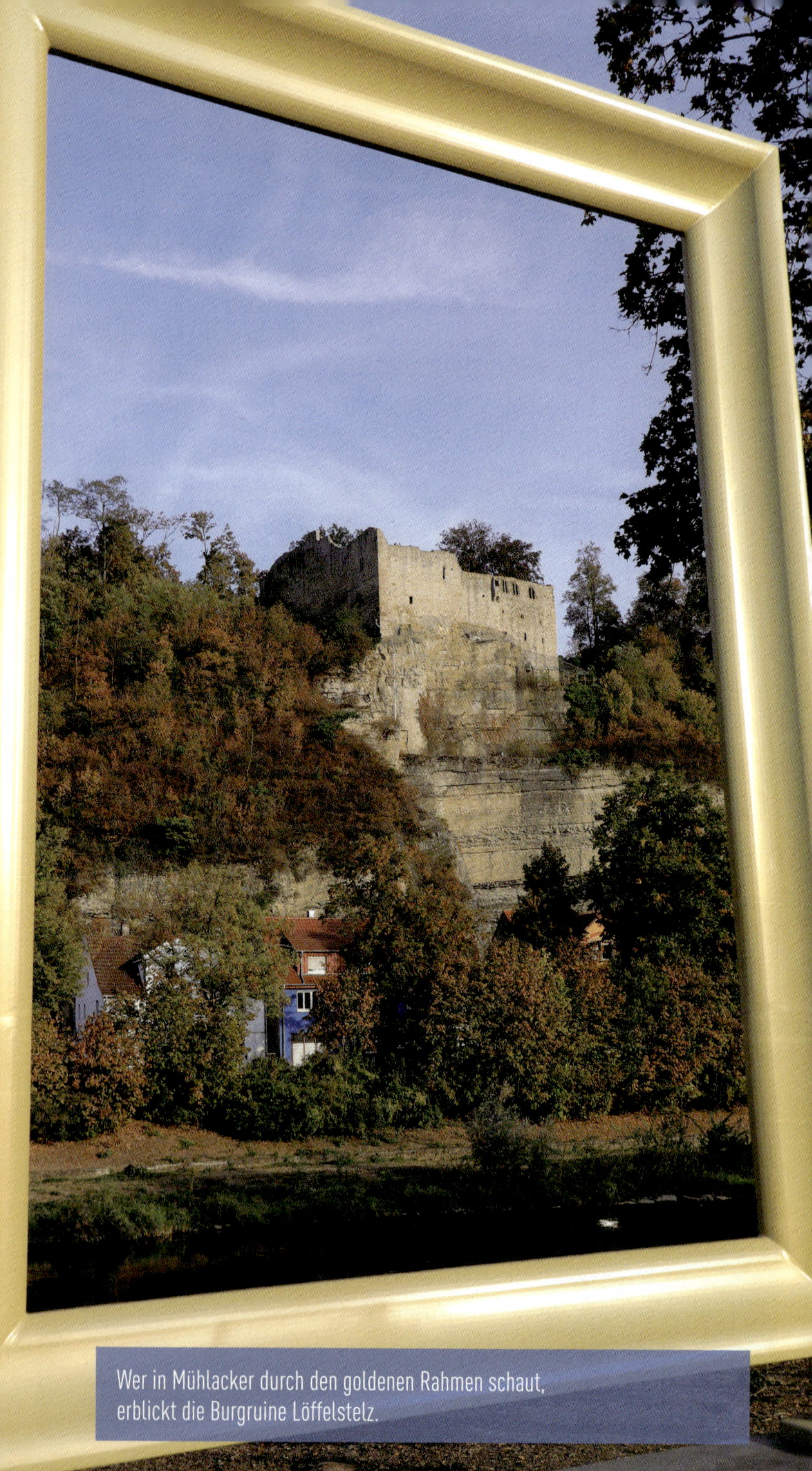

Wer in Mühlacker durch den goldenen Rahmen schaut, erblickt die Burgruine Löffelstelz.

den Ort besichtigen wollen, müssen wir nach links abbiegen und ein Stück den Hang hinunterfahren, um in den alten Ortskern und zu einer alten Steinbrücke zu gelangen. Die Brücke wurde 1777 vom Hausener Steinmetz Johann Wieland erbaut. Sie ist nach wie vor im Dienst.

Kurz nach Hausen passieren wir die Grenze zwischen Württemberg und Baden. Heutzutage nicht mehr wirklich spektakulär, verteidigte man früher hier die Landesgrenzen mithilfe eines Grabens. Der ist längst zugewachsen, zu sehen gibt es jetzt nur noch einen Grenzstein auf der linken Seite des Weges. Die Landschaft ändert sich an dieser Stelle, das Weiträumige weicht. Jetzt kommen wir und die Würm uns wieder näher. In **Mühlhausen** treffen wir dann, wie der Name es schon erahnen lässt, auf eine Mühle. Das örtliche Schloss ist leicht zu übersehen, man muss schon wissen, dass es sich hinter den dicken Mauern befindet. Nach Mühlhausen kommt erst einmal wieder »nur« Natur. Der Schwarzwald beginnt. Wie Fabelwesen stehen die Bäume beidseits des Wegs, große rote Sandsteinfelsen liegen dazwischen, hier und da von Sonnenstrahlen, die es durch den dichten Wald schaffen, in bizarres Licht gerückt. Schleife um Schleife begleitet der Radweg die Würm, die mal munter zwischen Steinen und Felsen weiterspringt, mal in aller Gelassenheit dahinfließt.

Würm gehört zu Pforzheim und hat im Gegensatz zur Goldstadt einen historischen Kern mit Fachwerkhäusern aus der Renaissance- und Barockzeit. Dem Umstand, dass Heinrich Mayer seiner Zeit voraus war, verdankt das ehemalige Kurhotel Würmthal seine Existenz. Mayer ließ 1898 das Hotel errichten – in der Erwartung, dass eine Eisenbahnlinie gebaut werde. Es sollte aber nie dazu kommen, und 1938 zog ein Fluss- und Schwerspatwerk dort ein. Heute ist das »Alte Kurhotel« ein Veranstaltungsort.

Die Innenstadt von **Pforzheim** wurde während des Zweiten Weltkriegs weitgehend zerstört. Zwischen etlichen weniger geglückten Nachkriegsbauten und Betonpalästen findet sich aber doch der eine oder andere schöne Platz. Pforzheim ist eine Schmuckstadt, »Goldstadt« wird sie auch genannt; 1767 wurde im Waisenhaus eine Uhren- und Schmuckfabrik gegründet und damit der Grundstein für die Pforzheimer Schmuckindustrie gelegt. Natürlich gehört zu einem Besuch in der Stadt auch ein Besuch des Schmuckmuseums, dem weltweit einzigen Museum zur Geschichte des Schmucks mit Exponaten aus fünf Jahrtausenden. Es liegt auf unserem Weg in die Innenstadt, im Stadtgarten am Nagoldufer.

Eines jener alten Gebäude, die nach dem Krieg wiederaufgebaut wurden, ist die Schloss- und Stiftskirche St. Michael. Von 1225 bis 1470 wurde sie in romanischem und spätgotischem Stil erbaut und ist die Grablege des badischen Fürstenhauses. In ihrem Anbau befindet sich das städtische Museum für Johannes Reuchlin, den Pforzheimer Humanisten, der Weitsichtigkeit bewies, indem er Christen, Juden und Muslime zum Dialog aufrief und für Toleranz eintrat. Auf dem Weg zur Kirche kommen wir am Rathaus und am Marktplatz vorbei. In nächster Nähe befindet sich auch die Tourist-Info, in der man selbstredend weitere Tipps einholen kann zu dem reichlichen Angebot an Möglichkeiten, die Pforzheim bietet. Wir empfehlen hier nun nur noch das Gasometer. Es liegt am Enzauenpark und somit auch auf unserem Weg. Der Künstler Yadegar Asisi schafft hier im Innern 360-Grad-Panoramen, das heißt, seine Bilder gehen im Kreis ganz rundherum, wodurch der Besucher das Gefühl hat, ein Teil des Dargestellten zu sein. Die Themen wechseln, derzeit (Stand: Juni 2019) wird das Great Barrier Reef gezeigt. Viele detailliert dargestellte Szenen fügen sich zu einem lebendigen Ganzen zusammen. Zuvor war Asisis Panorama »Rom« mit Kaiser Konstantin und seinem Gefolge zu sehen.

Pforzheim liegt an drei Flüssen, und die Uferbereiche sind zum Teil recht gelungen gestaltet. Der Radweg an der Enz entlang führt durch das ehemalige Gelände der Landesgartenschau. Das Gelände wird von etlichen Radlern, Läufern und Spaziergängern genutzt. Dort ist auch eine gute Gelegenheit zu einer Pause, der Biergarten ruft, und wir wollen ihn nicht ungehört am Wegrand lassen …

Wenn wir uns in Pforzheim nicht festgehockt haben, erreichen wir **Mühlacker**. Hier wurde das Enzufer wieder natürlicher gestaltet und mit Infotafeln versehen. Wir schauen durch einen überdimensionalen Bilderrahmen, der hier im Zuge der Gartenschau aufgestellt wurde, und entdecken dabei – gekonnt ins Bild gesetzt – die Ruine Löffelstelz, die schon seit dem 16. Jahrhundert dekorativ als Ruine an der Kalksteinwand »klebt«. Sie wurde um 1180 erbaut, um 1120 erweitert und um 1500 zerstört. Schließlich diente sie als Steinbruch, ehe sich Anfang des

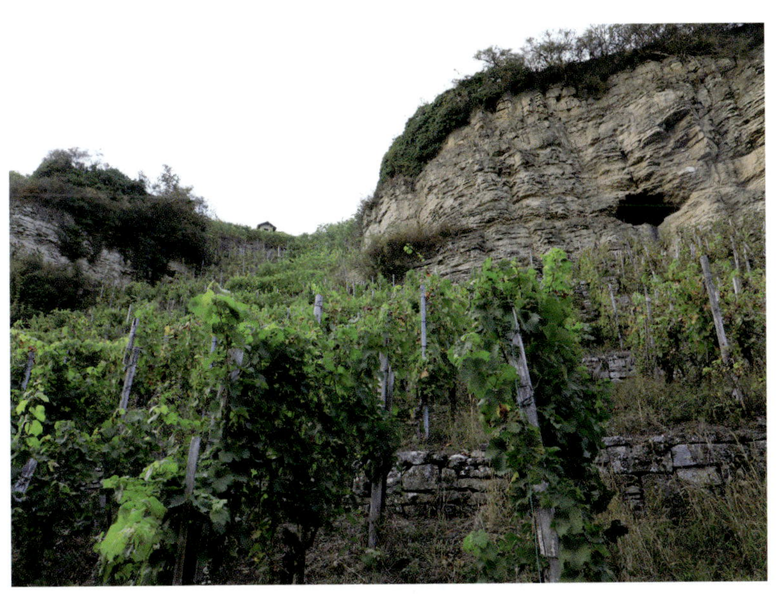

Wein und Wengerter sollten hier schwindelfrei sein!

20. Jahrhunderts der örtliche Verschönerungsverein der Burg annahm und das Areal um die Burg kaufte, sodass kein weiterer Abbruch mehr stattfinden konnte.

In **Mühlhausen** erfreuen wir uns an den Fachwerkhäusern, die so wunderbar zu der großartigen Landschaft passen. Die romanische Kirche stammt aus dem 13. Jahrhundert, das Renaissanceschloss wurde Mitte des 16. Jahrhunderts erbaut. Blicken wir am Ortausgang aus Mühlhausen hinaus in die Richtung, in die wir weiterradeln, dann sehen wir eine großartige Weinberglandschaft vor uns. Alles steht hier im Zeichen des Weines. An steilen Lagen hängen die Rebstöcke, und die Enz fließt direkt neben dem Radweg in einer großzügigen Schleife.

Wein vom Steilhang

Die Muschelkalkböden an der Enz sind mineralstoffreich und wärmespeichernd. Das ist ganz nach dem Geschmack der zahllosen Rebstöcke, die in atemberaubender Steillage die Hänge an den Enzschleifen säumen. Der Weinbau hat hier eine lange Tradition, davon berichten schon Aufzeichnungen aus dem 12. Jahrhundert. Da man die Talebenen für die Anpflanzung von Getreide benötigte, verschafften sich die ersten Weingärtner Platz, indem sie an den Steilhängen mithilfe von Trockenmauern Terrassen anlegten. Diese Tradition wird auch heute noch gepflegt und gibt der Landschaft ihr einzigartiges Aussehen. Die Wengerter bauen und reparieren in Handarbeit ihre Terrassen. Rund 27 Kilometer historische Trockenmauern befinden sich im Gebiet Halde der Genossenschaftskellerei Roßwag. Hauptsächlich angebaut werden die Rebsorten Trollinger, Lemberger, Riesling, Kerner und Müller-Thurgau.

Roßwag begrüßt uns mit seiner Kirche, die aus dem 13. Jahrhundert stammt. Der kleine Ort liegt idyllisch zwischen den Weinbergen und ist bekannt für seine guten Weine. Bei der Weinkellerei Lembergerland beziehungsweise in der Vinothek am Backhäusle kann man sich selbst davon überzeugen.

Das Wahrzeichen von **Vaihingen** ist zweifellos Schloss Kaltenstein. Es thront hoch über der Stadt auf steilem Muschelkalkfelsen. Erbaut wurde es ursprünglich als Burg im 11. Jahrhundert. Heute sind dort Einrichtungen des Christlichen Jugenddorfes untergebracht. Aber Vaihingen bietet natürlich deutlich mehr. Es ist ebenfalls ein Weinort und darf sich seit 1987 »internationale Stadt der Rebe und des Weines« nennen. In der Innenstadt Vaihingens sind das Rathaus, der Marktplatz, die Stadtmauer, der Haspelturm und die Grabenstraße sehenswert. Einen interaktiven Rundgang durch Vaihingen und seine Stadtteile kann man mit dem Smartphone unternehmen, hierzu muss man jeweils den auf den Hinweistafeln hinterlegten QR-Code scannen.

Früher wurde in Vaihingen Rinde, die man zur Bearbeitung von Leder benötigte, mit dem Kahn transportiert. Mit solch einem Kahn macht man sich heute bei einer Stocherkahnfahrt auf in die Geschichte der Stadt. Bei der Tourist-Info am Rathaus gibt es Informationen zu einer ganzen Reihe von unterschiedlichen anderen Stadtführungen. Und wer im Sommer radelt, der sollte sich auch das anschauen: Von Juli bis September verwandelt sich auch hier die Innenstadt in einen Sandstrand mit Strandcafé, Liegestühlen und Sonnenschirmen. Da kommt sicherlich Urlaubsstimmung auf!

Eine freundliche Begrüßung erfahren wir in **Oberriexingen**, wo ein Schild die Radler willkommen heißt und in den Römischen Weinkeller einlädt. Dabei handelt es sich um ein Museum mit einem original erhaltenen Keller einer villa rustica. Das Ziel vor Augen bleiben wir aber standhaft und radeln vorbei an Weinbergen, Auwiesen und dem ehemaligen Gartenschaugelände, beeindruckt von der 21-bogigen Eisenbahnbrücke über die Enz nach Bietigheim, das mit einer tollen Altstadt besticht.

Erstmals urkundlich erwähnt wurde **Bietigheim** 789, aber es ist wohl schon älter. In der Stadtmitte gibt es noch viele mittelalterliche Häuser, die mit allerlei Schnitzereien verziert sind. Dank Weinbau und Weinhandel war Bietigheim im 16. Jahrhundert eine der drei wohlhabendsten württembergischen Städte. Tiefe Keller an vielen stattlichen alten Gebäuden zeugen noch von jener Zeit. Ein besonders gutes Beispiel für die damalige Baukunst ist das Hornmoldhaus mit Zierfachwerk und Renaissanceausmalung. Heute ist in ihm das Stadtmuseum untergebracht. Es lohnt sich, durch die Bietigheimer Altstadt zu schlendern und dabei immer wieder neue Entdeckungen zu machen. Antonia Visconti, Gemahlin von Graf Eberhard III., hinterließ in der Stadt ihre Spuren. Auf ihr Geheiß hin wurde beispielsweise die Stadtkirche im Zentrum erbaut, um den Gläubigen den weiten Weg zur Kirche St. Peter jenseits der Metter zu ersparen. Auch das 1386 erbaute Schloss soll auf sie zurück gehen. Heute sind hier die Musikschule, die Volkshochschule, städtische Ämter und eine Brauerei untergebracht. Da bietet es sich geradezu unweigerlich an, nach einem ausgiebigen Bummel durch die Altstadt im schönen Innenhof des Schlosses ein hausgebrautes Bier zu genießen.

Flößerei

Bedingt durch den Holzmangel im Rheintal wurde bereits im 14. Jahrhundert auf Neckar, Enz, Nagold und Würm geflößt. Richtig bedeutend wurde das Flößen aber erst im 18. und 19. Jahrhundert. Die Langholzflöße, die sogenannten Gestörre, waren bis zu 280 Meter lang und vier Meter breit. Die einzelnen Stämme befestigte man mit Querstangen und Holznägeln oder mit Weidenriemen. Mithilfe der Flöße brachte man Holz flussabwärts. Das Floß wurde von mindestens zwei bis zu 14 Flößern geführt. Der Beruf des Flößers war hart und mitunter auch gefährlich. Zwischen Besigheim und Bissingen erinnert heute der 15 Kilometer lange Flößerweg an die bewegte Geschichte dieser Zunft.

Ausgewählte Adressen und Tipps

Weil der Stadt, www.weil-der-stadt.de

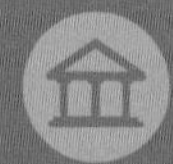

Kepler-Museum, Keplergasse 2, 71263 Weil der Stadt
Tel. 0 70 33/65 86, www.keplermuseum.de
Do u. Fr 10.00–12.00 u. 14.00–16.00, Sa 14.00–16.00 u. So 14.00–17.00

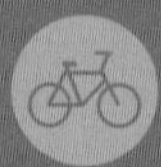

Mangold Fahrräder, Badtorstr. 1, 71263 Weil der Stadt
Tel. 0 70 33/64 39, www.mangold-fahrraeder.de

Pforzheim, www.pforzheim.de

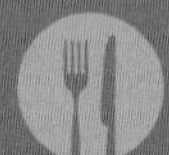

Restaurant Kupferhammer, Am Kupferhammer 1, 75181 Pforzheim
Tel. 0 72 31/6 77 12
Gasthof direkt am Radweg mit schöner Außenterrasse u. gutem saisonalen Essen; gut geeignet für eine Mittagspause, ehe es an der Enz entlang weitergeht

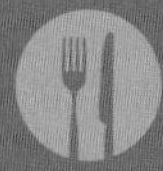

Biergarten Enzauenpark, Hohwiesenweg 34, 75175 Pforzheim
Tel. 0 72 31/56 51 97, www.gastrosyst-daudert.de
Tägl. 10.00–22.00
Liegt direkt am Enztalradweg, mit viel Platz für Kinder, recht große Auswahl an Speisen u. Getränken

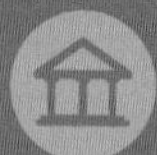

Gasometer Pforzheim, Hohwiesenweg 6, 75175 Pforzheim
Tel. 0 72 31/7 76 09 97, www.gasometer-pforzheim.de
Tägl. 10.00–18.00

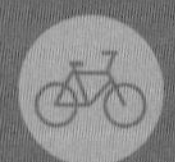

Bike Sport Höhn, Büchenbronner Str. 28, 75172 Pforzheim
Tel. 0 72 31/44 17 71, www.bike-sport-hoehn.de

Vaihingen an der Enz, www.vaihingen.de

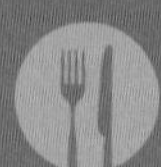

Hotel Restaurant Lamm Roßwag, Rathausstr. 4, OT Roßwag, 71665 Vaihingen
Tel. 0 70 42/2 14 13, www.lamm-rosswag.de
Mi 18.00–23.00, Do 12.00–14.00 u. 18.00–23.00
Fr u. Sa 12.00–14.00 u. 18.00–23.30, Mo, Di u. So Ruhetag
Außenterrasse mit Blick auf die Weinberge, regionale Küche, eigene Metzgerei

Vinothek Backhäusle Roßwag, Wassermanngasse 1, 71665 Vaihingen
www.lembergerland.de
Mai–Okt So Weinverkostung der Lemberger Land Kellerei und Infos über touristische Angebote

Ratsstuben am Markt, Marktplatz 16, 71665 Vaihingen/Enz
Tel. 0 70 42/9 82 22, www.ratsstuben-vaihingen.de
Mo–Fr ab 17.30, Sa, So u. Fei 11.30–14.00
Direkt am Marktplatz und am Radweg, mit Terrasse, auch Übernachtung

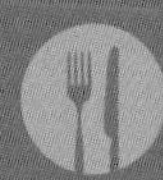

Bietigheim-Bissingen, www.bietigheim-bissingen.de

Paulaner am Viadukt, Wobachstr. 19, 74321 Bietigheim-Bissingen
Tel. 0 71 42/5 15 22, www.paulaner-bietigheim.de, Öffnungszeiten telef. erfragen
Gemütliches Lokal mit Biergarten u. überdachter Terrasse am Radweg mit toller Sicht aufs Viadukt

Rossknecht im Schloss, Hauptstr. 79, 74321 Bietigheim-Bissingen
Tel. 0 71 42/91 37 91, www.rossknecht-bibi.de
Mo–Sa 11.00–24.00, So 11.00–21.00
Hausgebraute Biere, Kindergerichte, Vesper u. warme Speisen, uriges Ambiente im Schlossgemäuer zentral in der Altstadt

Radsport Imle, Eisenbahnstr. 1, 74321 Bietigheim-Bissingen
Tel. 0 71 42/6 29 00, www.fahrrad-imle.de

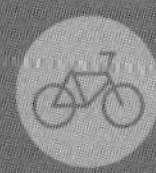

E-Bike-Ladestationen

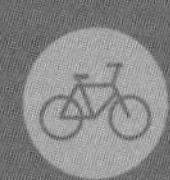

Pforzheim
– an der Tourist-Information (Schloßberg 15–17)
Vaihingen/Enz
– beim Hotel Restaurant Lamm (OT Roßwag)
Enzweihingen
– an der Radlertankstelle (Erich-Blum-Str. 58)
– beim Unicum
Bietigheim-Bissingen
– beim Radsport Imle (s. oben)
– beim Ausflugslokal Schellenhof

6 Römische Kastelle und kaiserliche Wiegen

Entlang der Rems von Schwäbisch Gmünd nach Waiblingen

Wir bewegen uns zwischen der Zeit der alten Römer und der der Staufer. Beide haben im lieblichen Remstal ihre Spuren hinterlassen. Auch die Wurzeln der Württemberger finden wir in diesem geschichtsträchtigen Tal, in dem sich Sehenswürdigkeiten aller Art dicht aneinanderdrängen. Zur Landesgartenschau 2019 hat sich die Region nun noch einmal tüchtig gemausert. Wir besichtigen tolle Städte, radeln durch sattgrüne Auen, verweilen an schönen Uferplätzen, genießen die wunderbare Gastfreundschaft der Remstäler – und zu all dem geben die Weinberge ein perfektes Hintergrundbild ab.

INFO

Die Strecke: Schwäbisch Gmünd – Lorch – Schorndorf – Weinstadt – Waiblingen
Länge: 55 km
Markierung: Remstalradweg (rotes Fahrrad auf grüner u. blauer Welle), gut beschildert u. in regelmäßigen Abständen zusätzlich mit Angabe der Kilometerzahl bis zur Mündung
Einstiegspunkt: Bahnhof Schwäbisch Gmünd
Anreise mit ÖPNV: Mit S-Bahn, RB, Interregio oder ICE bis Schwäbisch Gmünd; Fahrradmitnahme in allen S-Bahnen und Zügen des Nahverkehrs kostenlos (nur Mo–Fr 6.00–9.00 muss ermäßigtes Ticket gelöst werden); im Ostalbkreis wurden 2018 im Rahmen der Angebote »FahrBus Ostalb« (www.fahrbus-ostalb.de) und »OstalbMobil« (www.ostalbmobil.de) Fahrradmitnahmemöglichkeiten auf 12 Linien ausgeweitet
Rückfahrt mit ÖPNV: Mit der S-Bahn ab Waiblingen; mehrere Halte vorher
Wetter: Überwiegend gut befestigte Wege; Wechsel zwischen schattigen und sonnigen Etappen – an Sonnenschutz denken; beliebte Ausflugsstrecke, bei schönem Wetter am Wochenende einiges los
Schwierigkeitsgrad: Leicht, lediglich die Anstiege zu den Stauferorten erfordern etwas Anstrengung
Für Familien: Sehr gut geeignet, Remstalweg ist fast eben, es gibt viele Rastplätze und Einkehrmöglichkeiten und dank der Landesgartenschau eine Reihe neu angelegter Spiel- und Grillplätze und interessanter Stellen zum Spielen, Plantschen und Entdecken; Freibäder und Hallenbäder in Schwäbisch Gmünd, Schorndorf, Weinstadt und Waiblingen sowie ein Badesee in Plüderhausen
Übernachtung: Gute Übernachtungsmöglichkeiten in den meisten Orten an der Strecke

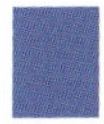

Hilfreiche Internetadressen: www.remstal-route.de, Infos zum Radverleih unter www.regioradstuttgart.de

Hier geht's lang

Unmittelbar vor den Toren Stuttgarts, mit einfacher An- und Abreise, radeln wir durch schöne Landschaften und besichtigen Orte mit bedeutender Geschichte und interessanten Geschichten. In vielen Orten gibt es Bahnhöfe, sodass man jederzeit problemlos in den Radweg ein- und aussteigen kann. Zur Gartenschau wurde der Remstalradweg außerdem um naturnähere Abschnitte ergänzt.

Wir beginnen unsere Tour am Bahnhof von **Schwäbisch Gmünd** und gelangen – am Bahnhofsplatz beim Kreisverkehr geradeaus – von der Rektor-Klaus-Straße rechts in den Hauberweg und befinden uns damit von nun an auf dem Remstalradweg. (Wenn man sich – was wir absolut empfehlen – zunächst die Innenstadt anschauen will, kommt man beispielsweise über den Stadtgarten zum Hauberweg). Wir folgen der Rems auf der linken Uferseite. Es geht über die Rems und über die B29, dann über die Lorcher Straße und nach links auf die Marie-Curie-Straße durch ein

Erfrischende Idylle an der Rems

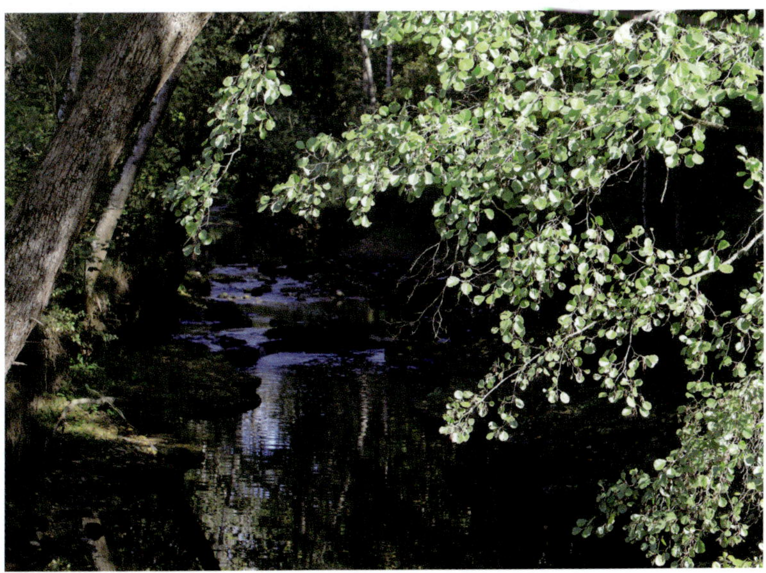

Gewerbegebiet. Wir überqueren erneut die Rems und radeln an der B 29 entlang.

Jetzt kommt das Kloster Lorch in Sicht, und wir biegen, sofern wir den Umweg über **Wäschenbeuren** machen möchten, nach links ein auf die Stauferschleife beziehungsweise den Alb-Neckar-Weg in Richtung Burg Wäscherschloss. Wer nicht zusätzlich auf der Stauferschleife zum Wäscherschloss fahren möchte, der bleibt einfach auf dem Radweg und fährt in Richtung Lorch weiter. Zum Wäscherschloss unterqueren wir die B 29, fahren ein Stück zurück und durchqueren dann ein sehr schönes Waldstück. Wir kommen über den Beutenhof und die Beutenmühle auf die Beutentalstraße und fahren auf ihr in Schwüngen immer weiter nach oben. Dort geht es dann nach links zur Burg. Zur Weiterfahrt geht es ein Stück geradeaus auf der Straße weiter, dann an der Kreuzung rechts ab in Richtung Lindenbronn, jetzt geht es wieder bergab. Über die Wäscherhofstraße kommen wir in **Oberkirneck** auf die Kornstraße und biegen rechts ein. In Schleifen geht es weiter bergab Richtung **Muckensee**.

Unten angekommen überqueren wir die B 29 und radeln geradeaus weiter hinein nach **Lorch**. Wir stoßen wieder auf den Remstalradweg und haben nun die Möglichkeit, direkt an der Rems entlang weiterzufahren, oder den Radweg und anschließend die Rems zu überqueren und hinauf zum Kloster zu radeln. Hierzu fahren wir auf der Wilhelmstraße und biegen dann ein in die Klosterstraße, die uns direkt zum Kloster bringt. Anschließend geht es zunächst auf demselben Weg bergab, am

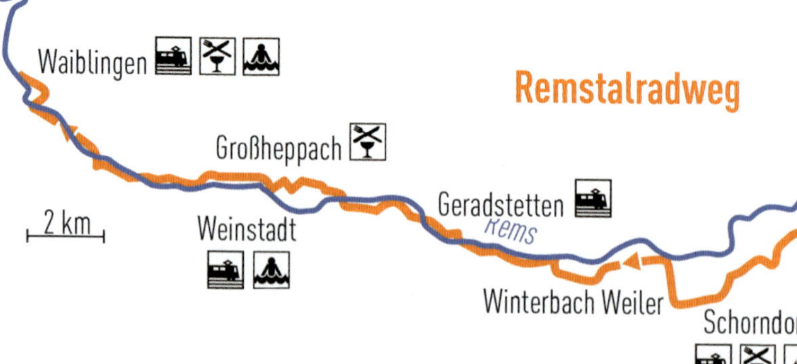

Kreisverkehr fahren wir dann auf die Hohenstaufenstraße und über die Rems und biegen danach in die zweite Straße, die Muckenseestraße, nach rechts ab. Dann nehmen wir die zweite Straße rechts, die Barbarossastraße, und sind nun wieder auf dem Remstalradweg. Am Ortsende geht es nach links und wir unterqueren die B 29.

Vorbei am Naturschutzgebiet Lorcher Baggerseen radeln wir Richtung **Waldhausen**, wo wir wieder auf die Rems treffen. Nach Waldhausen queren wir die B 29.

Wer in Plüderhausen am See eine Badepause einlegen möchte, der fährt kurz nach Überqueren der B 29 nach links und dann am linken Ufer der Seen entlang zu den Badestellen. In Plüderhausen kurz nach dem Ortseingang führt die Straße dann auch wieder auf den Remstalradweg zurück. Wer ohne Baden weiterfahren möchte, der fährt zum rechten Remsufer und radelt nach **Plüderhausen**. Wir überqueren zweimal die Rems, in **Urbach** am Bahnhof queren wir die B 29, dann die Rems und schließlich die Bahnlinie und radeln dann vorbei an der Wasenmühle Richtung **Schorndorf**, das wir schon vor uns sehen. Über Hammerschlag, Augustenstraße, Friedensstraße und Johann-Philipp-Palm-Straße geht es in die Schorndorfer Innenstadt. Zur Weiterfahrt begeben wir uns vom Zentrum auf die Burgstraße und radeln nach **Weiler**. Wir biegen rechts auf die Pfarrstraße, es geht weiter über das Remsgäßle und die Brünner Straße, und wir passieren die Gleise, dann fahren wir links weiter Richtung **Winterbach**.

In der Ortsmitte geht es von der Westergasse in die Holzstraße und wieder aus Winterbach hinaus. Auf dem Stegwiesenweg erreichen wir **Geradstetten** und überqueren die Rems. Auf dem Unteren Wasen und der Uferstraße radeln wir weiter, immer am Fluss entlang, mit Weinbergen vor Augen bis **Grunbach** und weiter nach **Großheppach**, wo wir nach rechts abbiegen, um die B 29

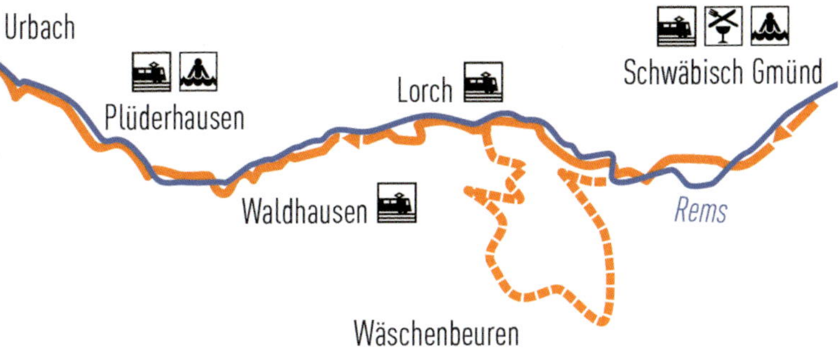

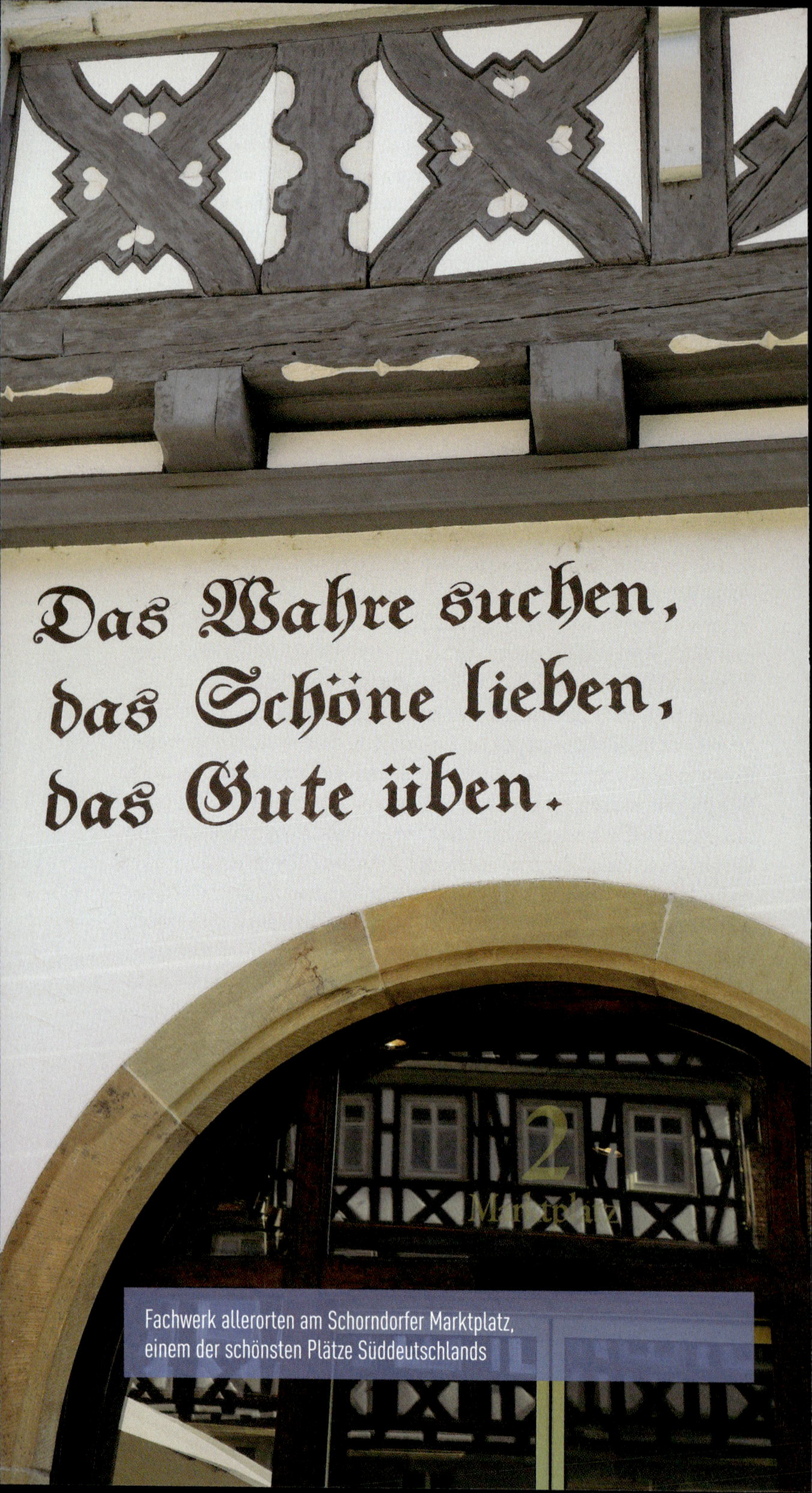

Das Wahre suchen,
das Schöne lieben,
das Gute üben.

Fachwerk allerorten am Schorndorfer Marktplatz,
einem der schönsten Plätze Süddeutschlands

zu unterqueren und auf der Grunbacher Straße weiterzuradeln Richtung **Beinstein**. Dort angekommen überqueren wir die Rems und radeln dann am Ufer, vorbei an der »Geheimen Mühle«, in den Remsauen weiter bis nach **Waiblingen**. Dort stoßen wir auf die Alte Bundesstraße, den Alten Postplatz und die Bahnhofstraße. Diese bringt uns zum Bahnhof. Oder wir biegen vorher rechts ab und kommen in den Stadtgraben und in die Ortsmitte.

Das gibt's zu sehen

Schwäbisch Gmünd gilt als älteste Stauferstadt. 2012 feierten die Gmünder bereits ihr 850-jähriges Stadtjubiläum. Dementsprechend viele geschichtsträchtige Bauwerke sind hier auch zu besichtigen, wir können nur eine kleine Auswahl anführen. Zeugnis der einst imposanten römischen Vergangenheit gibt das ehemalige Kohortenkastell Schirenhof. Nähere Informationen hierzu bietet der sogenannte i-Punkt, der sich zentral am Marktplatz befindet. Von der Staufervergangenheit zeugt die Johanniskirche. Sie wurde zwischen 1220 und 1250 als spätromanische Basilika erbaut und ist Johannes dem Täufer geweiht. Schon allein der Kirchenraum ist sehenswert, was einen Besuch der Johanniskirche aber noch attraktiver macht, ist die Aussicht auf Aussicht. Über eine Spindeltreppe mit 164 Stufen, die von Gmünder Unternehmen, Institutionen und Bürgern gespendet wurden, gelangt man bis in die Turmstube. Aus 45 Metern Höhe genießen wir den Blick auf die Drei Kaiserberge, auf das Remstal, das wir gleich entlangradeln werden, und auf den zu unseren Füßen liegenden Marktplatz.

Schwäbisch Gmünd ist auch sonst eine Stadt der Türme. Wenn wir uns vom Bahnhof der Innenstadt nähern, stoßen wir bald schon auf ein besonders ausgefallenes Modell. Der 27 Meter hohe Fünfknopfturm wurde schon im 15. Jahrhundert erbaut und diente noch bis 1918 als Heim für den Turm- und Brandwächter. Bemerkenswert ist sein fünfeckiger Grundriss, sehr hübsch anzusehen sind die kleinen Türmchen obenauf.

Die Uhren sollen hier ein wenig anders ticken, heißt es von Schwäbisch Gmünd. Uns gewinnt die Stadt auch wirklich im Nu mit dem Charme der alten Gässchen und dem weiten Marktplatz, auf dem es sich herrlich bei einem Kaffee oder Viertele die Zeit vergessen lässt. Ein weiterer Besuch der Stadt, wenn wir keine Fahrradtour geplant haben, könnte eine gute Option sein, um all die interessanten Sehenswürdigkeiten und schönen Plätze ausgiebiger zu genießen. Einen weiteren Ort zum Träumen finden wir in den Weleda-Heilpflanzengärten. Das weltweit bekannte Unternehmen Weleda hat in Schwäbisch Gmünd seinen Firmensitz.

Eine Besonderheit stellt sicherlich auch der Kreuzweg St. Salvator dar. Hinter dem Bahnhof startet der steile Weg bergauf, den Bildstöcke und Kapellen mit lebensgroßen Figuren säumen – und den man besser ohne Fahrrad bezwingt. Oben steht die Wallfahrtskapelle St. Salvator, um 1617 geschaffen aus natürlichen Höhlen von Kirchenbaumeister Caspar Vogt. Der Blick über die Stadt und die Drei Kaiserberge belohnt die Mühen des Aufstiegs.

Von Schwäbisch Gmünd aus ginge es auch schon über die Klepperletrasse, die ehemalige Bahntrasse, auf der Stauferschleife nach Wäschenbeuren. Wir bleiben aber vorerst an der Rems und genießen im Tal weiter Entspannung und Gastfreundschaft.

Imposant über der Rems liegt das Kloster **Lorch**, Grablege der Staufer und ehemalige Heimat von Benediktinermönchen. Man muss das Tal verlassen und in die Pedale treten, um die geschichtsträchtige Anlage zu besuchen. Die Mühen sind es aber allemal wert. Der Stauferherzog Friedrich I. von Schwaben stiftete Kloster Lorch um 1100 als Hauskloster. Vom zugänglichen Marsiliusturm genießt man einen tollen Blick über die gesamte Anlage und die Umgebung. Der romanische Kirchenbau ist in seinem Grundriss einem Kreuz nachempfunden. Den Kapitelsaal im Erdgeschoss füllt ein Staufer-Rundbild aus, das Einblick ins Mittelalter und die Stauferzeit gewährt. Die zahlreichen Menschen, Landschaften und Szenen erinnern an ein Wimmelbild.

Auf dem Weg zum Eingang der Anlage kommt man an der Stauferfalknerei vorbei. In der Sommersaison finden hier regelmäßig mittwochs, samstags, sonn- und feiertags Vorführungen statt. Auch Schnupperkurse und Seminare werden angeboten. Informationen gibt es über das Touristikbüro Kloster Lorch.

Und noch einmal begeben wir uns auf die Spuren der Staufer. Hier stand schließlich die Wiege dieses berühmten Herrschergeschlechts. Die Burg Wäscherschloss unterhalb von **Wäschenbeuren** wurde zwischen 1220 und 1250 erbaut. Ihr Name geht auf den in der Nähe fließenden Waschbach zurück. Um zu ihr zu gelangen, begeben wir uns auf ein Stück der Stauferschleife. Schon die Fahrt auf diesem Weg durch ein sehr schönes Waldgebiet hinauf zum Schloss ist ein besonderes Erlebnis. Die sechseckige Anlage, als Vorwerk für die Region unterhalb des Hohenstaufen erbaut, gilt als Wiege der Stauferdynastie. Durch eine unscheinbare Tür im trutzigen Bollwerk geht es ins Innere der Burg und 800 Jahre zurück in die Zeit der mittelalterlichen Herzöge, Könige und Kaiser. Vor der Abfahrt zurück ins Tal sollte man sich unbedingt Zeit lassen für einen Blick vom Hügel hinab ins Stammland der Staufer und hinüber zum Hohenstaufen, der majestätisch und unverkennbar aus dem Umland aufragt.

Zu **Schorndorf** fällt uns natürlich sofort der Name des weltberühmten schwäbischen Tüftlers ein, der den Benzinmotor erfand. Gottlieb Daimler wurde im Jahr 1834 als Sohn eines Bäckers in der hiesigen Höllgasse 7 geboren. Sein zwischen 1695 und 1718 erbautes Geburtshaus ist eines von vielen Häusern, die Schorndorf zu einer Stadt mit viel Charme machen. Immer wieder fühlt man sich durch diese steinernen Zeitzeugen in mittelalterliche Zeiten versetzt. In der Stadtinfo im sehenswerten Rathaus gibt es hierzu eine Broschüre mit einer Tour durch Gottlieb Daimlers Heimatort. Die Ende des 15. Jahrhunderts erbaute

Der Fünfknopfturm in Schwäbisch Gmünd

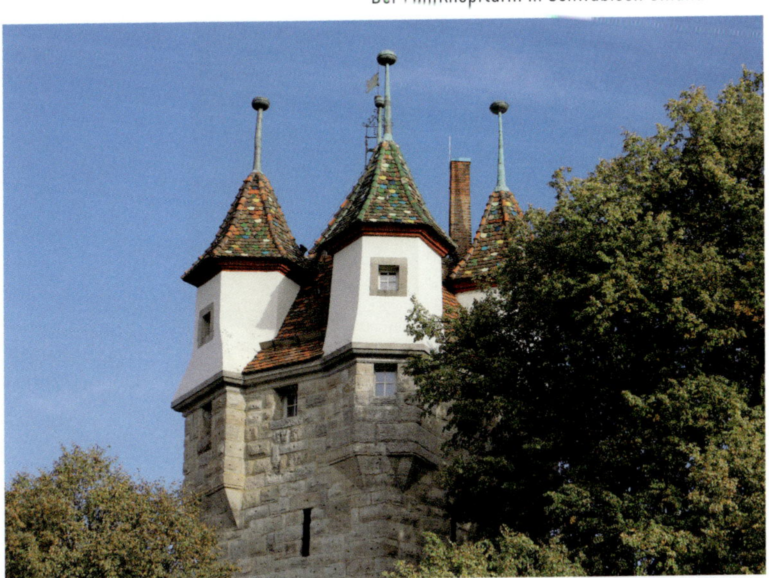

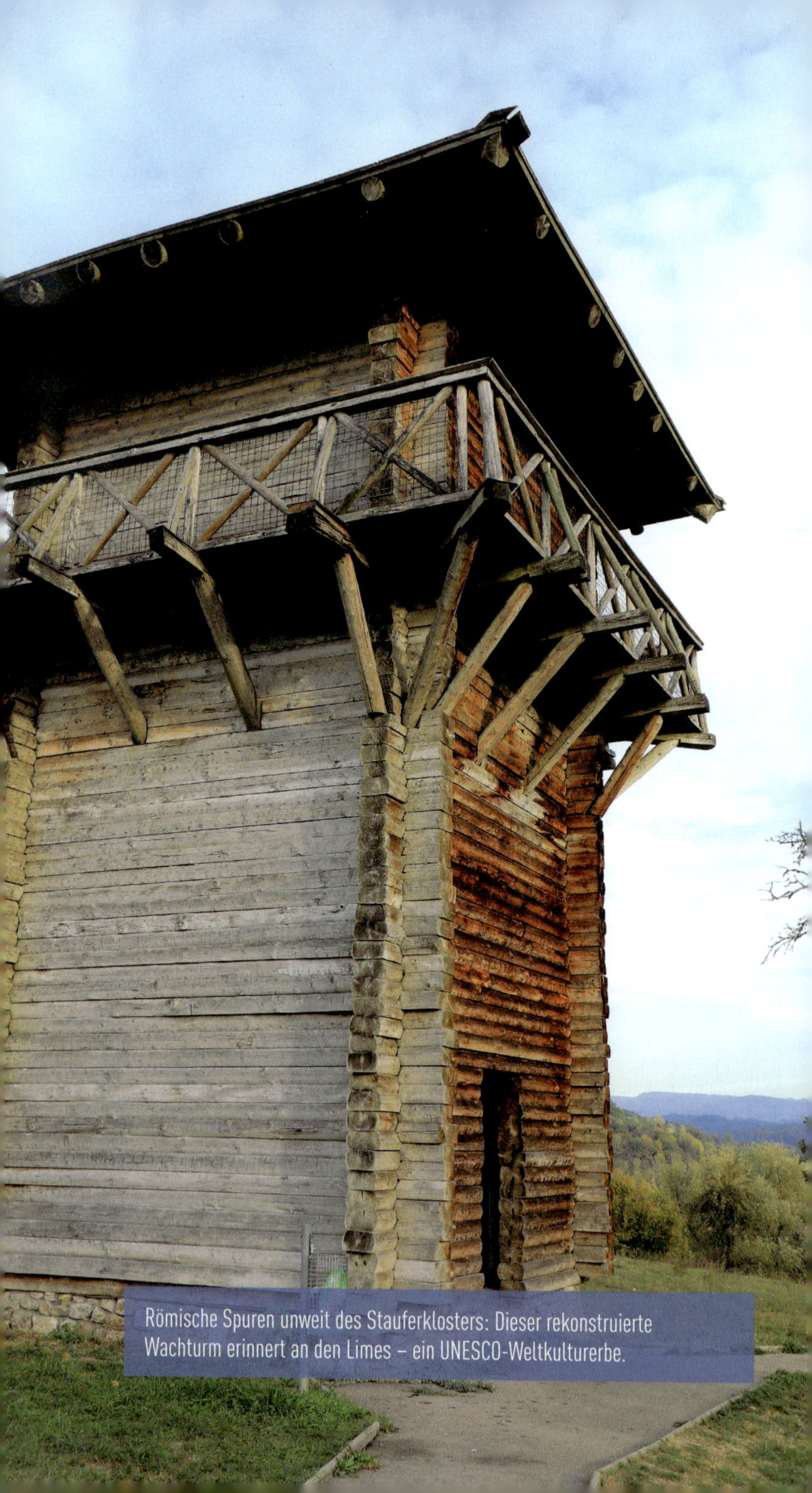

Römische Spuren unweit des Stauferklosters: Dieser rekonstruierte Wachturm erinnert an den Limes – ein UNESCO-Weltkulturerbe.

Stadtkirche ist im Übrigen sehr schön ausgestaltet und ermöglicht vom Turm aus einen beeindruckenden Blick. Die Stadtinformation bietet zu bestimmten Terminen Turmführungen an, besonders eindrucksvoll ist ein Turmbesuch, während am Sonntagfrüh die Turmbläser oben spielen.

Die Schorndorfer Weiber

Die couragierten Frauen von Schorndorf haben einstmals ihre Stadt vor der Übergabe an die Franzosen bewahrt. Als diese 1688 Stuttgart erobern wollten, wurde ihnen von der Regierung des Herzogtums Württemberg die Feste Schorndorf angeboten. Barbara Walch-Künkelin, der Frau des Bürgermeisters, wird zugeschrieben, dass sie die Schorndorfer Frauen um sich scharte, mit ihnen zum Rathaus zog und die dort tagenden Herren in Person der Abgesandten von Stuttgart zusammen mit dem Magistrat einsperrte. So verhinderten sie die Übergabe der Stadt an den französischen General Mélac. Barbara Walch-Künkelin gilt demnach auch als die zentrale Figur bei der Rettung von Schorndorf. Zu den Schorndorfer Weibern zählen aber noch etliche weitere bemerkenswerte Persönlichkeiten. Die Schorndorfer Frauengeschichtswerkstatt hat darüber eine lesenswerte Broschüre erstellt, die man in der Stadtinformation bekommen kann.
Das Erbe der couragierten Schorndorferinnen wird heute auch noch anders gepflegt: An die Schorndorfer Weiber erinnert das Haus der Barbara Walch-Künkelin am Marktplatz. Die Stiftung »Barbara-Künkelin-Preis« verleiht alle zwei Jahre einen Preis an tatkräftige Frauen oder Frauengruppen. Rund 50 Frauen sind in dem Verein »Schorndorfer Weiber e. V.« engagiert, treten mit historischen Kostümen auf und engagieren sich im städtischen Leben zu kulturellen und karitativen Anlässen. Und vielleicht gehört es auch in die Reihe der besonderen Schorndorfer Frauenpersönlichkeiten, dass uns auf unserem Gang durch die Stadt eine hilfsbereite Anwohnerin anspricht, als sie sieht, wie wir die schönen Fachwerkhäuser betrachten. Sie erzählt uns die spannende Geschichte ihrer Straße und drückt uns schließlich einen historischen Stadtplan in die Hand, während sie erklärt, dass sie in ihrem Haus immer solche Pläne bereithalte, um sie bei Bedarf jederzeit an vorbeikommende Touristen ausgeben zu können.

Die geschichtsträchtige Burgruine Beutelsbach liegt links oben bei **Weinstadt-Beutelsbach** auf dem Kappelberg. Einst thronte dort die Stammburg der Württemberger, ehe diese Ende des 11. Jahrhunderts umzogen auf den Wirtemberg bei Stuttgart.

Wein und Besen

Das Remstal ist bekannt für seine Weine und es gibt hier unzählige Möglichkeiten, um die Tour mal kurz zu unterbrechen und sich in einem der Besen oder in einer gemütlichen Weinstube niederzulassen und zu genießen, was hier so üppig wächst. Wie der Weinbau nach Süddeutschland kam, weiß man nicht. Sicher ist, dass dort schon im frühen Mittelalter sehr rege Wein angebaut wurde. Heute pflegen viele Nebenerwerbswinzer am Feierabend die 780 Hektar große Rebfläche im Remstal. Die Wengerter bauen neue Rebsorten an, wie Acolon, Cabernet Mitos oder Cabernet Dorio, und alte Sorten wie Riesling, Kerner, Spätburgunder, Lemberger und Trollinger. Bei so viel Auswahl hilft nur Probieren: Viele der Weine werden direkt verkauft oder in den Weinstuben, bei Weinproben und in den Besen angeboten.
Die Besenwirtschaften sind nur zu bestimmten Zeiten im Jahr geöffnet. Zu trinken gibt es dann selbstredend hauseigene Weine, zum Essen bieten die Wengerter meist einfache regionale Gerichte an. Früher haben die Wengerter für ihre Gäste die »gute Stube« ausgeräumt. Heute sitzt man zwar nicht mehr im Wohnzimmer, aber durchaus noch urig inmitten von Familienfotos und Zimmerpflanzen oder in umgebauten Scheunen oder liebevoll restaurierten Gewölbekellern. Auf den rustikalen Bänken im gemütlichen Ambiente entsteht dann schnell eine eigene Dynamik und man kommt flugs mit dem Nachbarn ins Gespräch.
Einen Besenkalender mit den Öffnungszeiten findet man unter www.remstal.info und www.remstal.de

Waiblingen hat noch eine gut erhaltene Stadtmauer. Vom 45 Meter hohen Hochwachtturm hat man einen schönen Blick auf die Stadt und das Umland. Er ist samstags und sonntags zwischen 11.30 und 12.30 Uhr geöffnet, außerdem kann man den Schlüssel gegen ein Pfand bei der Tourist-Information ausleihen. Bei einem Bummel durch die in den Jahren 1640 bis 1700 entstandene Altstadt sieht man an etlichen Häusern die Waiblinger Neidköpfe. Sie sollten von den Häusern und ihren Bewohnern den bösen Blick abhalten.

In Waiblingen gibt es eine rührige Kleinkunstszene, ein Blick ins Programm von Bürgerhaus und Kulturhaus auf der Schwaneninsel lohnt sich! Die Galerie Stihl ist eines der kulturellen Highlights. Das städtische Ausstellungshaus ist mit den beiden ovalen Flachdachbauten schon äußerlich eine Besonderheit. Innen wechseln sich pro Jahr drei Ausstellungen ab. Hier werden Arbeiten auf beziehungsweise aus Papier gezeigt. In der sehr

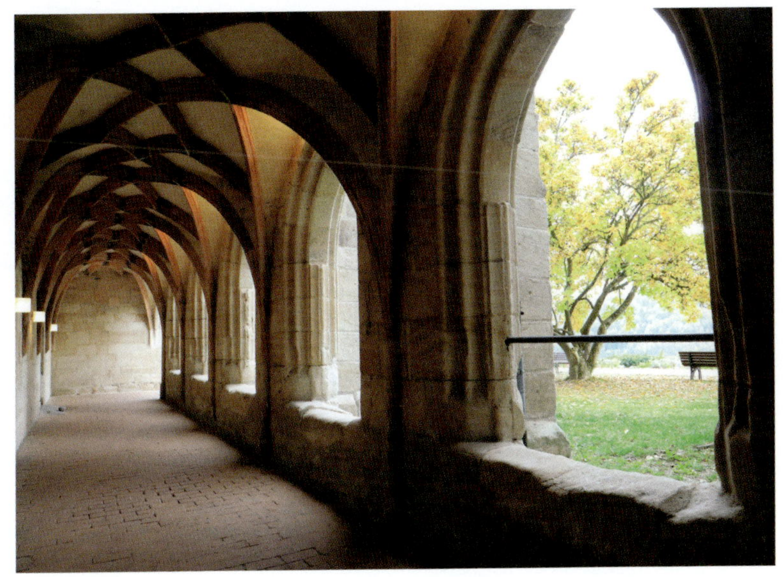

Im Kreuzgang des Klosters Lorch

schönen Waiblinger Altstadt gibt es eine ganze Reihe Weinstuben und Cafés, sodass die Wahl wirklich schwerfällt. Aber zum Abschluss unserer abwechslungsreichen Tour nehmen wir diese »Mühe« gerne auf uns und genießen zum guten Schluss noch einmal ein Remstal-Viertele.

Mein persönlicher Tipp

Das Remstal war schon immer ein beliebtes Ausflugsziel und ein gerne zitiertes Beispiel für eine Landschaft, die von der Sonne verwöhnt wird. Im Zuge der Landesgartenschau 2019 durften die Uferregionen eine deutliche Aufwertung erfahren. Vieles wurde umgebaut und neu geschaffen, was sicherlich auch über die Gartenschau hinaus Bestand haben wird. Die Infrastruktur ist sehr gut, viele Gaststätten, Cafés und Gartenwirtschaften laden zum Verweilen ein, viele Spielplätze am Ufer bieten auch für Kinder Abwechslung. Gerade in der Region zwischen Schorndorf und Waiblingen ist es ein Leichtes, sich von der Gastfreundschaft der Remstäler zu überzeugen.

Ausgewählte Adressen und Tipps

Schwäbisch Gmünd, www.schwaebisch-gmuend.de

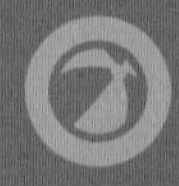

Bud Spencer Bad, Richard-Bullinger-Str., 73525 Schwäbisch Gmünd
Tel. 0 71 71/6 49 00 (nur während Saison), www.stwgd.de/bud-spencer-bad.html
Ab Mai geöffnet; Freibad mit Strömungskanal, Whirlpool, Wasserfall u. Riesenrutsche; ein Bad mit Geschichte: Der spätere Hollywoodstar Bud Spencer trat 1951 tatsächlich in Schwäbisch Gmünd in diesem Freibad zu einem internationalen Schwimmwettbewerb an!

Lorch, www.stadt-lorch.de

Kloster Lorch, Touristikbüro und Stauferfalknerei
Klosterstr. 2, 73547 Lorch, Tel. 07172/928497, www.kloster-lorch.com
März–Okt 10.00–18.00, Nov–Feb 10.00–17.00

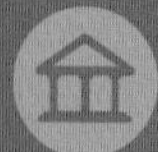

Stauferfalknerei, www.stauferfalknerei.de
Vorführungen Sommersaison: Mi u. Sa 15.00, So u. Fei 11.00 u. 15.00
Wintersaison auf Anfrage

Wäschenbeuren, www.waeschenbeuren.de

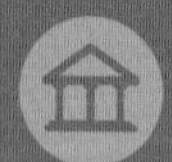

Burg Wäscherschloss, 73116 Wäschenbeuren
Tel. 0 71 72/9 15 21 11, www.burgwaescherschloss.de
Mai–Okt Do–So u. Fei 11.00–17.00, Familienführung So 14.30

Schorndorf, www.schorndorf.de

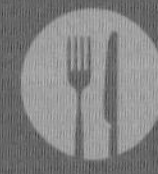

Boutiquehotel, Restaurant Pfauen u. Gourmetrestaurant Nico Burkhardt
Höllgasse 9, 73614 Schorndorf, Tel. 0 71 81/6 69 90 10, www.pfauen-schorndorf.de
Zentral beim Daimler-Geburtshaus, mit Terrassen
Restaurant Pfauen: Mi–So 12.00–14.30 u. 18.00–23.00, Mo u. Di Ruhetag
leckerer u. erschwinglicher Mittagstisch, regionale u. bodenständige Gerichte
Gourmetrestaurant: Mi–Sa 18.30–22.00, So–Di Ruhetag
französische Spezialitäten

Fahrrad Kaiser GmbH, Lutherstr. 78, 73614 Schorndorf
Tel. 0 71 81/98 52 90, www.fahrrad-kaiser.de

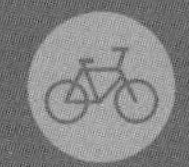

Weinstadt, www.weinstadt.de

Portofino, Brückenstr. 9, OT Großheppach, 71384 Weinstadt
Di–Fr 11.30–14.00 u. 17.30–22.30, Sa 17.30–23.00, So 11.30–14.00 u. 17.30–22.00
Tel. 0 71 51/2 71 17 08, www.portofino-weinstadt.de
Italienisches Restaurant, schön gelegen am Radweg in der Häckermühle

Am Radweg an der Birkelspitze, am Steinbruch Beutelstein u. an den Mühlwiesen Großheppach Außengastronomie mit Wein u. Biergärten; Infos unter www.remstal.de

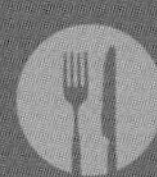

Geführte Kanutouren ab Weinstadt-Endersbach, Infos unter www.diezugvoegel.de oder www.erleben-im-alltag.de

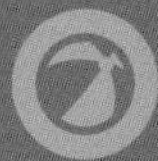

Waiblingen, www.waiblingen.de

Biergarten Schwaneninsel, Winnender Str. 2, 71334 Waiblingen
Tel. 0 71 51/98 69 70, www.biergarten-schwaneninsel.de
Bei Biergartenwetter tägl. 11.00–23.00
Direkt am Radweg, zentral u. sehr schön am Wasser gelegen
Jazzfrühstück So 11.00–14.00

Kanu u. Stand-up-Paddling an der Anlegestelle am Biergarten jedes Wochenende im Sommer bei schönem Wetter, Infos unter Tel. 0 71 71/8 05 35 50

Zweirad Seeger, Schmidener Str. 47, 71332 Waiblingen
Tel. 0 71 51/5 17 06, www.zweiradseeger.de

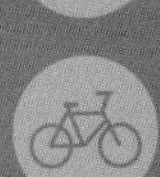

E-Bike-Ladestationen

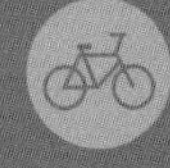

Winterbach:
– An der Bank

Zahlreiche Lade-Angebote von Gaststätten, Hotels u. Besenwirtschaften unter www.remstal-route.de

7 Vom Spion zu den Salzsiedern

Den Kocher entlang von Aalen nach Schwäbisch Hall

Die Tour entlang des Kochers zeichnet sich durch viele malerische Städte und Städtchen sowie eine ausgesprochen schöne Landschaft aus, die sich an den Ufern des Flusses abwechslungsreich von ihrer besten Seite zeigt.

INFO

Die Strecke: Aalen – Abtsgmünd – Sulzbach-Laufen – Gaildorf – Rosengarten – Schwäbisch Hall
Länge: Ca. 72 km
Markierung: Kocher-Jagst-Radweg (blaues Schild mit weißer u. grüner Schrift u. grün-weißer Welle), überwiegend gut ausgeschildert
Einstiegspunkt: Hauptbahnhof Aalen
Anfahrt mit ÖPNV: Mit Interregio, Regionalexpress, Regionalbahn oder Remsbahn von Stuttgart über Schorndorf nach Aalen Hauptbahnhof
Rückfahrt mit ÖPNV: Ab Schwäbisch Hall-Hessenthal oder Hauptbahnhof
Wetter: Von Frühjahr bis Herbst gut befahrbar; da man überwiegend auf befestigten Wegen radelt, ist auch ein Regenschauer nicht problematisch; die Tour hat einige sonnige Abschnitte, daher an Sonnenschutz denken!
Schwierigkeitsgrad: Mittel, kaum Anstiege; allerdings sollte man aufgrund der Streckenlänge eine gute Kondition mitbringen
Für Familien: Geeignet, da wenige Steigungen; allerdings ist es mit Kindern empfehlenswert, die Strecke in kleinere Abschnitte aufzuteilen; Bademöglichkeiten in Aalen, Abtsgmünd, Hüttlingen, Gaildorf und Schwäbisch Hall
Übernachtung: Übernachtungsmöglichkeiten in Aalen, Gaildorf, Rosengarten und Schwäbisch Hall
Hilfreiche Internetadresse: www.kocher-jagst.de

Hier geht's lang

Vom Hauptbahnhof **Aalen** radeln wir nach Norden und gelangen dann auf die Beinstraße. Dort beginnt der Kochertal-Radweg und wir treffen auf die Radweg-Markierung. Von der Beinstraße fahren wir links in den Westlichen Stadtgraben, dann fahren wir nach rechts in die Friedhofstraße, die zum Kocher führt. Am linken Kocherufer fahren wir nach Wasseralfingen und hinunter ins Kochertal.

In **Hüttlingen** informiert ein Schild über den Limes. Am Kocherknie geht es scharf links. Wir stoßen auf die Grenze zu »Germanien«, ein Schild weist uns darauf hin, dass wir Raetien verlassen. Bei **Niederalfingen** sehen wir rechts oben die Marienburg, während wir die schöne Fahrt auf asphaltiertem Weg genießen.

In **Waiblingen** geht es links ab nach **Fachsenfeld** und zum gleichnamigen Schloss, wer einen Abstecher dorthin machen möchte, kann hier nach links abbiegen. Unser Kochertal-Radweg führt uns aber geradeaus weiter. Nach Waiblingen überqueren wir an der Scherrenmühle erst den Kocherkanal, dann den Kocher und fahren nach links. Schließlich überqueren wir erneut den Kocher. Vor Abtsgmünd beginnt der »Torso-Weg«. Auf dem Kulturpfad sind zwölf aus Sandstein gearbeitete Torsi verschiedener Künstler ausgestellt. Auf der linken Uferseite geht es an einem Gewerbegebiet vorbei bis **Abtsgmünd**. Auf der Hauptstraße fahren wir, vorbei an der imposanten Kirche St. Michael, durch den Ort. Wir radeln über eine Brücke, biegen dann an der B 19 nach links ab und fahren direkt links an der Straße weiter.

Bei **Wöllstein** überqueren wir den Kocher. Entlang von Wiesen geht es weiter bis zu einer Kreuzung, an der wir rechts fahren,

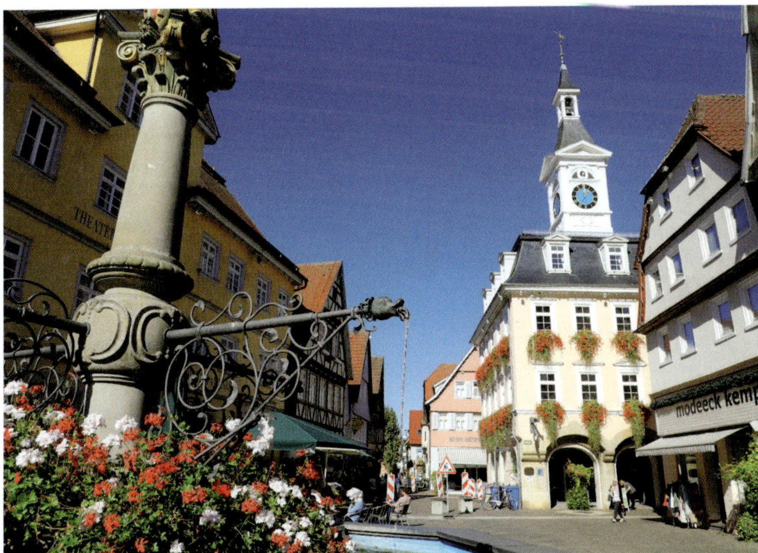

Wasserspeier und Spion: Am Aalener Marktplatz kommt so einiges zusammen.

geradeaus geht es zur Jakobuskapelle, ehemals Versorgungsstation auf dem Pilgerweg nach Santiago de Compostela.

Auf der Anhöhe liegt Schloss Hohenstadt. Wir radeln durch eine idyllische Landschaft. Typisch für die Gegend sind die hübschen überdachten Holzbrücken. Vor Reichertshofen geht es auf die rechte Uferseite und zur B 19, auf einem Radweg an der linken Straßenseite begleiten wir in Schleifen mal ganz nah an ihm dran, mal weiter von ihm entfernt, den Fluss. Bei **Untergröningen**

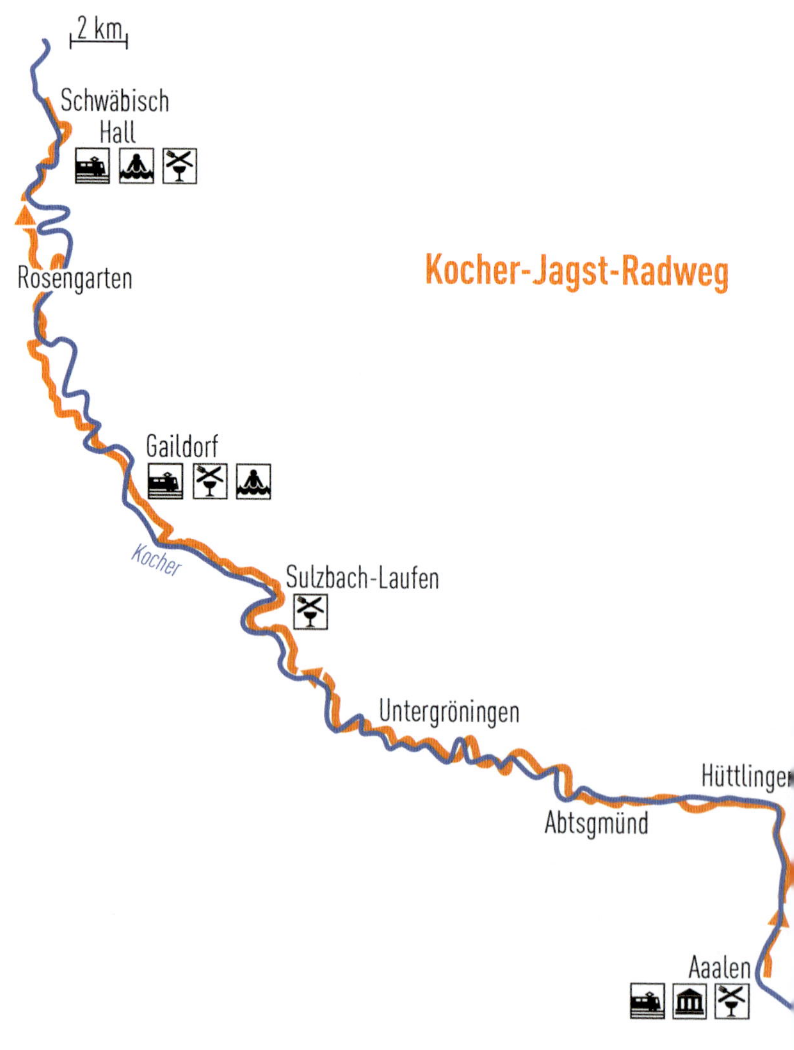

begrüßt uns am Ortseingang das imposante Schloss hoch oben auf einem Bergsporn. Wir wechseln auf die linke Uferseite. Es geht bergab durch einen Wald, vorbei an einer Kuhweide.

In **Wengen** fahren wir nach rechts über eine Holzbrücke. Am rechten Kocherufer geht es weiter, rechts von uns tauchen die Schienen der Kochertaldraisine auf. In **Laufen** fahren wir auf der Talstraße, dann überqueren wir wieder den Kocher und radeln durch den Wald in ein Wiesental. In **Sulzbach** überqueren wir erneut den Kocher, fahren ein Stück auf der Hauptstraße und biegen dann links in die Bahnhofstraße ein. Am Bahnhof mit Gartenwirtschaft fahren wir vorbei und dann den Kocherweg entlang, Sulzbach rechts über uns. Vor dem Weiler **Altschmiedelfeld** überqueren wir den Kocher, und vor **Bröckingen**, dem ersten Gaildorfer Ortsteil, geht es dann wieder zurück auf die rechte Uferseite.

An der B19 entlang radeln wir nach **Gaildorf**, kurz vorher führt der Radweg rechts ab von der Straße, Infotafeln informieren über das Salzsieden. Schließlich begrüßt uns das Gaildorfer Schloss am Ortseingang. Auf seinem Dachgiebel reiht sich Taube an Taube. Es geht links Richtung Ortskern in die Schloss-Straße, dann rechts in die Kirchstraße, erneut nach rechts in einen Park, schließlich über eine Holzbrücke und wieder links, vorbei an Parkplätzen auf die Friedhofstraße. Wir kommen am ehemaligen Gaildorfer Siechenhaus vorbei. Früher wurden hier die Seuchenkranken untergebracht, jetzt ist es ein schön renoviertes Fachwerkhaus. Auf der Brückenstraße gelangen wir – noch vor dem Ortsteil **Kleinaltdorf** – auf einer weiteren schönen Holzbrücke über den Kocher.

Nach dem Örtchen geht es bergauf, an Weiden vorbei und dann, als wir ein Wäldchen erreichen, wieder bergab. Ein Schild warnt uns vor einer scharfen Kurve auf der Gefällstrecke.

Von **Hägenau** führt der Weg nach **Spöck**, dann geht es in Kehren bergauf und schließlich wieder bergab zum Kocher. In **Westheim,** das zu **Rosengarten** gehört, überqueren wir die B19 und radeln auf der Hinterdorfstraße weiter. Jetzt heißt es richtig in die Pedale zu treten! In Schleifen geht es weg vom Kocher und immer weiter steil bergauf, über die Pfarrgasse und die Haller Straße kommen wir zur Martinskirche, die imposant dort oben thront. In der benachbarten ehemaligen Friedhofskapelle befindet sich im Untergeschoss ein Beinhaus.

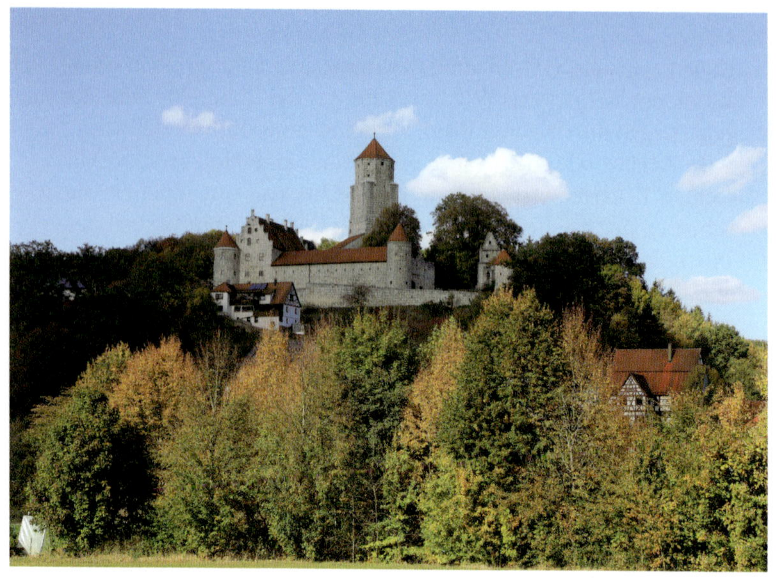

Die 1050 erbaute Marienburg bei Niederalfingen, heute ein Tagungszentrum

Wir radeln weiter, am Rand von **Uttenhofen** entlang, und genießen die Aussicht, die wir hier hoch über dem Kochertal haben. Infotafeln geben Auskunft zur Gemeinde Rosengarten, ein Bilderrahmen mitten in der Landschaft setzt die herrliche Aussicht in die passende Perspektive und lädt zu einer kleinen kreativen Pause ein.

In ein paar Kehren radeln wir nach **Tullau**, vorbei am Schloss. Danach geht es auf der Straße weiter bergab, rechts vor uns erhebt sich die Comburg und begleitet uns fortan. Wir radeln direkt am Kocher entlang nach **Schwäbisch Hall**, überqueren den Fluss vor der Limpurgbrücke, wechseln auf die Kocherinsel und gelangen schließlich über den Steinernen Steg in die Altstadt.

Das gibt's zu sehen

Auf **Aalens** Plätzen lässt es sich wunderbar schlemmen, ein kühles Bier trinken oder den ersten Kaffee des Tages genießen und die Zeit vergessen. Mittwochs und samstags ist Markttag, und dementsprechend belebt ist dann der Marktplatz, der mit hübschen historischen Häusern und dem Marktbrunnen eine schöne Kulisse ergibt. Angrenzend an den Marktplatz steht das Historische Rathaus, in dem neben dem Urweltmuseum die Tourist-Information untergebracht ist. Das Gebäude wurde im 14. Jahrhundert erbaut und nach dem Stadtbrand 1634 noch einmal neu errichtet. Eine Besonderheit des Hauses sieht man, wenn man den Kopf reckt und hoch zum Turm schaut. Dort wacht Pfeife rauchend der bekannte Spion von Aalen über die Geschicke der Stadt. Und so lautet seine Geschichte: Die Reichsstadt Aalen soll sich einst den Zorn des Kaisers zugezogen haben, weil sie sich seinem Willen widersetzte. Die kaiserlichen Truppen waren schon in Schwäbisch Gmünd, als man in Aalen beschloss, einen Kundschafter dorthin zu schicken, um die Taktik des Gegners auszuspionieren. Der schlaueste Bürger der Stadt machte sich also auf den Weg und schlich sich in das feindliche Lager, wo er den Kaiser grüßte und auf dessen Frage, wer er sei, ganz treuherzig antwortete, er sei der Spion von Aalen. So viel Offenheit verblüffte und beeindruckte den Kaiser. Er beschenkte den listigen Spion reichlich und verzieh den Aalenern ihre Eigensinnigkeit.

Schräg gegenüber steht das Alte Rathaus, das früher als Poststation genutzt wurde. Der französische Kaiser Napoleon hat 1805 hier genächtigt, das »Napoleonfenster« erinnert an dieses

Bis zum letzten Stein im Gewölbe ist die Gaildorfer Kirche sehenswert.

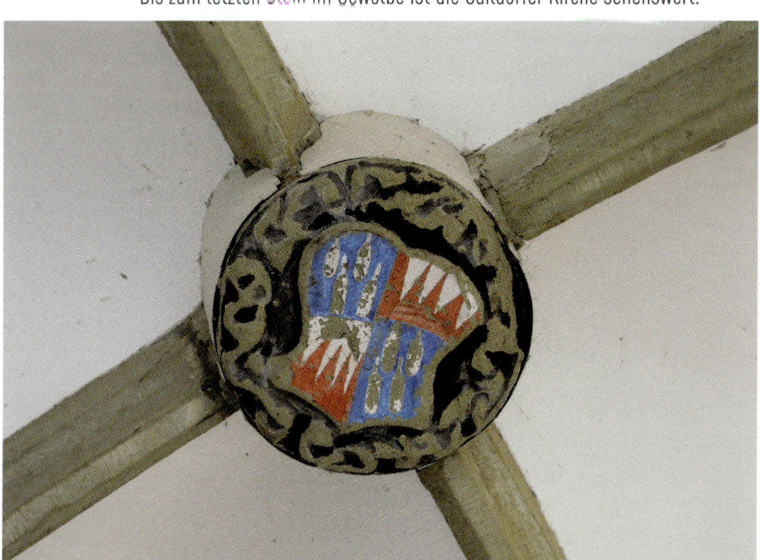

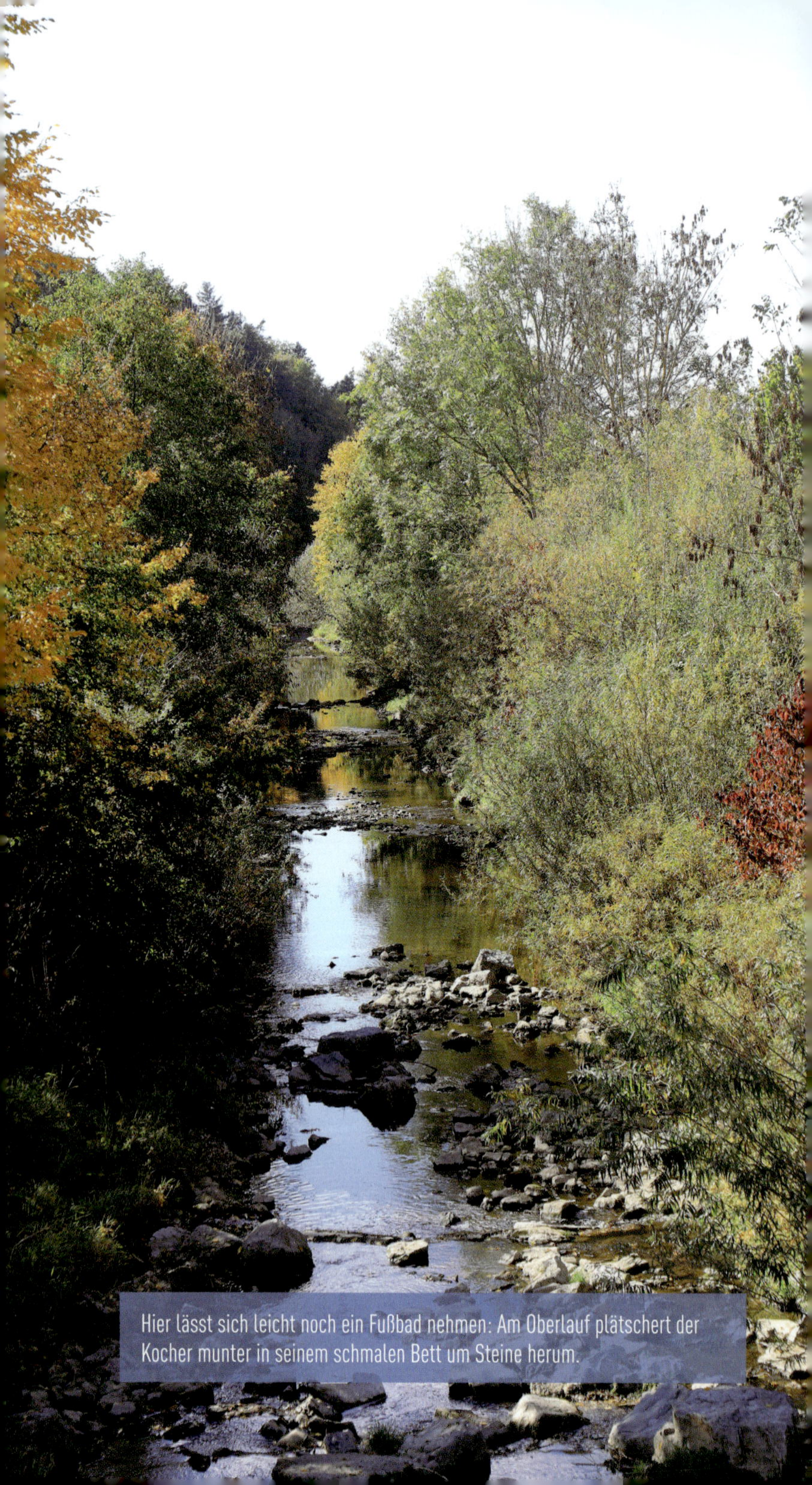

Hier lässt sich leicht noch ein Fußbad nehmen: Am Oberlauf plätschert der Kocher munter in seinem schmalen Bett um Steine herum.

besondere Ereignis. Von 1907 bis 1975 diente das Gebäude als Rathaus, heute befinden sich dort das städtische Theater, die Galerie des Kunstvereins sowie ein Kleinkunstcafé.

Im Urweltmuseum geht es noch weiter zurück in die Geschichte Aalens. An die tausend Versteinerungen aus der Umgebung, Filmvorführungen und Steine zum Anfassen lassen uns 150 Millionen Jahre Erdgeschichte erfahren.

Aalen und seine Römer

Aalen hat eine bedeutende römische Vergangenheit. Der Limes zieht sich quer durch das heutige westliche Stadtgebiet. Er markierte die römische Grenze zwischen Rhein und Donau. Vor über 1.800 Jahren entstand hier auch das größte Reiterkastell nördlich der Alpen. Das Limesmuseum wurde zweieinhalb Jahre lang umgebaut und ist seit Mai 2019 wieder geöffnet. Hier kann man als Besucher eintauchen in die Zeit, als die Römer den Limes erbauten. Fiktiv werden sieben Bürger vorgestellt und dargestellt, wie der Alltag im römischen Aalen ausgesehen haben könnte. In jedem geraden Jahr lädt die Stadt zu den »Römertagen« ein. Zu sehen gibt es dann römische Kampf- und Reiterszenen, römische Waren werden verkauft, es gibt römische Speisen zu essen, und es werden Mitmachaktionen aller Art angeboten.

In **Aalen-Fachsenfeld** sollten wir uns, falls wir an einem Wochenende unterwegs sind, auf jeden Fall die Zeit für einen kleinen Abstecher nehmen. Hier befindet sich nämlich ein Schloss, das ebenfalls den Namen »Fachsenfeld« trägt. Der dazugehörige, 7,8 Hektar große Schlosspark wurde Mitte des 19. Jahrhunderts angelegt. Er ist vielgerühmt und außerordentlich schön. Der Park steht unter Naturschutz. Aber Achtung: Schloss und Park können nur im Rahmen von Führungen besichtigt werden. Reguläre Führungen werden von April bis Oktober samstags und sonntags angeboten, für Gruppen können auch Sondertermine vereinbart werden.

In **Abtsgmünd-Hohenstadt** liegen weithin sichtbar das Schloss Hohenstadt und eine Wallfahrtskirche. Etwas ganz Besonderes ist der älteste barocke Heckengarten rund um das Schloss. Direkt am Ortseingang links oben auf einem Felssporn steht das im 17. Jahrhundert erbaute Renaissanceschloss **Untergröningen** und ist Dank seiner exponierten Lage und seiner stattlichen Größe nicht zu übersehen. Heute sind dort ein Kunstverein, das Pfarramt und der Heimatverein untergebracht. Und auch Bier wird gebraut auf der Ostalb: Im Ort befindet sich die *Lammbrauerei* mit einem Brauerei-Gasthof.

In **Sulzbach-Laufen** könnte man sich auf eine Draisine schwingen und bis nach Untergröningen fahren. Die Gleise der ehemaligen Kochertalbahn werden nun auf diesem Abschnitt für Draisinenfahrten genutzt und man kann diese Gefährte gegen Gebühr mieten. Aber wir treten natürlich lieber weiter in die Pedale unserer Fahrräder und radeln neben den Schienen entlang auf dem Radweg. Direkt am Ortseingang steht auf der linken Seite das Alte Schloss von **Gaildorf**, das seit einiger Zeit saniert wird. Der schöne Gebäudekomplex war einst ein Wasserschloss der Schenken von Limpurg, heute sind hier das Stadtmuseum, die Theresientaler Heimatstube und verschiedene Vereine untergebracht. In der Heimatstube wird die Geschichte der Waldarbeiter-Familien gezeigt, die 1775 aus dem Salzkammergut ins heute ukrainische Teresvatal abgeworben wurden. Schloss- und Stadtführungen vermittelt die ebenfalls im Schloss ansässige Tourist-Information.

Das Schloss ist in Gaildorf sicher die herausragende Sehenswürdigkeit, aber der Ort selbst überrascht mit einem hübschen Marktplatz, dem das Alte Rathaus sein Gepräge gibt, und, man kann es nicht anders sagen, insgesamt mit einer besonders einladenden Ausstrahlung. Auch ein Besuch der tagsüber geöffneten evangelischen Stadtkirche ist empfehlenswert. Während des Zweiten Weltkriegs brannte sie weitgehend aus, wurde dann nach dem Krieg wieder aufgebaut und 1949 eingeweiht. Ihr Innenraum mit der Kassettendecke ist schlicht gehalten; vorne im Chor befinden sich vier Epitaphien der Schenken zu Limpurg, die teilweise recht aufwendig gearbeitet sind. Weitere Epitaphien sind an den Außenwänden rings um die Kirche herum zu sehen. Zur Kaffeepause empfiehlt sich im Anschluss das Eiscafé direkt nebenan, hier kann man bei schönem Wetter unter freiem Himmel Cappuccino und Eis genießen und ganz entspannt das Geschehen beobachten, ehe wir das letzte Drittel der Tour angehen.

Schwäbisch Hall hat so viele Sehenswürdigkeiten zu bieten, dass wir hier nur ein paar wenige anführen können. Die Wahl fiel uns dabei wirklich schwer! Gleich der erste Eindruck der Stadt

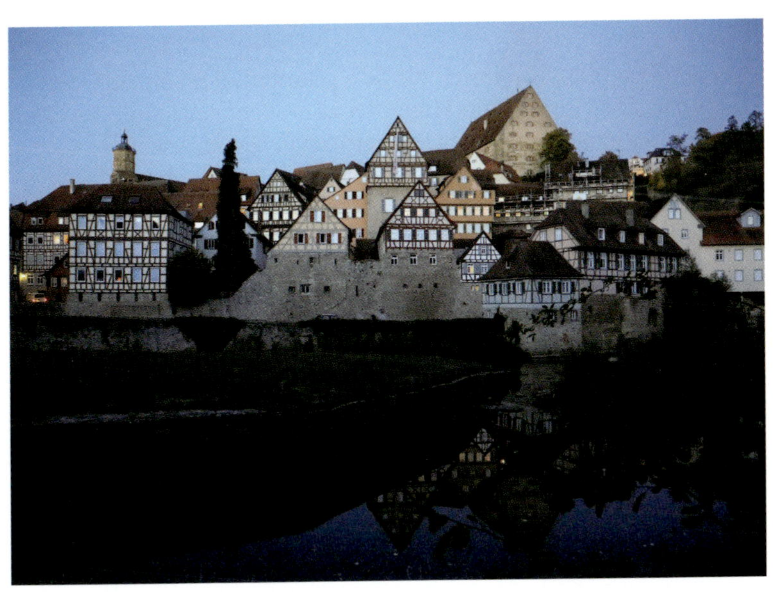

Schwäbisch Hall zur blauen Stunde im Spiegel des Kochers.

ist mächtig. Die Comburg liegt rechts oberhalb auf einem Bergrücken – oder sie thront da vielmehr erhaben und unübersehbar. Sie wurde 1078 als Benediktinerkloster erbaut und im Laufe ihrer Geschichte stetig um Kapellen, Türmchen und Anbauten erweitert. Heute gehört die Comburg dem Land Baden-Württemberg, das dort eine Landesakademie zur Lehrerfortbildung eingerichtet hat. Der Wehrgang ist stolze 420 Meter lang und geht um das gesamte Gebäude herum, sodass man von allen Seiten die Aussicht genießen kann. Die gesamte Außenanlage der Comburg samt Wehrgang ist auch frei zugänglich. Die Besichtigung der dazugehörigen Kirche St. Nikolaus ist nur im Rahmen von Führungen möglich. Von der Innenstadt sind es hinauf zur Burg übrigens zwei Kilometer durch den Stadtpark »Ackeranlagen« oder eine Fahrt mit dem Bus Linie 4.

Auf dem Kocher-Jagst-Radweg nähert man sich der Innenstadt entlang des linken Flussufers. Der Blick von hier auf die Silhouette der gegenüberliegenden Haller Innenstadt mit den stattlichen Fachwerkhäusern ist ausgesprochen schön, besonders am Abend, wenn sich die Lichter im Fluss spiegeln.

Wie der Namensteil »Hall« schon erahnen lässt: Salz war einst der zentrale Stoff in der Kocherstadt. Im 13 Meter tiefen Brunnen auf dem Haalplatz wurde die Sole gefördert. Das »weiße Gold« verhalf den Bürgern im Mittelalter zu großem Reichtum; sie verkauften es auf den großen Salzmärkten in Speyer, Frankfurt oder im Elsass. Von den Reisen dorthin brachte man Wein mit, der dann wiederum mit weiterem Gewinn nach Bayern verschickt wurde. Den Reichtum des Mittelalters erkennt man heute noch an den stattlichen Häusern aus jener Zeit. Heute kann man das Schwäbisch Haller Salz im Solebad mit Wellnessbereich, Salzwasser und Salzgrotten genießen.

In toller Lage, in der grünen Mitte der Stadt direkt am Kocher und auf der Kocherinsel Unterwöhrd, steht das *Neue Globe*, der Nachfolger des Hallener Globe Theaters, das hier von 2000 an beinahe 20 Jahre lang als provisorische Theaterstätte stand. Seit 1925 finden in Hall auf der Freitreppe der Kirche St. Michael die Freilichtspiele statt. Im Laufe der Zeit folgten noch weitere Spielorte. Das Globe Theater wurde im Rahmen einer Bürgeraktion gebaut und war sehr beliebt bei den Bürgern. Jetzt steht ein Rundbau an seiner Stelle, der mit seinem transparentem Dach »Freilichtfeeling« bei jedem Wetter gewährleisten kann.

Das älteste erhaltene Fachwerkhaus steht in der Unteren Herrengasse, in der Altstadt. Laut wissenschaftlicher Untersuchungen wurden seine Hölzer 1288/1289 geschlagen. Rund 200 Jahre jünger aber doch auch noch stattlich alt ist das Haus in der Pfarrgasse 12. An seinem Fachwerk lässt sich gut ablesen, wie gut die Zimmerleute damals ihr Handwerk beherrschten.

Das Herzstück der Innenstadt ist der Marktplatz. Verschiedene Baustile sind hier nebeneinander versammelt und ergeben zusammen dennoch wie selbstverständlich ein harmonisches Ganzes. Herausragend hierbei natürlich das barocke Rathaus im Stil eines prächtigen Palais und die Kirche St. Michael. Sie wurde 1156 geweiht, 1527 war schließlich ein größerer Umbau vollendet. Hinauf zum Portal führen die 53 Stufen der bereits erwähnten Freitreppe. In dem hübsch ausgeschmückten Haus neben dem Rathaus befand sich einst eine ehemalige Bürgertrinkstube. Dort richteten sich die Stadtherren ihre Ratstrinkstube ein. Mit dem Trinken wird es hier nichts, denn heute ist hier die städtische Wohnungsbaugesellschaft untergebracht. Aber in der Altstadt gibt es ja glücklicherweise ausreichend Gaststätten, in denen sich gut ein kühles Getränk genießen lässt.

Ausgewählte Adressen und Tipps

Aalen, www.aalen.de

explorhino Science Center, Beethovenstr. 12, 73430 Aalen
Tel. 0 73 61/5 76 18 00, www.explorhino.de
Ein wissenschaftliches Mitmachmuseum für alle Altersgruppen mit 120 interaktiven Experimentierstationen

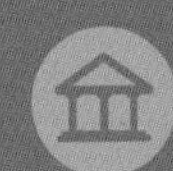

Besucherbergwerk Tiefer Stollen, Erzhäusle 1, OT Wasseralfingen, 73433 Aalen
Tel. 0 76 31/97 02 80, www.tiefer-stollen.de
Einfahrten Ende März – Anfang Nov, Di–So u. und Fei 9.00–12.00 u. 13.00–16.00

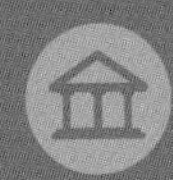

Brauereigasthof Zum Lamm, Haller Str. 2, OT Untergröningen, 73453 Abtsgmünd
Tel. 0 79 75/2 84, www.lammbrauerei.de
Tägl. ab 7.00
Gasthof mit eigener Brauerei

Rad und Tat, Julius-Bauschstr. 37, 73431 Aalen
Tel. 0 73 61/6 22 38, www.radundtat-aalen.de

Sulzbach-Laufen, www.sulzbach-laufen.de

Uhlbachhof, Uhlbach 1, 74429 Sulzbach-Laufen
Tel. 0 79 76/2 13, www.uhlbachhof.de
Hofcafé: So u. Fei ab 13.30
Selbst gebackene Kuchen u. Vesper

Kochertal-Draisine, Aalener Str. 32, 74429 Sulzbach-Laufen
Tel. 0 79 76/2 13, www.uhlbachhof.de
4 km lange Fahrt nach Untergröningen und zurück

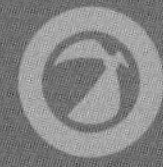

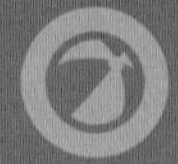

Wasserwelten, Gemeinde Sulzbach-Laufen
Tel. 0 79 76/91 07 50, www.sulzbach-laufen.de
Wasserspielplatz mit Infotafeln zum Thema Wasser beim Sulzbacher Rathaus

Gaildorf, www.gaildorf.de

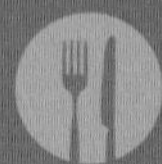

Gasthof Kocherbähnle, Schönberger Str. 8, OT Unterrot, 74405 Gaildorf
Tel. 0 79 71/26 09 50, www.kocherbaehnle.de
Mo u. So ab 15.00 Ruhetag

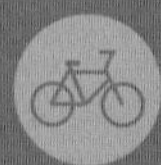

Eggis Bike Planet, Bahnhofstr. 15, 74405 Gaildorf
Tel. 0 79 71/91 15 11, www.eggisbikeplanet.de

Rosengarten, www.rosengarten.de

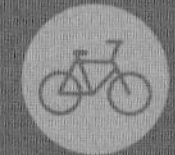

Die Fahrradgarage, Hauptstr. 28, OT Uttenhofen, 74538 Rosengarten
Tel. 07 91/5 57 64, www.die-fahrradgarage.de

Schwäbisch Hall, www.schwaebisch-hall.de

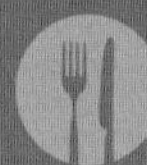

Brauereiausschank zum Löwen, Mauerstr.17, 74523 Schwäbisch Hall
Tel. 07 91/2 04 16 22, www.haller-loewenbraeu.de
Öffnungszeiten telef. erfragen
Verschiedene Sorten selbst gebrauter Biere, direkt am Kocher, mit Terrasse

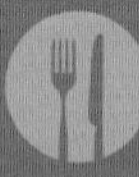

Sudhaus, Lange Str. 35/1, 74523 Schwäbisch Hall
Tel. 07 91/9 46 72 70, www.sudhaus-sha.de
Di–Sa 9.00–22.00, So u. Fei 9.00–18.00, Mo Ruhetag
Brauereigaststätte am Museum Würth, Dachterrasse mit tollem Blick über die Dächer der Stadt, reservieren unbedingt empfehlenswert

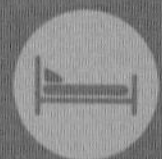

Der Sölchebäck, Hauffstr. 14, 74523 Schwäbisch Hall
Tel. 07 91/94 66 46 60, www.der-soelchebaeck.de
Gute Übernachtungsmöglichkeit, dazu Steinofenbäckerei

Comburg u. Kirche St. Nikolaus
Besichtigung im Rahmen von Kurzführungen (Treffpunkt Michaelskapelle)
Apr–Okt Di–Fr 11.00, 13.00, 14.00, 15.00 u. 16.00
Sa, So u. Fei 14. 00, 15.00 u. 16.00
Nov–März nur nach telef. Voranmeldung

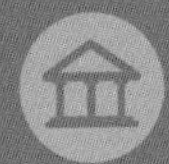

Minigolf u. Kocherflotte Schwäbisch Hall
Im Lindach – Minigolfinsel, 74523 Schwäbisch Hall
Tel. 01 70/9 91 09 41, www.minigolf-schwaebischhall.de

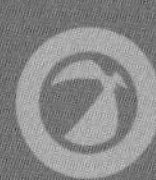

Solebad Schwäbisch Hall, Weilerwiese 7, 74523 Schwäbisch Hall
Tel. 07 91/7 58 71 30, www.solebad-hall.de
Wasser mit vier Prozent Salzgehalt, Natursole, Salzgrotten

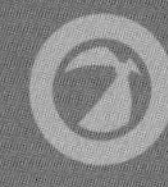

2-Rad Zügel, Johanniterstr. 55, 74523 Schwäbisch Hall
Tel. 07 91/97 14 00, www.2-rad-zuegel.de

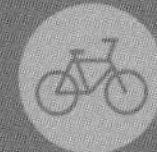

E-Bike Ladestationen

Gaildorf:
– beim Gasthof Kocherbähnle, OT Unterrot
Schwäbisch Hall:
– beim Hotel Sölchebäck (s. links)

8 Auf den Spuren eines widerspenstigen Ritters

Eine Rundtour entlang von Kocher und Jagst

Die beiden Flüsse Kocher und Jagst verlaufen beinahe parallel und münden beide in Bad Friedrichshall in den Neckar. Dass sie auf der Hitliste der Flusstouren nicht ganz oben stehen, macht gar nichts. Wo auf anderen Routen zu guten Zeiten der Strom der Radfahrer nicht abreißt, lässt es sich derweil entlang von Kocher und Jagst entspannt durch eine abwechslungsreiche und urwüchsige Landschaft radeln. Wir fahren eine Rundtour und kommen somit wieder zurück an den Ausgangspunkt. Die Strecke lässt sich mit etwas Kondition an einem Tag schaffen. Wer sich mehr Zeit zu Genuss und Besichtigung lassen möchte, der kann die Tour auch durch eine Übernachtung in Schöntal oder Jagsthausen auf zwei Tage verteilen. Und wer unterwegs müde Beine bekommt, der kann ab Möckmühl auch den Zug zurück nach Bad Friedrichshall nehmen.

INFO

Die Strecke: Bad Friedrichshall – Neuenstadt am Kocher – Sindringen – Schöntal – Jagsthausen – Möckmühl – Neudenau – Bad Friedrichshall

Länge: 95 km

Markierung: Kocher-Jagst-Radweg (blaues Schild mit weißer und grüner Schrift und grün-weißer Welle), gut ausgeschildert, z. T. in den Ortschaften aufpassen, um das übliche Radwegeschild mit dem Radsymbol nicht zu verfehlen

Einstiegspunkt: Bahnhof Bad Friedrichshall

Anreise mit ÖPNV: Mit der Bahnlinie Frankfurt–Heidelberg oder Stuttgart–Würzburg nach Bad Friedrichshall–Jagstfeld

Rückfahrt mit ÖPNV: Ab Bad Friedrichshall–Jagstfeld bzw. ab Möckmühl

Wetter: Von Frühling bis Herbst gut befahrbar, überwiegend befestigte Radwege, es hat sonnige u. schattige Abschnitte, also an Sonnenschutz denken

Schwierigkeitsgrad: Überwiegend leicht, einzig die Steigung an der Querung vom Kocher zur Jagst ist etwas steil und anstrengend

Für Familien: Gut geeignet, allerdings sollte man dann die Strecke noch in weitere Etappen aufteilen u. an die Fitness der Kinder anpassen; Bademöglichkeiten in Bad Friedrichshall im Solefreibad, im Möckmühler Hallenbad, im Freibad Neudenau und unterwegs an der Jagst etliche schöne Badestellen

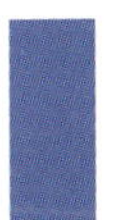

Übernachtung: Zahlreiche Übernachtungsmöglichkeiten in Bad Friedrichshall und etlichen Orten unterwegs
Hilfreiche Internetadressen: www.kocher-jagst.de, www.jagsttal.de, www.kocherjagst.de, www.heilbronnerland.de

Hier geht's lang

Wir starten in **Bad Friedrichshall** am Hauptbahnhof und radeln von dort nach rechts Richtung Bad Friedrichshall Mitte, queren bald darauf die B27 und fahren dann auf dem Kocherradweg links an Bad Friedrichshall vorbei. Wir kommen auf die Ludwig-Bachert-Straße und folgen weiter der Beschilderung des Kocherradwegs in Richtung Kocher, der zunächst noch eine Schleife macht. Wir gelangen an einer Brücke über den Kocher, im Anschluss führt der Radweg in der Schleife erneut an den Kocher und am rechten Ufer weiter.

So kommen wir nach **Oedheim**, auf die dortige Kochendorfer Straße. Wir folgen dem Radweg und fahren links an Degmarn vorbei. Bei **Kochertürn** überqueren wir den Kocher auf der Bahnhofstraße, dann geht es am linken Ufer rechts an Kochertürn vorbei nach **Neuenstadt**, wo wir am Ortseingang zunächst wieder

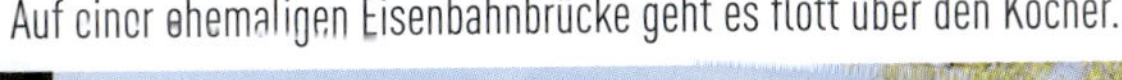

Auf einer ehemaligen Eisenbahnbrücke geht es flott über den Kocher.

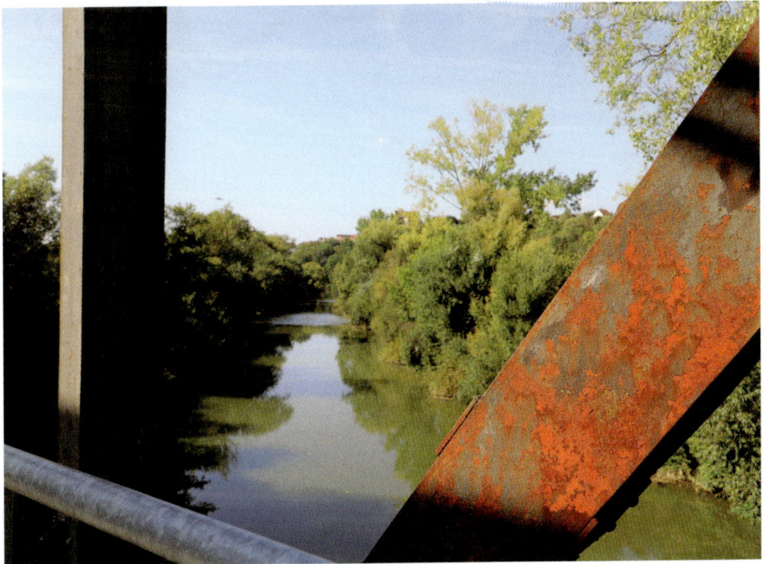

den Kocher überqueren. Es geht kurz rechts die Kochendorfer Straße entlang, dann links ein Stück entlang der Brettach, dann bergauf die Öhringer Straße, durchs Tor am Schloss und auf die Lindenstraße.

Nach dem Kreisverkehr geht es am Rand von Neuenstadt in Richtung einer weiteren Kocherbrücke, wir fahren unter der A 81 durch nach **Gochsen** und am linken Kocherufer entlang durch den Ort. Entlang von Schauweinbergen führt der Radweg in toller Umgebung nach **Kochersteinsfeld**. Dort fahren wir nach einer Linkskurve rechts auf dem Radweg weiter und am Rand der Siedlung entlang. Wir passieren **Möglingen** und wechseln dann wieder die Kocherseite. Rechts am Ufer geht es nun also weiter bis **Ohrnberg**. Wir überqueren die Ohrn, gelangen auf die Ohrntalstraße, überqueren den Kocher und fahren in den Seehäldenweg. Am linken Kocherufer kommen wir zum EVS-Kanal, an dem wir bis Sindringen entlangfahren, der Kocher liegt nun rechts vom Kanal.

In **Sindringen** fahren wir auf dem Kanalweg und der Jagsthäuser Straße bis zu der Straße »Am Kaibach«, dort biegen wir links ab auf den Querweg Q3. Es geht recht steil bergauf. Wir werden belohnt mit einer grandiosen Aussicht über die Höhen von Jagst und Kocher. Von hier ginge der Querweg Q2 ab nach

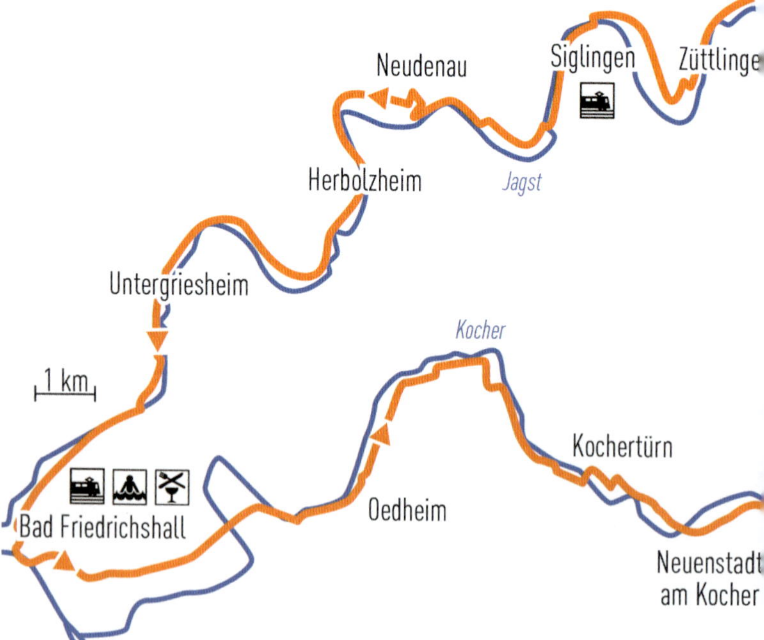

Jagsthausen, auf ihm gelangt man ebenfalls wieder auf den Kocher-Jagst-Radweg, allerdings würde man dann abkürzen und sich um den ausgesprochen lohnenswerten Bogen über das Kloster Schöntal bringen. Wir wählen also die etwas längere Variante.

Oben kommen wir vorbei am Weiler **Edelmannshof** und einem Wasserturm, rechts geht es zur Wallfahrtskapelle Neusaß, wir fahren aber geradeaus und überqueren die Straße nach **Berlichingen**, dann geht es tüchtig bergab gen **Schöntal**. Dort kommen wir auf die Honigsteige und biegen dann, unten angekommen, links ab in die Schöntaler Straße. Nun kann man hier oder im benachbarten Jagsthausen einen Übernachtungsstopp einlegen und in aller Ruhe den Tag ausklingen lassen.

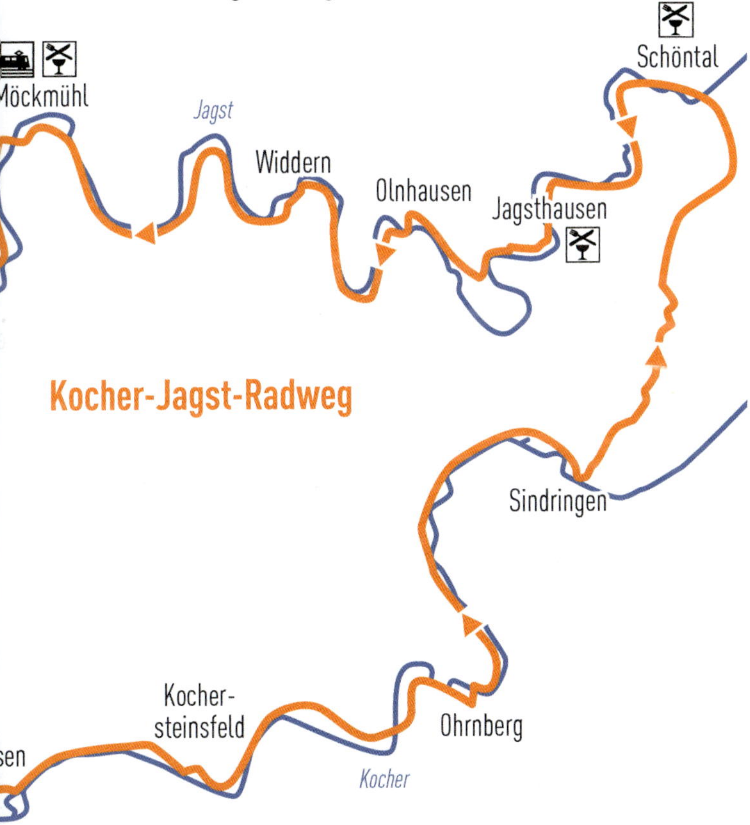

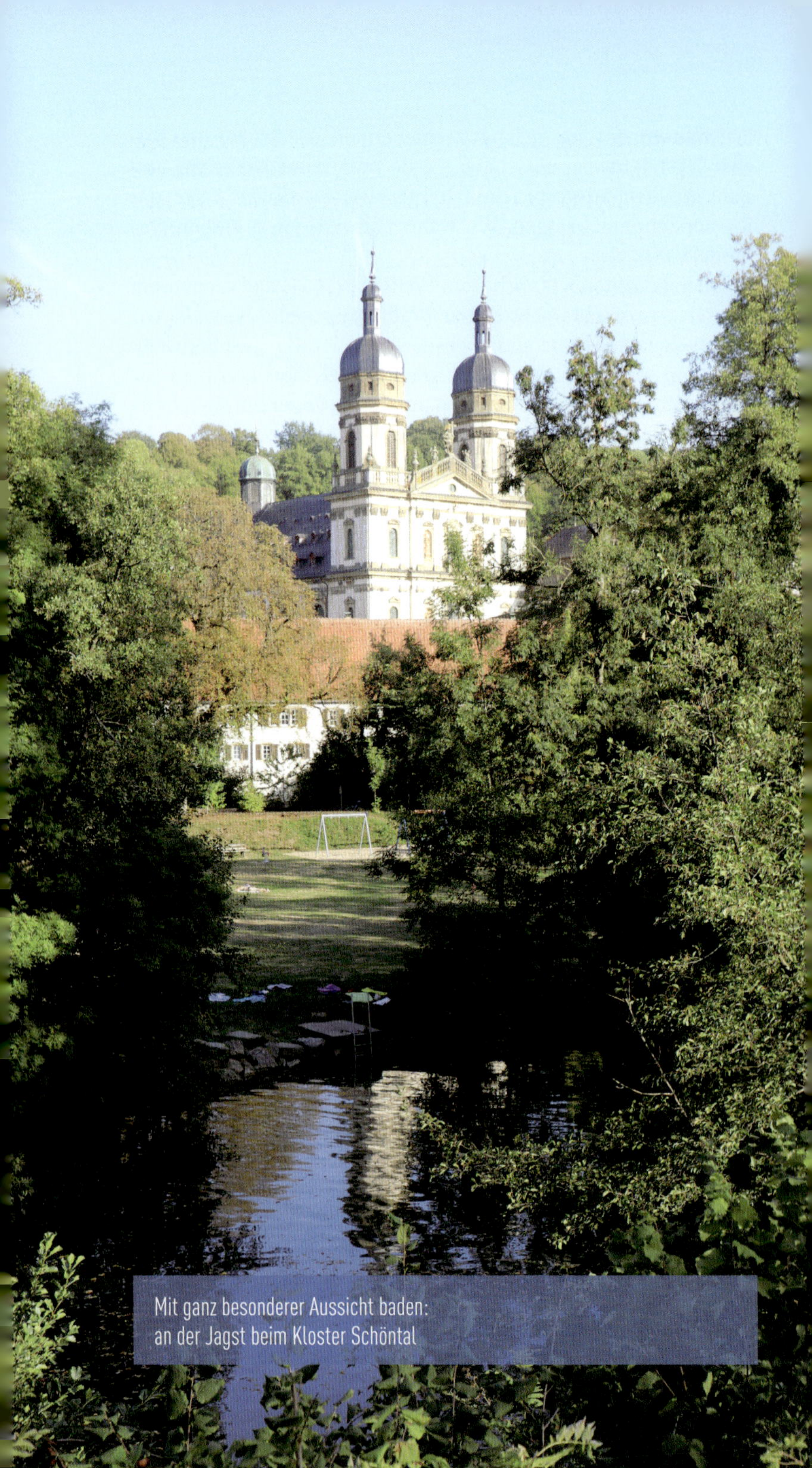

Mit ganz besonderer Aussicht baden:
an der Jagst beim Kloster Schöntal

Die weitere Tour bringt uns vorbei an einer Badestelle über eine schöne, steinerne Jagstbrücke. Linker Hand liegt anmutig die Klosteranlage und es geht nun also am rechten Ufer der Jagst flussabwärts weiter, in einem Bogen an **Berlichingen** vorbei, hinter dem Ort wechseln wir auf die linke Uferseite. Bei **Jagsthausen** biegen wir rechts in die Brückenstraße und überqueren die Jagst, dann kommen wir auf die Hauptstraße, der wir nach links folgen. Nach der Sindringer Straße geht es erneut links und dann am Mühlkanal entlang. Schließlich fahren wir wieder links entlang der Hauptstraße auf die Talstraße nach **Olnhausen**. Dort biegen wir links ab auf die Rathausstraße, überqueren auf ihr die Jagst, und radeln auf dem Jagsttal-Weg entlang der Jagstschleifen. Es geht auf die Heilbronner Straße, den Hofackerweg und wieder auf den Jagsttal-Weg, an **Widdern** vorbei unter der A81 durch. Es folgt eine weitere Schleife, **Ruchsen** lassen wir rechts von uns.

In **Möckmühl** gelangen wir an die Züttlinger Straße und folgen ihr nach rechts. Auf der Hauptstraße geht es dann an der Stadtmauer vorbei hoch in die Stadtmitte. Dort biegen wir links in die Seckachtorgasse ab und noch mal links in die Bahnhofstraße; am Bahnhof geht es schließlich halblinks in die Domenecker Straße. Am rechten Jagstufer fahrend passieren wir **Züttlingen**, das auf der linken Seite liegt. Entlang der Landstraße gelangen wir nach **Siglingen**, Weinberge begleiten uns.

Dort wechseln wir auf die andere Jagstseite, vor **Neudenau** wechseln wir erneut auf die rechte Seite und gelangen auf die Siglinger Straße. Hier lohnt sich ein Abstecher nach oben in das sehr sehenswerte Zentrum. Zur Weiterfahrt biegen wir kurz nach Überqueren der Bahnhofstraße leicht links ein in den Weg, der uns am Ortsrand entlang wieder hinaus in die Wiesen und Felder bringt. Wer ins Zentrum fährt, kann auch über den Kapellenweg wieder in den Radweg einsteigen. Am rechten Jagstufer entlang brausen wir nach **Herbolzheim**. Und wieder geht es in Schleifen weiter. Dann gelangen wir erneut an die Landstraße, fahren an **Untergriesheim** vorbei und wechseln kurz vor Bad Friedrichshall bei **Heuchlingen** noch einmal die Uferseite. Wir kommen in die Friedhofstraße und überqueren die B27, fahren in die Offenauer Straße, dann links in die Deutschordenstraße. Die Poststraße bringt uns wieder in die Jagstfelder Straße und zum Bahnhof von **Bad Friedrichshall**.

Das gibt's zu sehen

Wir bewegen uns in der Heimat von Götz von Berlichingen. Hier hat er viele Jahre lang gelebt und gegen die Obrigkeit gewettert und gekämpft. Darum stoßen wir natürlich auch auf allerlei Spuren des berühmten Ritters. Unser Ausgangspunkt **Bad Friedrichshall** hat mit Rittersleuten jedoch nichts am Hut, es steht vielmehr im Zeichen des Salzes. König Friedrich von Württemberg ließ im frühen 19. Jahrhundert nach Salz bohren und wurde zum Namenspatron der Stadt. 1816 stieß man bei einem Bohrversuch schließlich auf das weiße Gold. Auf einem Salzwanderweg lässt sich die Salzgeschichte der Stadt erkunden. Start- und Endpunkt ist am Rathaus.

Besonders mit Kindern ist ein Besuch im Salzbergwerk empfehlenswert. 180 Meter in die Tiefe geht es da. Es gibt einen rund eineinhalb Kilometer langen Rundgang durch das Bergwerk, eine 40 Meter lange Rutsche, eine visuelle Schausprengung und die Ausstellung »Gedenkstätte KZ-Kochendorf«, die an die Zwangsarbeiter erinnert, die im Salzbergwerk während des sogenannten Dritten Reiches Teile für die Flugzeugindustrie anfertigen sollten.

Wer die Tour langsam angehen möchte oder wer sich am Ende der Tour Wellness gönnen mag, der ist im Solefreibad gut aufgehoben. Schön gelegen am Kocherwald bietet es mit Massagebrunnen, Wellenbecken, dem Sole-Sportbecken und einer 80 Meter langen Wasserrutsche Erholung und Spaß für alle.

Aber es warten noch ein paar Kilometer, viele hübsche Örtchen, eine ganze Menge Burgen und Schlösser, idyllisch gelegene Mühlen und Wehre und tolle Landschaften darauf, von uns erfahren und erkundet zu werden …

In **Kochertürn** fällt die Kirche Mariä Himmelfahrt aus dem 18. Jahrhundert auf, die mit ihrer Größe und dem Barockstil dem zu Neuenstadt am Kocher gehörenden Ort seine Prägung gibt.

In **Neuenstadt** ist der Kirchturm der Nikolauskirche gleichzeitig der Obere Torturm. Er wurde um 1300 als Teil der Stadtbefestigung erbaut. Der Radweg führt an einem von ehemals vier Wachhäusern vorbei. Die damaligen Wächter kontrollierten die Eingänge der Stadt und erhoben die Zölle. An diesem Wächterhaus an der Brettachbrücke befindet sich auch eine Kegelbahn,

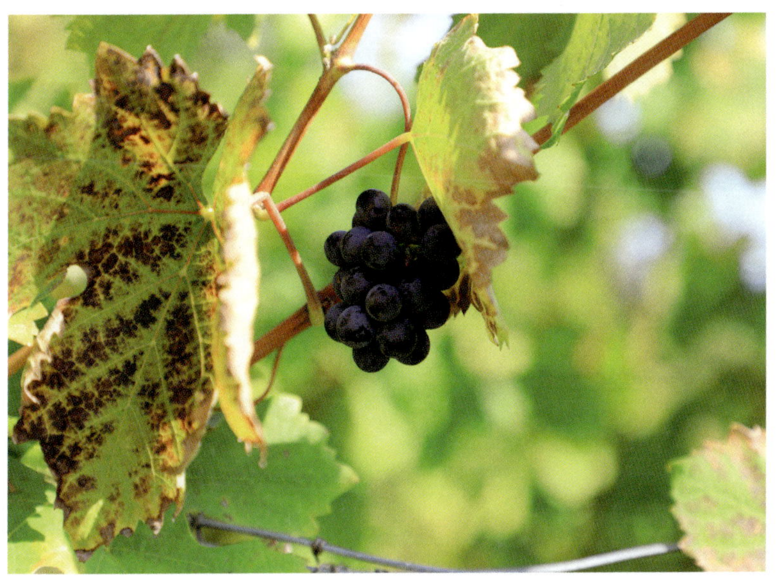

Wein in allen Varianten: auf dem Schauweinberg Hardthausen vor Kochersteinsfeld

»die älteste Kegelbahn Neuenstadts«, heißt es auf einem Schild. Bis 2003 wurde sie noch benutzt. Seit Herbst 2018 befindet sich in den Räumen die Tourist-Info, die zwischen April und Oktober immer an den Wochenenden geöffnet ist und einiges an Radfahrerservice bietet. Hier gibt es neben Tipps zu Touren und Freizeitgestaltung Werkzeug für kleinere Reparaturen, Boxen, um das Rad einzuschließen, Rad- und Wanderkarten, Bänke und Tische zur Rast, und E-Bike-Fahrer können ihre Akkus aufladen. Im Schlossgraben an der historischen Lindenanlage finden im Sommer alljährlich die Freilichtspiele Neuenstadt statt.

In **Bürg** treffen wir auf das Gemming'sche Schloss, erbaut 1545, das auf dem Hügel über dem Kochertal thront. Es befindet sich in Privatbesitz und kann nicht besichtigt werden.

Sindringen gehört zu den ältesten Orten im Umkreis, auffallend ist das hiesige Schloss mit dem sehr kräftigen rechteckigen Turm. Auch dieses Schloss ist in Privatbesitz und ist nicht zur Besichtigung geöffnet. Die alte, schön gelegene Stadtmühle wurde zum Heimatmuseum umgebaut. Gegenüber befindet sich eine alte Schmiede, in der man sich anschauen kann, wie in den Sechzigern des letzten Jahrhunderts Werkzeug gefertigt wurde (Führungen in der Schmiede auf Anfrage:

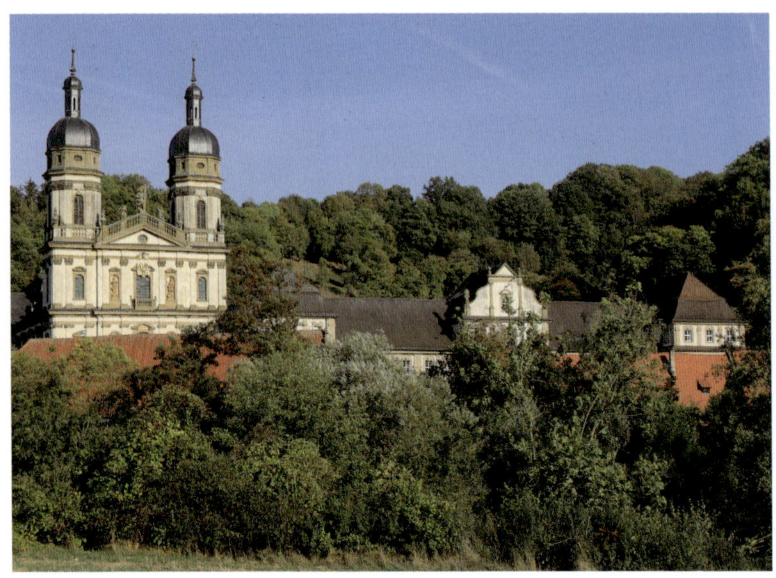

Der Blick zurück lohnt sich: Kloster Schöntal auf dem Weg nach Jagsthausen.

Karl von Ramin, Tel. 0 79 48/22 46 oder Thomas Hartmann Tel. 0 79 43/37 82, Eintritt 1 Euro pro Person). Das älteste Gebäude von Sindringen ist die Heilig-Kreuz-Kirche. Sie wurde um 1100 auf den Grundmauern eines römischen Kleinkastells errichtet. Bei der letzten Restauration des Innenraums 1963/64 wurden Fresken aus dem 14. Jahrhundert freigelegt. Jedes Jahr im Mai gibt es in Sindringen außerdem einen Töpfermarkt, im Ort verteilt findet man einige hübsche getöpferte Exponate, die darauf hinweisen.

Schon die Anfahrt nach **Schöntal** ist beeindruckend. Wir kommen von oben herab und werden begrüßt vom stattlichen Doppelturm der Klosterkirche. Das Kloster wurde 1157 von den Maulbronner Mönchen gegründet. »Speciosa Vallis« – schönes Tal – nannten sie den idyllisch an einer Schleife der Jagst gelegenen Ort. Das Gelände wurde den Zisterziensern von den Herren von Berlichingen zur Verfügung gestellt. Im Gegenzug bekamen diese das Recht der Grablege im Kreuzgang. Deshalb stoßen wir hier auch auf Spuren des Ritters »mit der eisernen Hand«. Götz von Berlichingen liegt im Kreuzgang begraben.

Abt Benedikt Knittel hat das Kloster nachhaltig geprägt, indem er ihm ein barockes Erscheinungsbild geben ließ. Zu sehen ist das heute beispielsweise an der Klosterkirche, die ursprünglich im gotischen Stil erbaut war. Seit 1979 ist das Kloster Bildungshaus der Diözese Rottenburg-Stuttgart. Das Haus hat mehrere Gästehäuser, in denen Tagungsgäste und Einzelpersonen übernachten können. Auf Anfrage bietet das Kloster verschiedene Führungen an. Täglich von 9 bis 18 Uhr können in der Neuen Abtei das Rokoko-Treppenhaus und der Kreuzgang besichtigt werden. Die Klosterkirche steht Besuchern von 1. Mai bis 30. September von 8 bis 20 Uhr und von 1. Oktober bis 30. April von 8 bis 17 Uhr offen. Die Klosteranlage ist so groß und verfügt über so viele schöne Ecken und Winkel, dass es unbedingt empfehlenswert ist, sich ein wenig Zeit zu nehmen, um herumzuschlendern und die besondere Ausstrahlung des Ortes auf sich wirken zu lassen. Wer hier eine Pause vertragen kann, der kann sich direkt vor Ort im Klostercafé in den ehemaligen Räumen der Klostermühle bei Kaffee und Kuchen stärken, bei schönem Wetter sitzt man ganz entspannt im Innenhof oder auf der Gartenterrasse. Auch sehr schön ist es, sich unter die Menschen auf der Liegewiese an der Jagst zu mischen. Zu baden oder sich zumindest die Beine zu kühlen. Oder das bunte Treiben zu beobachten und einfach zu genießen.

Vor **Jagsthausen** informiert eine Tafel über die Geschichte der Römer am obergermanischen Limes. Wer noch mehr darüber erfahren möchte, der sollte das römische Freilichtmuseum aufsuchen, das sich unweit des Radwegs in Richtung Zentrum befindet.

In Jagsthausen nimmt unsere Tour auf den Spuren des Götz von Berlichingen ganz konkrete Formen an. Drei Schlösser gehören zu den Anwesen derer von Berlichingen. Direkt neben der evangelischen Jakobuskirche steht das Rote Schloss, erbaut um 1590 von einem Enkel des berühmten Ritters. Heute sind dort Wohnungen und Büros untergebracht, in den ehemaligen Stallungen wurden ein Restaurant und ein Biergarten eingerichtet. Das Weiße Schloss, umgeben von prächtigen Bäumen, stammt aus dem Ende des 18. Jahrhunderts, ist der Sitz der Familie und kann nicht besichtigt werden. Die Götzenburg ist schon von Weitem vom Radweg aus zu sehen. Götz von Berlichingen wurde hier geboren und verbrachte seine Kindheit in der einstigen Wasserburg, deren älteste Teile aus dem 12. Jahrhundert stammen. Im Sommer gibt es dort vor historischer Kulisse regelmäßig

Theater- und Musicalaufführungen. Außerdem befindet sich in dem Schloss ein Hotel mit Restaurant und ein Museum zur Familiengeschichte derer von Berlichingen mit zwei Exemplaren jener eisernen Hände, die der berühmte Ritter getragen haben soll.

Eine Besonderheit in Jagsthausen ist auch der kleine Dorfladen, der als Genossenschaft betrieben wird, um damit zu ermöglichen, dass die Bewohner vor Ort einkaufen können. Hier gibt es alles für den täglichen Bedarf – und für den ausgezehrten Radler Kaffee, Kuchen und belegte Brötchen.

Götz von Berlichingen

»Der Ritter mit der eisernen Hand« wird er genannt. Mit 24 Jahren verlor Götz seinen rechten Unterarm in einer Schlacht und ließ sich daraufhin einen eisernen Ersatz anfertigen, der es ihm ermöglichte, weiterhin zu reiten und zu kämpfen. Geboren wurde er 1480 als jüngstes von zehn Kindern in Berlichingen, seine letzte Ruhe fand der umtriebige Ritter im Kreuzgang des Klosters Schöntal. Die Jahre seiner Kindheit verbrachte er auf dem Familiensitz Burg Jagsthausen. Ein bewegtes Leben soll der Adelige gehabt haben, von mehr als 15 Fehden berichtete er selbst, mehrmals wurde er geächtet, unter anderem, weil er sich im Bauernkrieg auf die Seite der Bauern stellte. Die letzten Jahre verbrachte er auf der Burg Hornberg. Sein aufregendes Leben scheint dem fränkischen Reichsritter kein Schaden gewesen zu sein, er wurde stattliche 82 Jahre alt. Berühmt geworden ist er durch den ihm zugeschriebenen Ausspruch »Er aber, sag's ihm, er kann mich im Arsche lecken!« Mit diesem sogenannten schwäbischen Gruß bedachte man einst unliebsame Mitmenschen; Johann Wolfgang von Goethe war von der widerspenstigen Natur des Ritters so beeindruckt, dass er ihm ein Schauspiel widmete. Jedes Jahr im Sommer wird die Geschichte wieder lebendig. Dann werden die Burgfestspiele in Jagsthausen abgehalten. Die Hauptrollen in Goethes Theaterstück werden jeweils mit bedeutenden Schauspielern besetzt. Im Innenhof der Götzenburg darf Götz von Berlichingen dann auch erneut schwäbisch grüßen.

In **Möckmühl** fallen uns sofort die hübschen Fachwerkhäuser ins Auge. Sehr dekorativ bilden sie im Stadtzentrum ein harmonisches Ensemble. Auch die Stadtmauer ist erwähnenswert. Das gut erhaltene Bauwerk aus dem 15. Jahrhundert ist bis zu 7,80 Meter hoch und mit einem durchlaufenden Bogenfries verziert. Dort, wo einst das Jagsttor stand, begeben wir uns auf der Hauptstraße hinauf zum Oberen Marktplatz. Schöne Schilder zieren die Häuser oben an der Hauptstraße. Zwischen dem Oberen und dem Unteren Marktplatz steht das Rathaus, mit seinen historischen Verzierungen prächtig anzusehen. Es wurde 1589 erbaut. Links vom Eingang sind noch die Reste des ehemaligen Prangers zu sehen; gleich daneben befindet sich das Alte Pfarrhaus, ein Gebäude, das über reichlich Geschichte verfügt. Friedrich Schillers Schwester Louise lebte von 1805 bis 1834 als Pfarrfrau in dem Haus. Sie starb 1836 und wurde auf dem Möckmühler Friedhof begraben. 1760 übernachtete Herzog Carl Eugen von Württemberg im Pfarrhaus, von 1944 bis 1954 wohnte Hermann Hesses Muse Julie Hellmann dort. Die evangelische Stadtkirche liegt unweit des Pfarrhauses und wurde im Laufe ihrer Geschichte fünf Mal an demselben Platz wiedererbaut. Die neugotische Kirche, die jetzt dort steht, stammt aus dem Jahr 1900. Bis ins 17. Jahrhundert zurück geht die heimische Tradition des Turmblasens. Jeden Sonntag steigen Mitglieder des Musikvereins auf den Kirchturm und spielen in luftiger Höhe einen Choral.

Eine ganze Reihe Türme säumt die Stadtmauer. Der Hexenturm verdankt seinen Namen dem grausigen Umstand, dass 1655 eine als Hexe angeklagte Frau dort eingesperrt war.

Eindeutig auf Radfahrer eingestellt: die Kleine Radlerherberge in Möckmühl

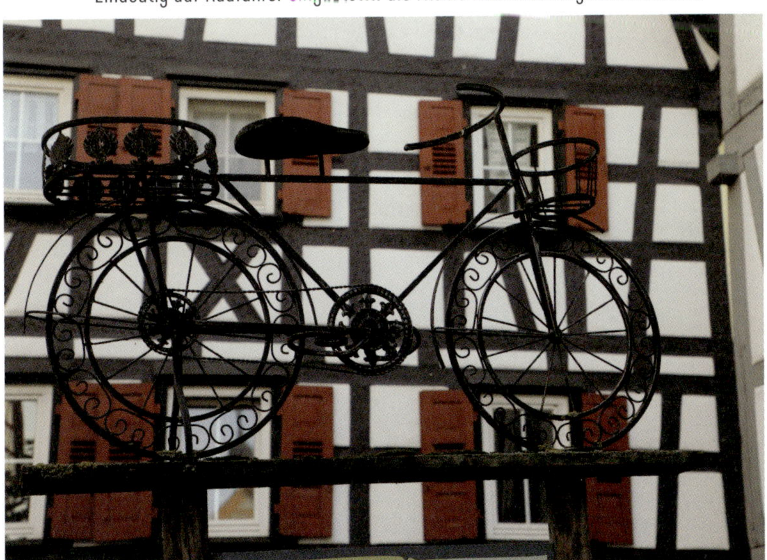

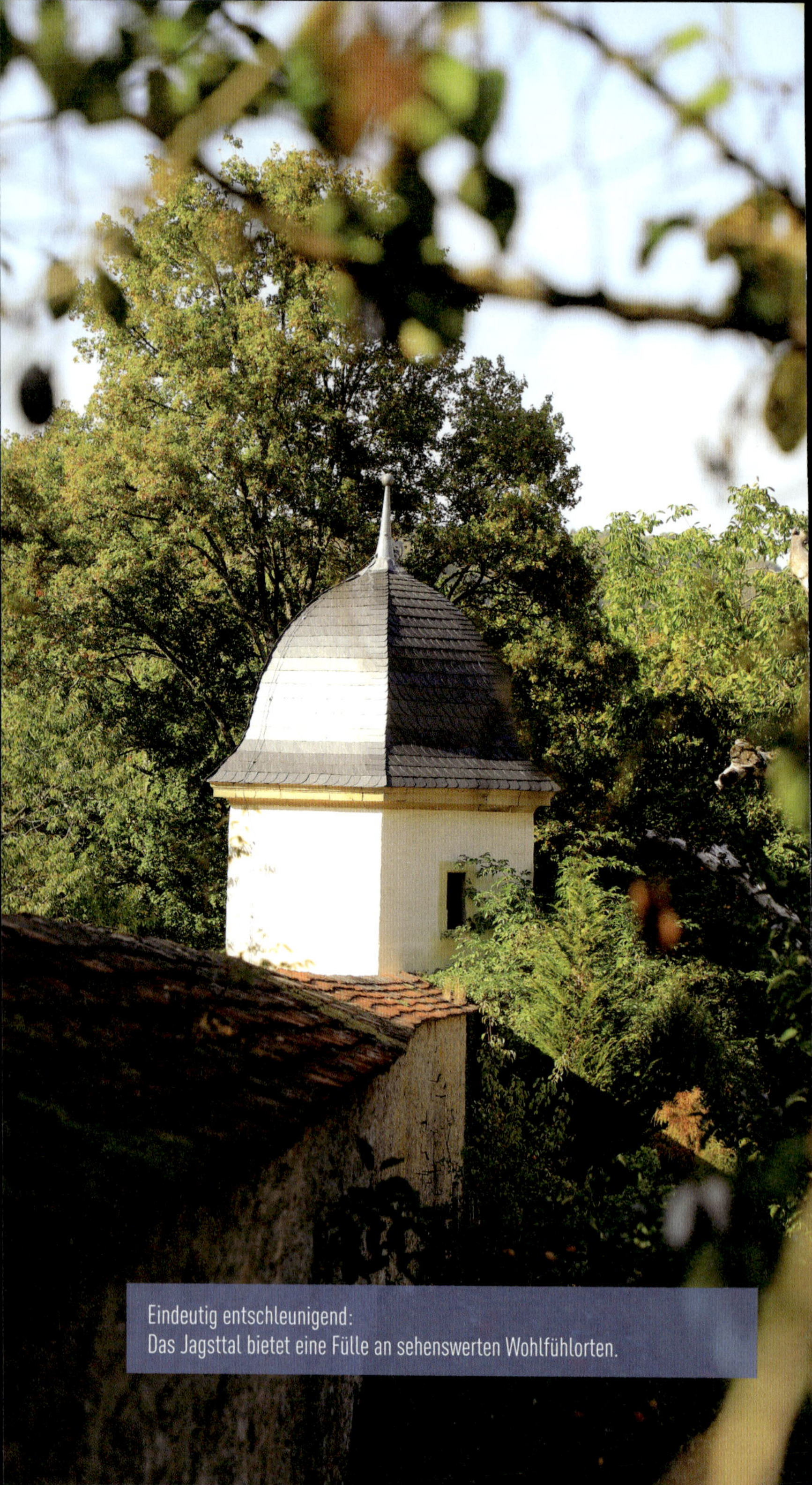

Eindeutig entschleunigend:
Das Jagsttal bietet eine Fülle an sehenswerten Wohlfühlorten.

Überragt wird Möckmühl vom Bergfried der einstigen Burg, heute »Götzenturm« genannt. Anfang des 20. Jahrhunderts kam zum Bergfried ein Schloss hinzu. Es ist in Privatbesitz und nicht für jedermann zugänglich. Das Obere Tor ist besonders geschichtsträchtig. Denn hier geriet Götz von Berlichingen in die Hände des Schwäbischen Bundes und wurde gefangen genommen. Davon ist aber nichts mehr zu sehen, 1843 brach man es ab, um mehr Platz für die durchfahrenden Heu- und Erntewagen zu schaffen. Wer in Möckmühl nicht mehr weiterradeln mag, der kann auch in die Bahn nach Jagstfeld einsteigen. Es lohnt sich aber, noch ein wenig im Sattel zu bleiben.

Inmitten von Weinbergen liegt **Siglingen**. In der Weingasse befindet sich die historische Fachwerkkelter. Hier in der Gegend wird der Schillerwein angebaut, eine wohlschmeckende Mischung aus roten und weißen Trauben, der wegen seiner schillernden Farbe so genannt wird.

Vor **Neudenau** liegt die Kapelle St. Gangolf. Gangolf gilt als Schutzherr der Quellen, Reiter, Pferde und des Hausviehs. Die Hufeisen am Eingang geben schon einen Hinweis darauf, und jedes Jahr am zweiten Sonntag im Mai findet eine Pferdewallfahrt statt. Der Ort Neudenau besitzt eine hübsche Altstadt und einen sehr schönen Marktplatz mit sehenswerten Fachwerkhäusern. Ein Abstecher dorthin und eine kurze Pause lohnen sich allemal, ehe man auf der Rundtour schließlich wieder nach Bad Friedrichshall zurückkehrt.

Ausgewählte Adressen und Tipps

Bad Friedrichshall, www.bad-friedrichshall.de

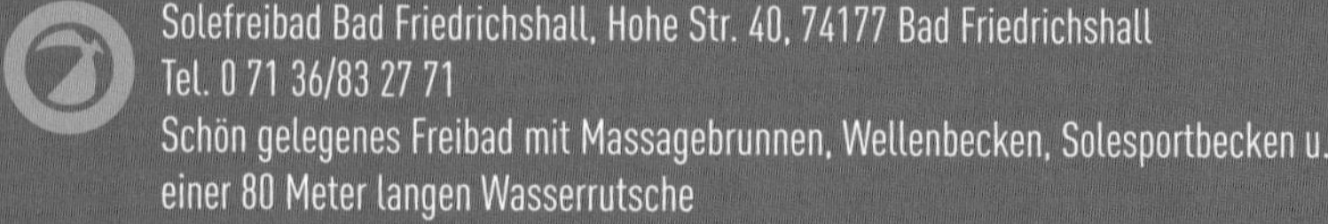

Solefreibad Bad Friedrichshall, Hohe Str. 40, 74177 Bad Friedrichshall
Tel. 0 71 36/83 27 71
Schön gelegenes Freibad mit Massagebrunnen, Wellenbecken, Solesportbecken u. einer 80 Meter langen Wasserrutsche

Biergarten Saline, Saline 5, 74177 Bad Friedrichshall
Tel. 0 71 36/6 02 35 91, www.biergarten-saline.de
Di–So 11.00–23.00, Apr Mo Ruhetag, ab Mai Mo 16.00–23.00
Schön gelegener Biergarten direkt am Kocherkanal

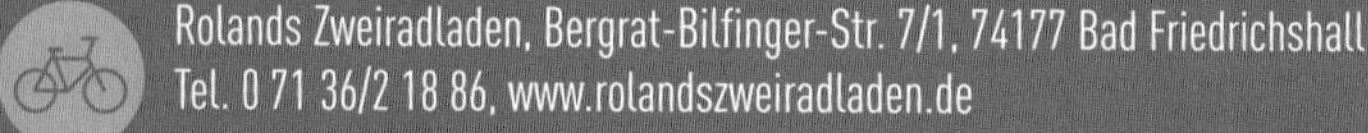

Rolands Zweiradladen, Bergrat-Bilfinger-Str. 7/1, 74177 Bad Friedrichshall
Tel. 0 71 36/2 18 86, www.rolandszweiradladen.de

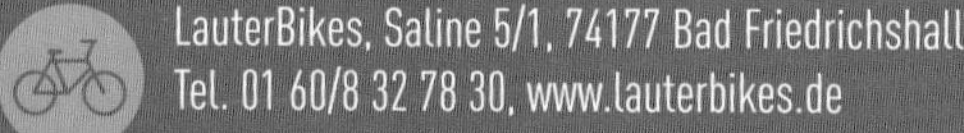

LauterBikes, Saline 5/1, 74177 Bad Friedrichshall
Tel. 01 60/8 32 78 30, www.lauterbikes.de

Hardthausen, www.hardthausen.de

100% Kanu + Bike, OT Gochsen, Hardthausen
Tel. 0 71 39/9 33 44 11, www.kanu-bike.de
Kombinierte Kanu- u. Fahrradtouren, Tipidorf, Campingplatz

Schöntal, www.schoental.de

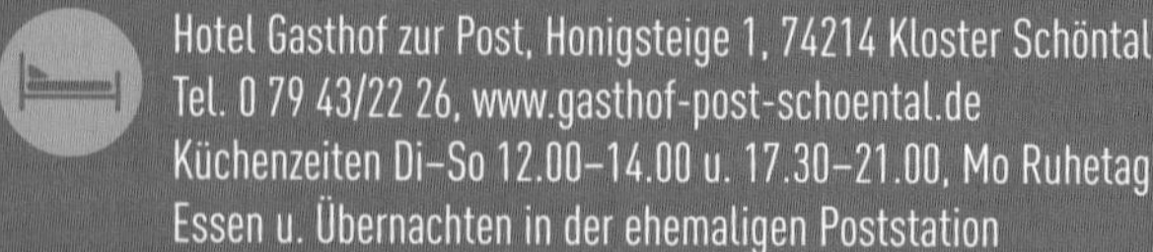

Hotel Gasthof zur Post, Honigsteige 1, 74214 Kloster Schöntal
Tel. 0 79 43/22 26, www.gasthof-post-schoental.de
Küchenzeiten Di–So 12.00–14.00 u. 17.30–21.00, Mo Ruhetag
Essen u. Übernachten in der ehemaligen Poststation

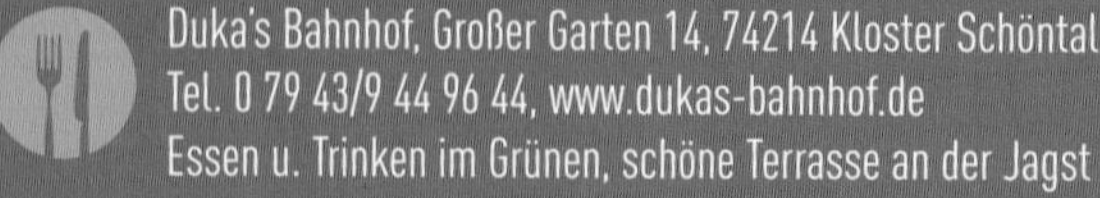

Duka's Bahnhof, Großer Garten 14, 74214 Kloster Schöntal
Tel. 0 79 43/9 44 96 44, www.dukas-bahnhof.de
Essen u. Trinken im Grünen, schöne Terrasse an der Jagst

Jagsthausen, www.jagsthausen.de

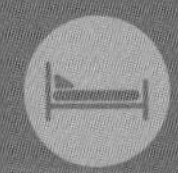

Rotes Schloss Gästehaus Krone, Schlossstr. 1, 74249 Jagsthausen
Tel. 0 79 43/94 37 65, www.rotes-schloss.de
Küchenzeiten Mi–Sa 17.00–21.00, So u. Fei 11.30–14.00 u. 17.00–20.00
Mo u. Di Ruhetag
Regionale Küche u. gute Übernachtungsmöglichkeit, zentral gelegen, mit Fahrradgarage

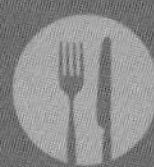

Unser Dorfladen Jagsthausen eG, In den Steinäckern 1, 74249 Jagsthausen
Tel. 0 79 43/9 43 86 46, www.dorfladen-jagsthausen.de
Mo–Fr 7.00–18.00, Sa 7.00–17.00
März–Okt So 8.00–10.30 Brötchenverkauf, 11.30–17.00 Café geöffnet
Nov–Feb So 8.00–10.30 Brötchenverkauf, 13.30–17.00 Café geöffnet

Möckmühl, www.moeckmuehl.de

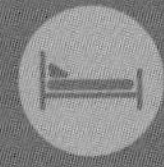

Hotel Kleine Radlerherberge, Kirchplatz 3, 74219 Möckmühl
Tel. 0 62 98/92 76 33, www.kleine-radlerherberge.de
Hübsches Hotel, vom ADFC zertifiziert, zentral gelegen in der Altstadt direkt am Radweg

E-Bike-Ladestationen

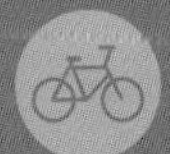

Neuenstadt:
– an der Tourist-Info
Jagsthausen:
– Am Dorfladen (s. oben)
Möckmühl:
– Am Rathaus

9 Wein und Wildromantik

Im Neckartal von Bad Wimpfen bis Eberbach

Imposante Burgen und romantische Schlösser wechseln sich stetig ab in diesem Abschnitt des Neckartals, und wenn beides mal nicht da ist, dann taucht garantiert eine Schleuse auf und bringt Abwechslung. Zu Beginn unserer Tour spüren wir noch das milde Klima der Weinbauregion um Heilbronn mit ihren sanften Hügeln. Im Odenwald wird es dann urwüchsig und schroff. Wald und roter Sandstein begleiten den Neckar, der bisweilen in tollen Schleifen fließt. Wir erleben herrliche Ausblicke auf die zahllosen Burgen und radeln auf gut ausgebauten Wegen. Weil es manchmal eng wird, rückt der Autoverkehr dann näher an uns heran. Beinahe stetig in Flussnähe genießen wir stimmungsvolle, urwüchsige Uferabschnitte mit grünen »Dächern«: Gesäumt von altehrwürdigen Weiden, die sich im Wasser spiegeln, fließt der Neckar gemächlich dahin.

INFO

Die Strecke: Bad Wimpfen – Haßmersheim – Mosbach – Eberbach
Länge: 54 km; kombinierbar mit Tour 10 (s. S. 148)
Markierung: Neckartalradweg, gut beschildert
Einstiegspunkt: Bahnhof Bad Wimpfen
Anfahrt mit ÖPNV: Mit der Bahn auf der Strecke Heilbronn–Heidelberg oder mit S41/S42; im Neckartal Fahrradmitnahme im Nahverkehr an Wochentagen außerhalb der Hauptverkehrszeiten, an Wochenenden u. Feiertagen ganztägig kostenfrei
Rückfahrt mit ÖPNV: Mit S1 oder S2 ab Eberbach; mehrere Bahnhalte auf der Strecke
Wetter: Von Frühjahr bis Herbst gut befahrbar; Weg ist überwiegend asphaltiert oder gut gewalzt u. befestigt, deshalb dürfte auch ein vorhergegangener Regentag kein Problem sein; da Streckenabschnitte ohne Schatten an Sonnenschutz denken!
Schwierigkeitsgrad: Leicht
Für Familien: Gut geeignet, fast keine Steigungen; mehrere Bademöglichkeiten, z. B. im Mineralfreibad Bad Wimpfen, in Mosbach und Eberbach; Schifffahrten auf dem Neckar ab Eberbach
Übernachtung: Etliche Hotels und Gasthöfe an der Strecke
Hilfreiche Internetadresse: www.neckartalradweg-bw.de

Hier geht's lang

Wir starten am **Bahnhof Bad Wimpfen** unterhalb der Altstadt unweit des Neckars, überqueren dort die Gleise, fahren weiter bergab zum Fluss und wenden uns dann nach links. Auf einem schönen asphaltierten Weg am üppig bewachsenen Ufer geht es flott voran, und wir erfreuen uns noch einmal an einem Blick auf die grandios über uns thronende Stauferstadt. Wir kommen am Freibad vorbei und fahren in Flussnähe weiter, begleitet von großen Bäumen, entlang an hübschen Blumenwiesen. Der Neckar fließt in seinem breiten Bett gemächlich neben uns her, hin und wieder zieht ein Frachtschiff an uns vorbei.

Nach **Heinsheim** verbindet sich der Radweg mit der Landstraße, über dem Tal thront wuchtig Burg Ehrenberg. An der Kreuzung nach dem Örtchen, wenn es links weiterginge in Richtung Neckarmühlbach und Burg Guttenberg, machen wir erst einmal einen kleinen Abstecher nach rechts und über den Neckar nach **Gundelsheim**. Vom dortigen Schloss Horneck, das in Ufernähe liegt, haben wir einen fantastischen Blick ins Neckartal.

Weiter geht es dann wieder zurück über den Neckar auf die linke Uferseite und nach **Neckarmühlbach**. 400 Meter nach der Brücke kommt eine Abzweigung zur Burg Guttenberg mit ihrer

Im Neckartal auf märchenhaften Wiesenwegen unterwegs

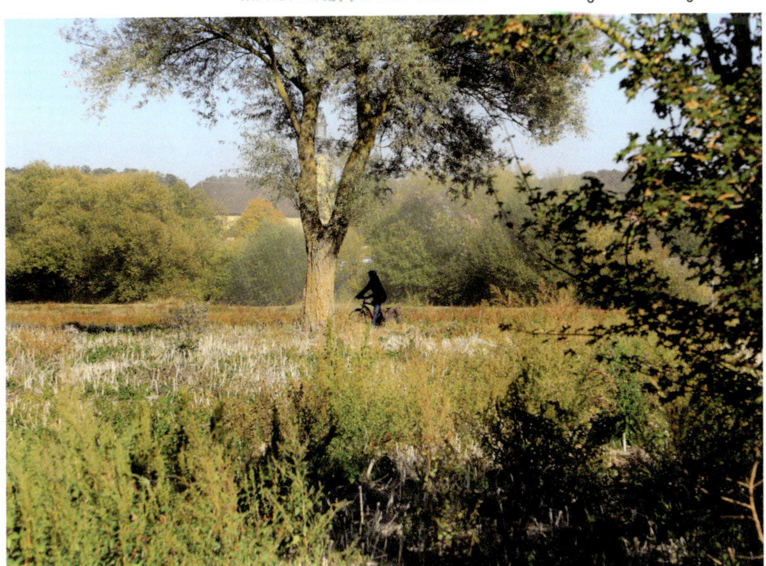

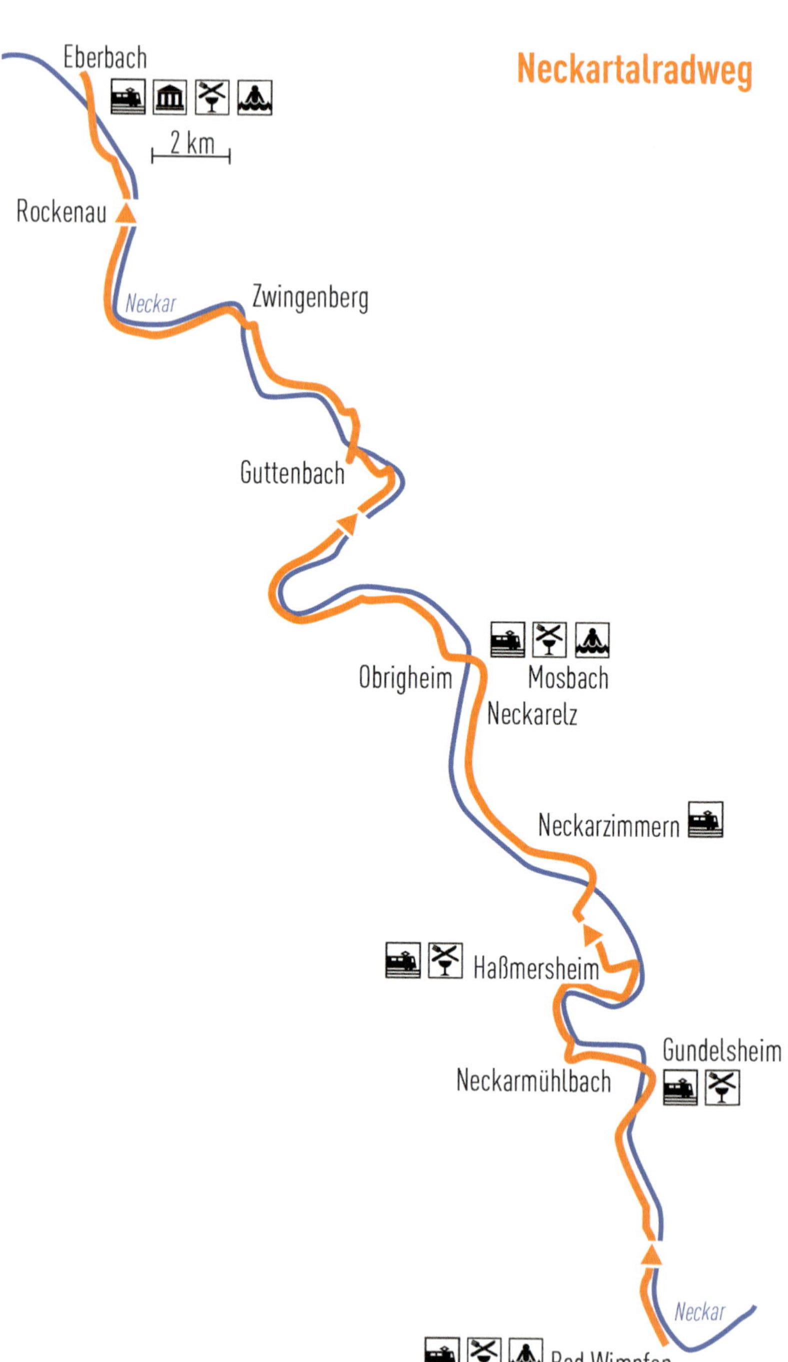
Neckartalradweg
Eberbach
2 km
Rockenau
Neckar
Zwingenberg
Guttenbach
Obrigheim
Mosbach
Neckarelz
Neckarzimmern
Haßmersheim
Gundelsheim
Neckarmühlbach
Neckar
Bad Wimpfen

berühmten Greifvogelwarte. Wir fahren auf der Landesstraße L 588 durch den Ort durch und radeln zurück zum Fluss, der hier eine Kehre beschreibt. Wir folgen der Kehre und biegen dann in **Haßmersheim** von der Neckarstraße links ab in die Friedrichstraße. Diese führt uns in einem Bogen auf den Dreispitzweg. Wir fahren am linken Rand von Haßmersheim entlang und kommen schließlich wieder an die L 588. Vor uns auf der Höhe oberhalb der Weinberge thront sehr eindrucksvoll Burg Hornberg.

Wir radeln weiter und auf die Staustufe **Neckarzimmern** zu. Dort schieben wir unser Rad über das Wehr und schauen zu, als ein Schiff in die Staustufe fährt. Wenn man einen Abstecher auf die Burg Hornberg machen möchte, überquert man direkt nach dem Wehr die B 27 und die Bahnlinie und hält sich dann rechts. Die Straße führt tüchtig steil hinauf zur Burg.

Zur Weiterfahrt durch Neckarzimmern biegen wir von der Neckarstraße links in den Finkenweg, dann links in die Entengasse und vor dem Neckar nach rechts in die Alte Chaussee. Der Weg gabelt sich und wir fahren links in den Wiesenweg, weiter am Neckar entlang, wir unterqueren die B 27, die hier auf Stützen über uns geführt wird, vorbei an dem Tempelhaus in **Neckarelz**, bis wir schließlich die Elz queren. Hier biegen wir nach rechts ein auf den Radweg an der Elz entlang nach **Mosbach**. Immer an der Elz entlang geht es auf einem schönen Grünzug auf die Bertl-Bormann-Straße und dann auf die Bleichstraße, wir unterqueren die Eisenbahnstraße und die Bahnlinie und kommen schließlich auf der Kesslergasse ins Mosbacher Zentrum.

Zurück geht es dann auf demselben Weg, bis wir wieder zum Neckarradweg kommen. Dort erreichen wir recht schnell die Brücke der L 636 über den Neckar. Nach der Brücke geht der Weg nach rechts, unterhalb von **Obrigheim** fahren wir auf die nächste Schleife zu, vorher kommen wir noch am stillgelegten Atomkraftwerk vorbei. Links von uns ein steiler Hang, rechts der Neckar, am gegenüberliegenden Ufer taucht Binau auf; wir kommen an einem Campingplatz vorbei, auf schönem Weg, gesäumt von Bäumen, geht es weiter bis **Guttenbach**. Auf der Mörtelsteiner Straße und der Neckargeracher Straße fahren wir in den Ort und in einer Schleife auf die Brücke über den Fluss. Auf der Hauptstraße radeln wir nach **Neckargerach** hinein. Mitten im Ort steht da auf einem Hügel die Kirche St. Afra. Der Weg führt uns um den Hügel herum und schließlich rechts auf die B 37.

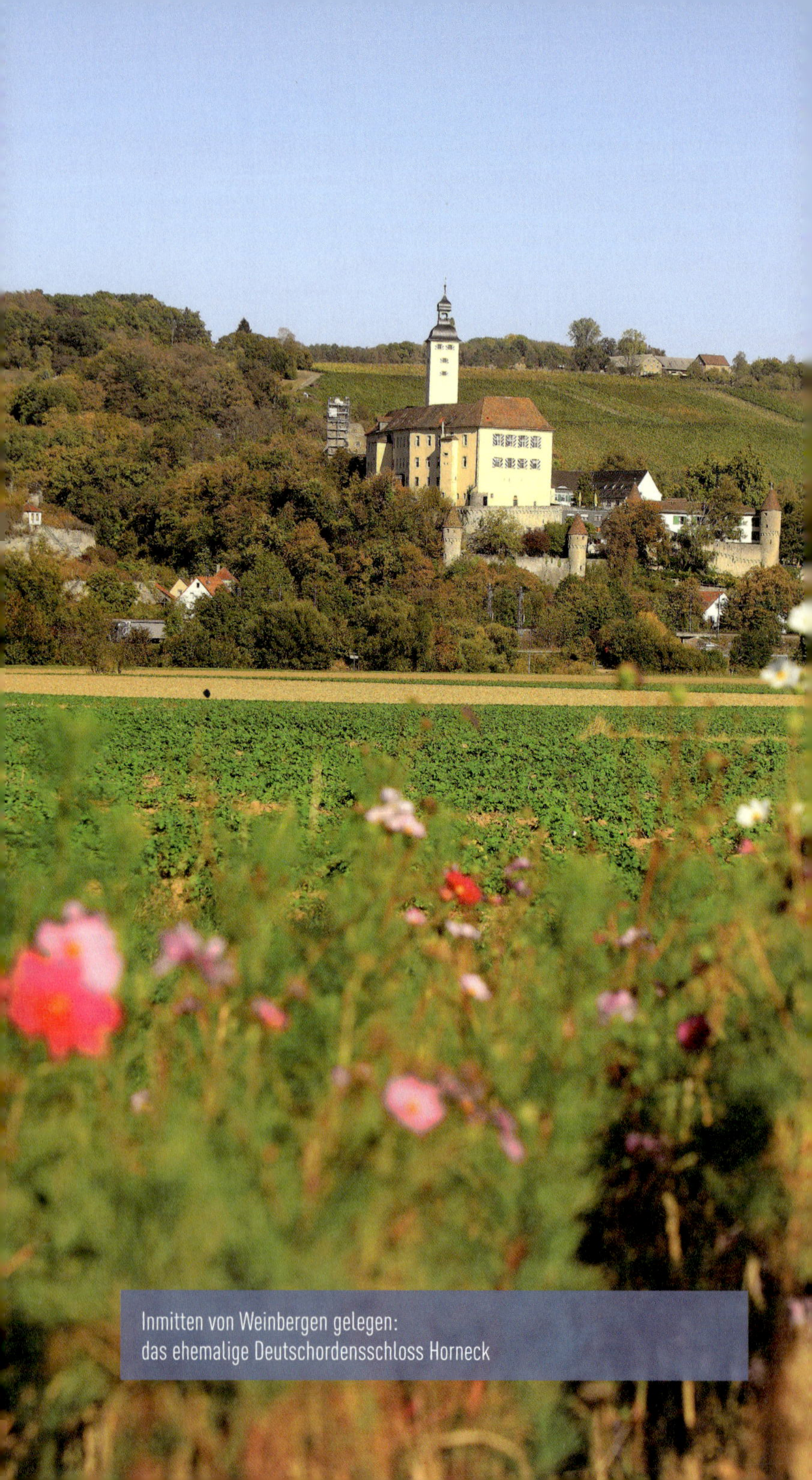

Inmitten von Weinbergen gelegen:
das ehemalige Deutschordensschloss Horneck

Auf der Straße fahren wir nach **Zwingenberg** mit der gleichnamigen Burg. Dann geht es auf einer Brücke wieder auf die linke Uferseite. Dort fahren wir an einem Naturfreundehaus vorbei, in dem es Gelegenheit zur Pause mit Kaffee und Kuchen gibt. Auf einem Schotterweg radeln wir durch eine bewaldete Strecke an der Krösselmühle vorbei. Wir fahren durch herrlich grüne Landschaften, rechts am Ufer taucht Lindach auf. Wir passieren eine Schleuse und fahren auf der Rockenauer Straße durch **Rockenau**. Weiter geht es nach **Neckarwimmersbach**, wo wir über den Neckar radeln und im Zentrum von **Eberbach** den Tag beschließen.

Von Eberbach aus können wir Tour 10 anschließen und weiter nach Heidelberg radeln.

Das gibt's zu sehen

Etwa 85 n. Ch. begann die Geschichte von **Bad Wimpfen**. Die Römer waren's, die hier das Kastell Wimpfen im Tal errichteten. Stadtgeschichte schrieb man erst einige Zeit später. 1182 wurde Bad Wimpfen auf Geheiß des Kaisers Friedrich I. Barbarossa schließlich Kaiserpfalz. Es wurde die größte Pfalz nördlich der Alpen. Die wehrhaften Wimpfener Gebäude stammen aus jener Zeit und können heute noch besichtigt werden. Regelmäßig hielten die Hoheiten Hoftage im Alten Reich, in Wimpfen sprachen sie Recht, regierten und feierten. Acht Mal weilte allein Friedrich II. in der Stadt. Einen tragischen Part in der Wimpfener Stadtgeschichte, das damit weithin bekannt wurde, nimmt dessen Sohn Heinrich VII. ein. Er überwarf sich mit seinem Vater und wurde schließlich in Wimpfen von ihm gefangengenommen, entthront und über Worms nach Süditalien geschafft. Um 1300 wurde Wimpfen freie Reichsstadt und erlebte eine wirtschaftliche Blütezeit, was sich an den prächtigen Fachwerkhäusern heute noch ablesen lässt. Damit war es nach dem 30-jährigen Krieg aber vorbei, und es sollte lange dauern, bis es hierzulande wieder aufwärts ging. 1803 kam Wimpfen zu Hessen. Im 19. Jahrhundert spülten die Saline Ludwigshalle und betuchte Kurgäste wieder Geld in die Stadtkassen.

Heute ist Bad Wimpfen ein sehr schönes Städtchen mit einem malerischen Zentrum. Sogar die Schilder der Sparkasse werden hier stilvoll von goldenem Adler und Weintrauben geschmückt.

Die hübschen Fachwerkhäuser bilden zusammen mit den imposanten Anlagen der Kaiserpfalz eine spannende Kombination. Auffallend ist der Blaue Turm, ein Teil der Kaiserpfalz und so benannt wegen seines Schieferdachs. Normalerweise ist der Turm frei zugänglich und bietet von oben einen großartigen Blick. Derzeit wird der Turm jedoch grundlegend saniert und kann deshalb nicht besichtigt werden. Unweit davon steht das Steinhaus, in dem das Historische Museum untergebracht ist. Und nur ein Stück weiter stoßen wir auf den Roten Turm, auch er ein Relikt aus der Stauferzeit und zur Besichtigung samstags, sonntags und an Feiertagen geöffnet.

Gundelsheim steht für Deutschorden, Wein und Schokolade – und ist einen Abstecher vom Radweg hinein ins Zentrum allemal wert. Das Weinanbaugebiet über der Stadt hat den verheißungsvollen Namen »Himmelreich«. Dort, dem Himmel ganz nah, wächst der Schwarze Urban, eine alte Rebsorte der Deutschordensritter, die nun wiederentdeckt wurde. Jährlich werden auf etwa zwanzig Ar die Trauben für rund tausend Flaschen Wein geerntet. Aber auch Lemberger und Samtrot wachsen hier, und in den gemütlichen Gundelsheimer Besenwirtschaften und Weinstuben gibt es von allem etwas. In der *Schokoladenmanufaktur Schell* werden leckere Pralinen hergestellt. Einzigartig ist das »Essigschleckerle«, eine alkoholfreie Praline in verschiedenen Schokoladenvarianten, die mit Weinessig verfeinert wird.

Über der Stadt liegt Schloss Horneck, das eine wechselvolle Geschichte hinter sich hat. Die Herren von Horneck traten 1250 dem Deutschen Orden bei. Dessen Deutschmeister ließ sich daraufhin in der Burg nieder. Der Name sagt es schon: Der »Deutschmeister« war der Höchste des Deutschen Ordens in Deutschland, ihm unterstanden die Verwaltungsbezirke. Außerdem war er der Vertreter des Hochmeisters, dem Obersten des gesamten Deutschen Ordens.

In den Bauernkriegen zogen dann die Bauern auf Burg Horneck ein, Götz von Berlichingen (s. S. 128) wurde ihr Anführer. Die Burg wurde niedergebrannt und später als Renaissanceschloss wiederaufgebaut. Seit 1960 dient das Schloss als Kulturzentrum mit Siebenbürgischem Museum. Das Museum kann täglich außer montags von 11 Uhr bis 17 Uhr besichtigt werden. Von dort oben hat man im Übrigen einen grandiosen Ausblick!

Und noch ein lohnenswerter Abstecher liegt fast direkt auf dem Weg – Burg Guttenberg bei **Neckarmühlbach**. In der Schenke der gut erhaltenen Stauferburg können wir uns stärken und dabei den wunderbaren Blick von der Terrasse genießen. Im Museum geht es um das Leben auf der Ritterburg seit dem 15. Jahrhundert. Während der Sommermonate ist es täglich von 10 bis 18 Uhr geöffnet. In der Greifenwarte werden in der Hauptsaison täglich um 11 Uhr und um 15 Uhr Flugvorführungen mit Adlern und Geiern gezeigt.

Wenn wir weiter und in Richtung **Neckarzimmern** und Burg Hornberg radeln, können wir verstehen, weshalb Götz von Berlichingen sie zu seinem Stammsitz auserkoren hat. Sehr erhaben thront sie dort droben als majestätischer »Abschluss« der malerischen Weinberge, und ihr faszinierender Anblick begleitet uns dort unten im Tal eine ganze Weile. Götz von Berlichingen, so heißt es, hat schon in seiner Jugend davon geträumt, diese Burg zu besitzen. 1517 kaufte er sie schließlich. Mittlerweile gehört die Anlage der Familie von Gemmingen, die auch dort wohnt. Erhalten geblieben ist die untere Burg, die obere Anlage ist eine Ruine. Heute sind in der Burg ein Museum, ein Hotel, ein Restaurant, ein Weinverkauf und der historische Weinkeller untergebracht.

Eindrucksvoll thront Burg Hornberg über dem Neckartal.

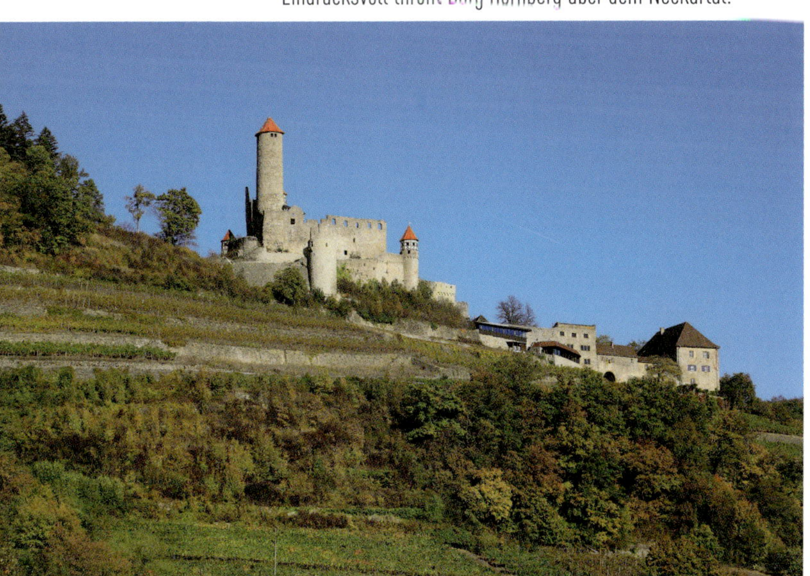

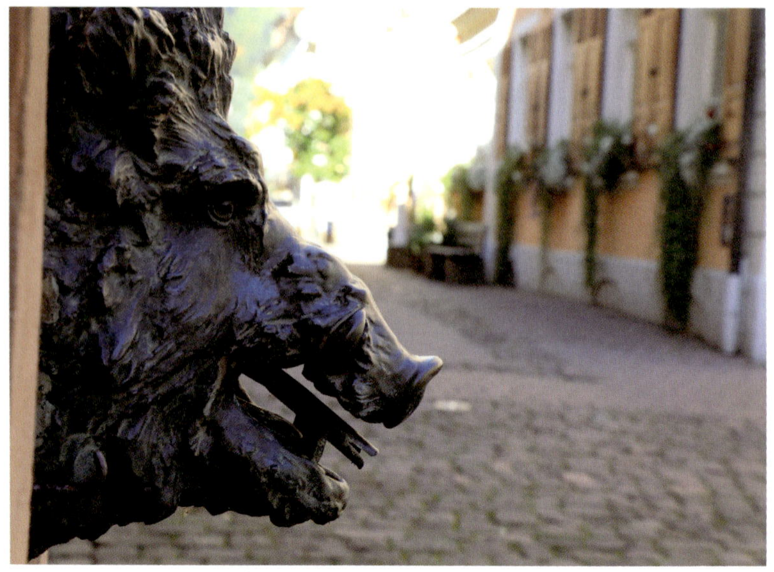

Ein Eber am ehemaligen Rathaus von Eberbach

Vom Radweg aus fällt uns bei **Neckarelz** wegen seiner hochaufgeschossenen länglichen Form das Tempelhaus auf. Die ehemalige Johanniterburg wird seit 300 Jahren als katholisches Kirchengebäude genutzt. In der Volksschule von Neckarelz waren in den Jahren 1944 und 1945 KZ-Häftlinge untergebracht. Im nahegelegenen Obrigheim mussten sie auf dem Gelände einer ehemaligen Gipsfabrik unterirdisch eine Anlage bauen, in der man Motoren herstellte. Mehr als 5000 Häftlinge durchliefen die Lager bei Neckarelz. Die von Ehrenamtlichen betreute KZ-Gedenkstätte Neckarelz in der Mosbacher Straße 39 ist auf dem Schulgelände der Clemens-Brentano-Grundschule untergebracht und kann vom 27. Januar an bis Dezember jeden Sonntag zwischen 14 und 17 Uhr besucht werden (weitere Infos unter www.kz-denk-neckarelz.de).

Mosbach liegt nicht direkt am Neckartalradweg, aber der kleine Umweg lohnt sich. Schon die Tour in die Stadt entlang der Elz ist schön angelegt und macht sehr viel Freude. Im Zentrum sind wir begeistert von den hübschen Fachwerkhäuschen und den einladenden Gassen und Plätzen. Bedeutendstes Bauwerk auf dem Marktplatz ist das Rathaus mit seiner prächtigen Renaissancefassade. Es wurde Mitte des 16. Jahrhunderts auf den Resten der

Cäcilienpfarrkirche errichtet. Die damalige »multifunktionale« Nutzung klingt eigentlich ganz modern: Im unteren Geschoss wurden Waren verkauft, darüber war die Ratsküche, im Bürgersaal tagte der Stadtrat, im dritten Stock gab es Platz zum Tanzen und Feiern und oben war ein Getreidelager untergebracht. Den 34 Meter hohen Rathausturm kann man besteigen, nähere Infos gibt es im Haus Marktplatz 4 in der Tourist-Info. Um die größte und älteste der drei Rathausturmglocken rankt sich übrigens eine hübsche Geschichte. Pfalzgräfin Johanna, die Gemahlin Ottos I., soll sich während eines Jagdausritts im Wald verirrt haben. Mit Anbrechen der Dunkelheit machte ihr Gemahl sich Sorgen um seine Gattin und ließ die Glocken der damaligen Cäcilienkirche läuten. Dadurch fand die Fürstin nach Hause, wo sie um 22.45 Uhr wohlbehalten ankam. Seit diesem Ereignis ertönt in Mosbach um die besagte Zeit allabendlich die große Glocke. Der Volksmund nennt sie »Lumpenglöckle«, sie soll nämlich all jene Lumpen zur Heimkehr mahnen, die zu später Stunde noch im Wirtshaus hocken. Eine schöne Erzählung, allerdings nachweislich eine aus dem Reich der Fantasie: Als die Glocke 1458 gegossen wurde, hatte die Fürstin schon 14 Jahre lang das Zeitliche gesegnet.

Unweit vom Rathaus steht ein weiteres markantes Gebäude, das Palm'sche Haus aus dem Jahr 1610. Man sieht dem Haus an, dass seine Erbauer, die Beamtenfamilie Schragmüller, vermögend gewesen sein müssen. Es ist zweifellos das prächtigste Haus am Platze. Sehr beeindruckend ist das kunstvoll geschnitzte Fachwerk. Deutlich sichtbar ist am Erker der Name »Anton Palm«. So kam das Haus zu seinem Namen. Der Kaufmann Palm war einer der späteren Besitzer und ließ sich auf dem markanten Erker verewigen.

Die Stiftskirche stammt aus dem 14. Jahrhundert und ist eine Simultankirche. Nachdem ab Ende des 17. Jahrhunderts den beiden christlichen Konfessionen erlaubt wurde, ihre Religion auszuüben, kam es in den Orten, die nur eine Kirche besaßen, öfter zu Streit darüber, wer nun in der Kirche den Ton angeben durfte. Daraufhin kam man auf Simultankirchen, das heißt die Kirchen wurden einfach aufgeteilt. 1708 zog man in Mosbach eine Mauer durch die Kirche. Während andernorts die Mauern im Laufe der Zeit rückgebaut wurden, ist sie in der Stiftskirche auch heute noch vorhanden. 2008 feierte man einen neu geschaffenen Durchgang.

In **Eberbach** begrüßt uns gleich bei der Einfahrt am Ende der Brücke ein Eber. Auch vor dem ehemaligen Rathaus am Alten Markt finden sich die vierbeinigen Namensgeber. Aufgrund von Ausgrabungsfunden wird vermutet, dass Ende des 12. Jahrhunderts ein Graf Konrad von Eberbach oberhalb des jetzigen Ortes eine Burganlage bauen ließ. Erstmals urkundlich erwähnt wurde die Burg Eberbach dann 1227, als der Stauferkönig Heinrich sie als Lehen erhielt. Die ältesten Gebäude der Stauferstadt stammen aus dem 13. Jahrhundert, zum Beispiel der Rosenturm und die Stadtmauer, von der noch die östliche Seite erhalten ist. Die steinerne Gestalt im Türsturz des Rosenturms war wahrscheinlich zur Abwehr böser Geister gedacht. Vom Neckar aus sehen wir schon den Blauen Hut, den jüngsten der vier Türme. Sein blau-schwarzes Schieferdach gab ihm seinen Namen. Er wurde als Arrestturm genutzt.

Laufen wir ein Stück am Ufer außen an der Stadt entlang, kommen wir zum Pulverturm. Während der Sommermonate kann man in dessen Uhrenkammer im Innern der Turmspitze steigen und den Blick ins Neckartal und auf Eberbach genießen. Das benachbarte Thalheim'sche Haus ist das älteste Haus der Stadt. Es war einstmals Adelssitz, heute ist dort das Naturparkzentrum untergebracht. Ein Besuch dort bietet sich vor allem für Familien an, die in den Ferien unterwegs sind, da das Zentrum dienstags, mittwochs und donnerstags von 14 bis 16.30 geöffnet ist. Das Museum ist besonders auf Kinder und ihre Eltern ausgerichtet, die Natur und die umliegende Landschaft werden hier mit allen Sinnen zugänglich gemacht. Eine kuriose Geschichte am Rande gibt es zum Eberbacher Stadtwald. Hier steht einer der höchsten Bäume Deutschlands. Nur eine Freiburger Artgenossin mit dem Namen »Waldtraut« macht ihm diesen Titel streitig. Waldtraut war bei der letzten offiziellen Messung 2017 knapp 67 Meter hoch, während die Eberbacher Douglasie 2018 knapp 65 Meter in den Himmel ragte. Wie dem auch sei: Alt und ehrwürdig sind sie jedenfalls beide.

Nun fehlt uns noch der vierte und letzte im Bunde der Türme, der Bad- oder Haspelturm, der sich zentral am Lindenplatz befindet. In ihm war früher das Verließ untergebracht, an einer Haspel wurden die Gefangenen in den Keller hinuntergelassen. Angenehmer war sicherlich der Aufenthalt im benachbarten Badhaus, das aus dem 15. Jahrhundert stammt. Es handelt sich

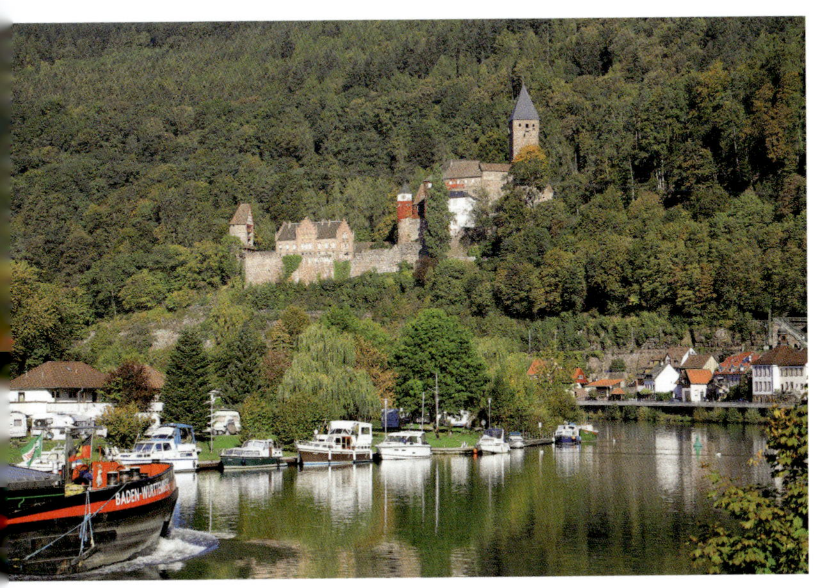

Auf Schloss Zwingenberg finden im Sommer die Schlossfestspiele statt.

um das wohl am besten erhaltene mittelalterliche Badehaus in Baden-Württemberg. Heute sind in dem Gebäude ein Restaurant und Hotel untergebracht. Nun haben wir viel von Eberbach gesehen und können uns eine Pause gönnen. Warum also nicht die Gelegenheit gleich beim Schopfe packen und die Tour hier in dem hübschen historischen Gemäuer bei einem guten Abendessen ausklingen lassen?

Ausgewählte Adressen und Tipps

Bad Wimpfen, www.badwimpfen.de

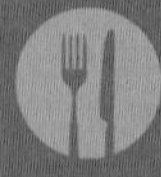

Friedrich und Feyerabend, Hauptstr. 74, 74206 Bad Wimpfen
Tel. 0 70 63/95 05 66 (Weinstube), www.friedrich-feyerabend.de
Restaurant, Weinstube u. Café; Speisekarte mit erlesenem Angebot, selbst gebackene Kuchen, Weinstube mit stilvollem Ambiente u. Weinen aus der Region

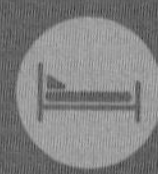

Hotel Neckarblick, Erich-Sailer-Str. 48, 74206 Bad Wimpfen
Tel. 0 70 63/96 16 20, www.neckarblick.de
Gute Übernachtungsmöglichkeit, toller Blick ins Neckartal

Lauterbikes, Rappenauer Str. 1, 74206 Bad Wimpfen
Tel. 0 70 63/2 67 97 55, www.lauterbikes.de

Gundelsheim, www.gemeinde-gundelsheim.de

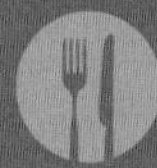

Schell Schokoladenmanufaktur, Schloßstr. 31–33, 74831 Gundelsheim
Tel. 0 62 69/3 50, www.schell-schokoladen.de
Mi–Fr u. So 8.00–18.00, Sa 6.00–17.00, Mo u. Di Ruhetag
Übernachten oder im Café einfach nur Schokolade, Kuchen u. Kaffee genießen

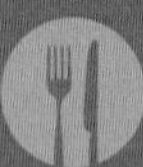

Weinbau Pavillon, Oststr. 5, 74831 Gundelsheim
Tel. 0 62 69/80 15, www.weinbau-pavillon.de, tägl. ab 11.00
Qualitätsweine aus eigenem Steillagenanbau genießen in der Gartenwirtschaft, der Weinscheune oder im Gewölbekeller

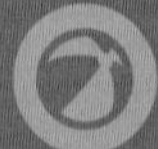

Schiffsbetrieb zwischen Heilbronn u. Gundelsheim
Infos unter www.ausflugsschiffe-heilbronn.de

Mosbach, www.mosbach.de

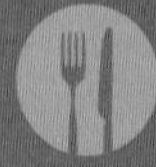

Gasthaus Zum Lamm, Hauptstr. 59, 74821 Mosbach
Tel. 0 62 61/8 90 20, www.lamm-mosbach.de
Mo–Sa 11.30–21.30, So 11.30–14.30
Zentral gelegen, regionale Spezialitäten, Mittagstisch

Eberbach, www.eberbach.de

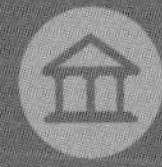

Naturpark Neckartal-Odenwald, Kellereistr. 36, 69412 Eberbach
Tel. 0 62 71/7 29 85, www.naturpark-neckartal-odenwald.de
Wissenswertes über Tier- u. Pflanzenwelt im Naturpark auf 280 Quadratmetern Ausstellungsfläche anschaulich dargestellt.

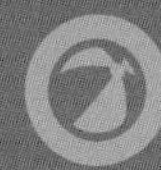

Eberbacher Personenschifffahrt Andreas Kappes, Binnetzgasse 1, 69412 Eberbach
Tel. 0 62 71/4 07 10 85, www.käptn-kappes.de
Ausflugs-, Rund-, Sonder- u. Charterfahrten

Gasthaus zur Linde, Dr. Mantel-Weg 3, OT Neckarwimmersbach, 69412 Eberbach
Tel. 0 62 71/7 10 61, www.zurlinde-eberbach.de
Tägl. 12.00–13.30 u. 18.00–21.30
Restaurant u. Hotel mit Sauna, Schwimmbad u. Garten auf der linken Uferseite, sehr nette Wirtsleute, auf Radfahrer eingestellt, Restaurant mit regionalen u. saisonalen Spezialitäten

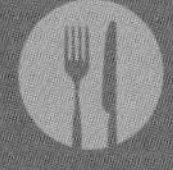

Hotel Karpfen, Alter Markt 1, 69412 Eberbach/Neckar
Tel. 0 62 71/80 66 00, www.hotel-karpfen.com
Restaurant: Mi–Mo 7.00–22.00, Di Ruhetag
Zentral gelegen, hübsches historisches Gebäude, gehobenes Ambiente, mit Restaurant

Hotel und Restaurant Altes Badhaus, Lindenplatz 1, 69412 Eberbach
Tel. 0 62 71/9 45 64 06, www.altesbadhaus.de
Mo, Di, Do u. Fr 15.00–22.00, Sa 11.30–22.00, So 11.30–15.00, Mi Ruhetag
Schönes historisches Gebäude, Essen mit mediterranem Einschlag, schöne Plätze im Gewölbe oder auf der Terrasse

E-Bike-Ladestationen

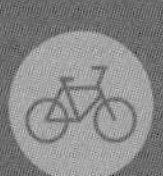

Mosbach:
– beim Bikecenter (am Bahnhof Mosbach West)
– an der Tourist-Info (Marktplatz)
Eberbach:
– am Leopoldsplatz (beim Naturpark-Museum)
– an der Snackbar (Obere Badstr. 34/1)

10 Tolle Aussichten

Am Neckar zwischen Eberbach und Heidelberg

Es geht ein besonderer Charme aus von dieser Landschaft, angesichts derer schon viele vor uns ins Schwärmen geraten sind. Wir radeln und genießen die mit grünen Wäldern und schroffen roten Felsen gesäumten Uferbereiche, die spektakulär platzierten Burgen und die sensationellen Ausblicke von den Höhen herab. Und dann ist da noch Heidelberg, die romantische Stadt am Neckar, das i-Tüpfelchen am Ende der Tour. Wer sein Fortbewegungsmittel zwischendurch wechseln möchte, der kann aufs Linienschiff umsteigen.

INFO

Die Strecke: Eberbach – Hirschhorn – Neckarsteinach – Neckargemünd – Heidelberg

Länge: 38 km, kombinierbar mit Tour 9 (s. S. 134)

Markierung: Neckartalradweg, überwiegend gut markiert

Einstiegspunkt: An der Eberbacher Neckarbrücke auf der linken Uferseite bei Neckarwimmersbach

Anfahrt mit ÖPNV: Im Neckartal Fahrradmitnahme im Nahverkehr an Wochentagen außerhalb der Hauptverkehrszeiten, an Wochenenden u. Feiertagen ganztägig kostenfrei; Neckartäler Radexpress verkehrt zwischen Heilbronn u. Mannheim am Wochenende u. an Feiertagen, mit kostenlosem Fahrradtransport, ansonsten S-Bahn ab Heidelberg oder mit RB über Heilbronn

Rückfahrt mit ÖPNV: Mit der Bahn ab Heidelberg; mehrere Bahnhalte auf der Strecke

Wetter: Von Frühjahr bis Herbst möglich; da Weg überwiegend gut befestigt ist, kann man ihn auch nach einem Regenschauer gut befahren; Abschnitte abwechselnd in Sonne u. im Schatten, an Sonnenschutz denken!

Schwierigkeitsgrad: Leicht, keine größeren Steigungen

Für Familien: Gut geeignet, abwechslungsreich durch zahlreiche Burgen und Wehre, allerdings verlaufen die letzten Kilometer nach Heidelberg direkt neben der Straße; Abwechslung und Pausenprogramm auch durch mehrere Möglichkeiten zum Schwimmen, Kanu u. Schiff fahren, Schwimmbäder in Eberbach, Neckarsteinach, Neckargemünd, Heidelberg

Übernachtung: Zahlreiche Übernachtungsmöglichkeiten auf der Strecke u. am Ziel

Hilfreiche Internetadressen: www.neckartalweg-bw.de, www.romantische-vier.de, www.tourismus-odenwald.de

Hier geht's lang

Wir starten an der Brücke in **Neckarwimmersbach** und fahren die Alte Pleutersbacher Straße entlang. Kurz vor **Pleutersbach** geht der Radweg nach rechts unmittelbar an den Neckar heran. Direkt am Neckar passieren wir den Ortsteil und radeln vorbei an Gärten und Streuobstwiesen. Gegenüber ragen bewaldete Felswände hoch hinauf. Ein Schwan dreht gemächlich seine Runden auf dem Neckar, der hier sehr glatt und ruhig daliegt. Dann beginnt wieder ein sehr schönes, verwunschen wirkendes Waldstück. Infotafeln beschreiben die Arbeit mit Sandstein zu früheren Zeiten, dann steht links vom Weg eine Lore.

Der Neckar beschreibt eine Schleife, und für uns geht es kurz bergauf, um über den Tunnel der B 37 zu fahren. Dann radeln wir wieder durch eine schöne Landschaft abwärts und an der Ersheimer Kapelle vorbei, die gleich am Ortseingang von **Ersheim** liegt. Vorher wechseln wir noch das Bundesland, »wir sind jetzt in Hessen«, sagt uns ein Schild. Der Ort liegt mitten in der nächsten Schleife und ist auf drei Seiten vom Neckar umgeben.

Vor uns liegt nun **Hischhorn**, dekorativ an den steilen Berg drapiert. Über den Krautlachenweg fahren wir auf der linken Neckarseite durch eine schöne Allee, mit herrlichem Blick auf

Wer bringt zukünftig die Passagiere von Neckarhäuserhof nach Neckarhausen?

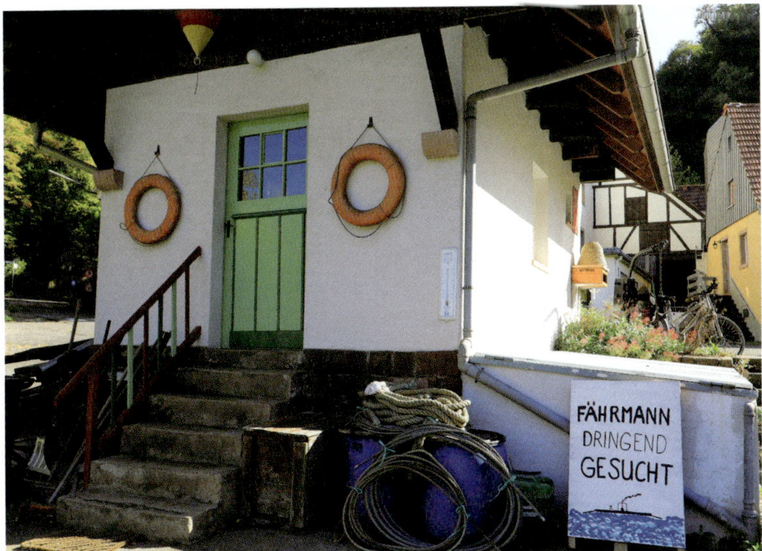

das am rechten Ufer liegende Hirschhorn. Nach dem Ortsende wechseln wir wieder das Bundesland und fahren locker weiter bis **Neckarhäuserhof**. Wer einen Abstecher nach Dilsberg machen möchte, der fährt von hier über die Neckarhäuserhofstraße nach Mückenloch und die Talstraße dann weiter nach **Dilsberg**. Wenn wir dem Radweg ohne Abstecher direkt folgen, kommen wir unten in Neckarhäuserhof an der Fähre nach Neckarhausen vorbei. Irgendjemand hat am Fährhäuschen ein Plakat aufgestellt, mit dem dringend ein Fährmann gesucht wird. Es ist eine einzige Idylle hier, wo ein Brunnen beruhigend vor sich hinplätschert und man sich hinsetzen und in aller Ruhe die vorüberziehenden Schiffe beobachten kann.

Wir bleiben am ruhigeren linken Ufer, fahren weiter bis **Mückenloch** und erneut auf einer schönen Waldetappe bis zu der Brücke, die uns über den Neckar und nach **Neckarsteinach** bringt. Dort fahren wir am rechten Ufer verkehrsfrei, begleitet von vier Burgen, bis **Kleingemünd**. Dann wechseln wir auf die andere Uferseite nach **Neckargemünd** und radeln auf der Falltorstraße Richtung Ortsausgang. Unser Radweg wendet sich schließlich nach links, wir passieren die B37 und die Bahnlinie und kommen nach rechts auf den Ingenieurweg, der uns durch den Wald geleitet.

Auf diesem Weg fahren wir schließlich nach **Schlierbach** hinein, wo wir den Neckar überqueren und in **Ziegelhausen** nach links auf die Kleingemünder Straße radeln. Man merkt es, wir nähern uns einer größeren Stadt, der Verkehr nimmt deutlich zu. Die rechte Uferseite ist noch ein wenig ruhiger, sodass wir uns für diese Variante entschieden haben. Auf der Straße »In der Neckarhelle« und der Ziegelhäuser Landstraße kommen wir schließlich an die Alte Brücke, auf der wir in die Altstadt von **Heidelberg** gelangen.

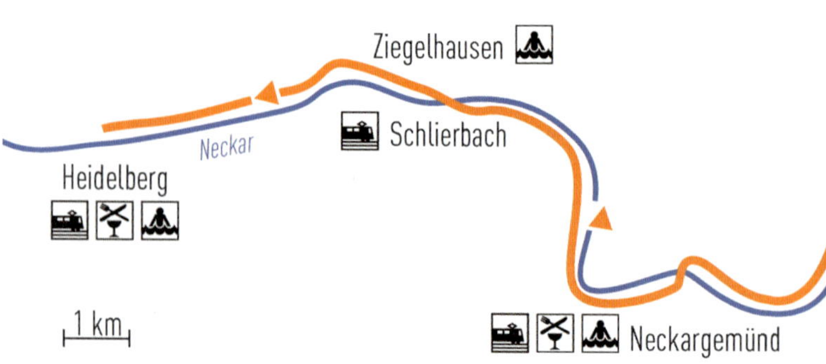

Das gibt's zu sehen

Schon Mark Twain hat es gewusst, und die Nachwelt zitiert es immer wieder gerne: *»Deutschland ist im Sommer der Gipfel der Schönheit, aber niemand hat das höchste Ausmaß dieser sanften und friedvollen Schönheit begriffen, wirklich wahrgenommen und genossen, der nicht auf einem Floß den Neckar hinabgefahren ist.«* Wir haben uns für das Fahrrad entschieden und sind auch ein paar Jahre später als der amerikanische Schriftsteller unterwegs, aber das Fazit seiner Reisememoiren können wir nur unterstreichen. Mark Twain hatte sich auf seiner Europareise mit dem Floß auf den Neckar begeben und schipperte von Heilbronn bis Heidelberg. Die Natur und die Vielzahl der Burgen und Schlösser ließen den ehemaligen Mississippi-Lotsen Loblieder in den höchsten Tönen singen: *»Wir glitten still zwischen den grünen, duftenden Ufern dahin, mit einem Gefühl der Freude und Zufriedenheit, das immerzu wuchs.«* (Mark Twain, Werke in neun Bänden, Band 6, Bummel durch Europa)

Auf unserem Weg nach Hirschhorn kommen wir nach einer herrlichen Abfahrt mit toller Aussicht an der bereits erwähnten

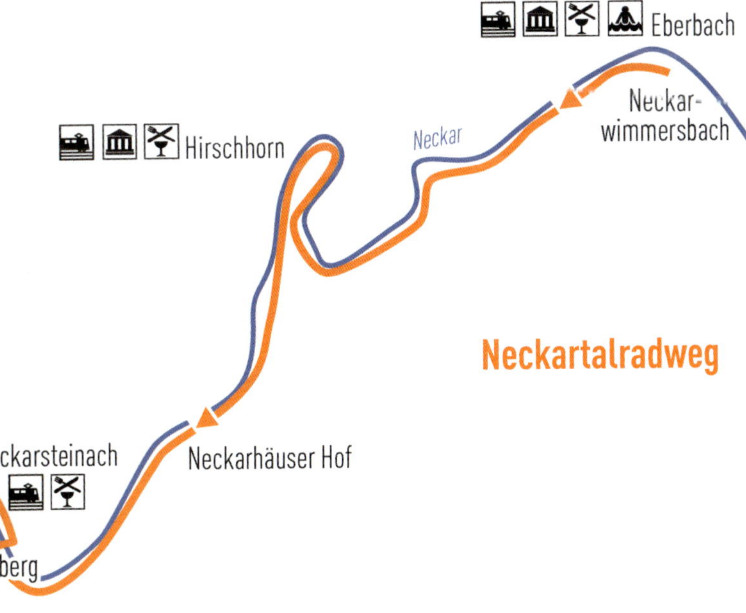

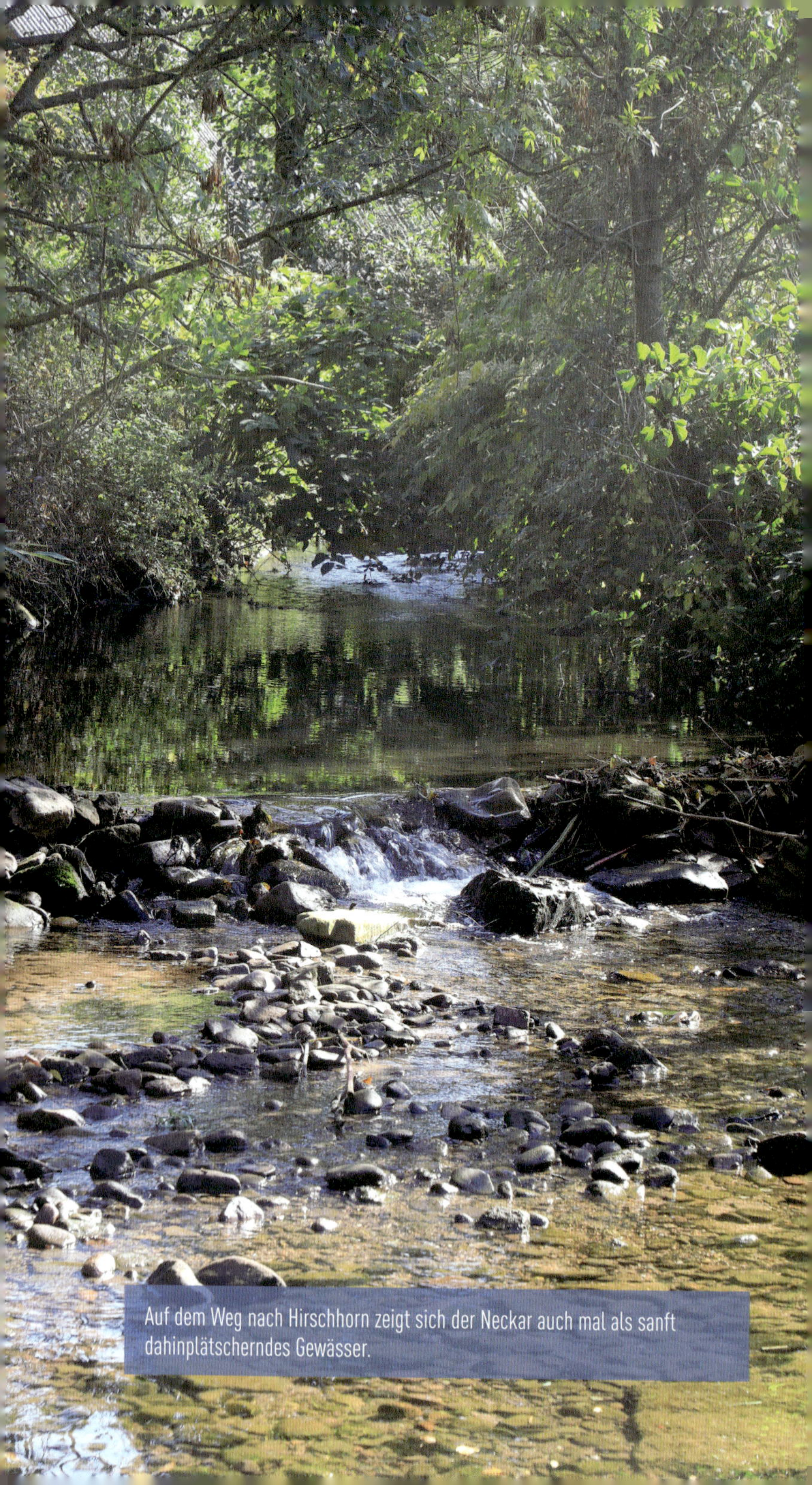

Auf dem Weg nach Hirschhorn zeigt sich der Neckar auch mal als sanft dahinplätscherndes Gewässer.

Ersheimer Kapelle vorbei. Der Ort **Ersheim** liegt auf einer Landzunge und ist weitgehend vom Neckar umgeben, die Kapelle gilt als die älteste des Neckartals, eine erste Kirche gab es hier wohl bereits im 8. oder 9. Jahrhundert, die ältesten Teile der jetzigen Kapelle stammen aus dem 13. Jahrhundert. In ihrem Inneren befindet sich die Grablege der Herrschaften von Hirschhorn. Seit 1636 wird die Kapelle nur noch als Friedhofskapelle genutzt.

Auf **Hirschhorn** genießen wir einen tollen Blick vom gegenüberliegenden Neckarufer aus, und wir sind sehr beeindruckt von dem hübschen Ensemble aus Stadtmauer, Fachwerkhäusern, Kirche und Burg, das sich über den Hang zieht. Zu einem Abstecher in den hübschen Ort radeln wir über die Neckarbrücke und fahren später auf demselben Weg wieder zurück zum Radweg. Es macht Freude, in den Gassen mit all den historischen Häuschen zu bummeln.

Einen tollen Blick genießt man vom Schloss aus. Die Herren vom Hirschhorn begannen um 1250 auf der Höhe über Hirschhorn mit dem Bau der Burganlage. Im 14. und 15. Jahrhundert wurde die Burg weiter ausgebaut und im 16. und 17. Jahrhundert zum Renaissanceschloss umgebaut. Im Inneren der im 15. Jahrhundert erbauten Kirche des Karmeliterklosters finden sich beeindruckende Fresken. Die Restauranträume im Schloss werden derzeit renoviert und sollen 2020 wieder geöffnet werden. Für Essen und Trinken ist jedoch auch zwischenzeitlich dank eines Imbisswagens gesorgt; wer also dort oben eine Stärkung braucht, wird bei schönem Wetter zwischen 10 und 18 Uhr fündig.

Eine etwas kuriose Rarität Hirschhorns ist das Hirschhorner Museum. Zu sehen ist dort die »Naturalien-und Alterthümer-Sammlung« des Gastwirtes Carl Langbein, der von 1816–1881 in Hirschhorn lebte und in dieser Zeit allerhand bizarre Schätze zusammengetragen hat. Profanes und Sakrales, Möbel, Mineralien und Tierpräparate sind hier zu sehen. International bekannt wurde die Sammlung durch die bereits erwähnten Memoiren Mark Twains, der in seinen Reiseerzählungen im Angesicht einer ausgestopften Schneeeule von einer unheimlichen Nacht im »Gasthaus zum Naturalisten« berichtet.

Auf der Staumauer bei **Neckarsteinach** kann man die Uferseite und damit erneut das Bundesland wechseln und in den hessischen Ort gelangen. Ganze vier Burgen geben dem Ort sein außergewöhnliches Panorama. Die erste ist die Vorderburg, die vermutlich bereits im 12. Jahrhundert existierte. Um 1200 lebte in ihr der Minnesänger Bligger von Steinach, von dem manche vermuten, das Nibelungenlied verfasst zu haben. Von der Vorderburg sind mittlerweile nur noch Bergfried und Steinhaus übrig geblieben. Sie ist in Privatbesitz und im Normalfall nicht zu besichtigen. Die zweite der vier ist die Mittelburg, um 1200 erbaut, im 16. Jahrhundert im Renaissancestil und im 19. Jahrhundert im noch heute sichtbaren neogotischen Stil umgebaut. Auch diese Burg ist in Privatbesitz und nicht zu besichtigen. Die Hinterburg mit ihrem markanten viereckigen Turm wurde 1220/1230 erbaut und ist im Laufe des Dreißigjährigen Krieges zur Ruine zerfallen. Sie kann besichtigt werden. Burg Schadeck ist das Wahrzeichen von Neckarsteinach. Sie wurde 1335 erbaut, aufgrund ihrer Lage direkt an einer Felswand wird sie »Schwalbennest« genannt. Auch diese Burgruine ist begehbar.

Auf der anderen Neckarseite liegt, von unten nicht zu sehen, die imposante und sehenswerte Veste **Dilsberg**. Sie entstand Mitte des 12. Jahrhunderts. Im 19. Jahrhundert diente sie als Steinbruch. Heute kann man die Burg, den Burghof und den Brunnenstollen besichtigen. Vom Treppenturm hat man einen grandiosen Blick ins Umland. Burg und Burghof sind vom 1. April bis 31. Oktober dienstags bis sonntags von 10 bis 17.30 Uhr geöffnet, der Stollen von März bis September bei guter Witterung. Dass der Stollen überhaupt zu besichtigen ist, hat im Übrigen auch mit Mark Twain zu tun: In seinen Memoiren berichtete er von einem geheimnisvollen Gang. Ein (Deutsch-)Amerikaner reiste daraufhin ins Neckartal zur Veste Dilsberg, suchte den verschütteten Stollen, fand ihn und ließ ihn freilegen. Der Schacht diente einst während des Baus zur Belüftung des Brunnens. Für Familien ist in Neckargemünd ein Besuch des Sinnenpfades lohnenswert. Er startet vom Wanderparkplatz und führt über 2,5 Kilometer nach Waldhilsbach. Unterwegs gibt es unter anderem ein Tarzanseil, Träumerliegen, einen Gnomgarten, ein Baumtelefon und einen Summstein. Zum Wanderparkplatz geht es vom Hauptbahnhof aus über die Bahnhofstraße zur Brücke über den Neckar. Nach dem Überqueren verläuft die Strecke nach links, bis man schließlich den Wanderparkplatz erreicht hat. Den Flyer zum Pfad kann man sich unter www.sinnenpfad.de herunterladen.

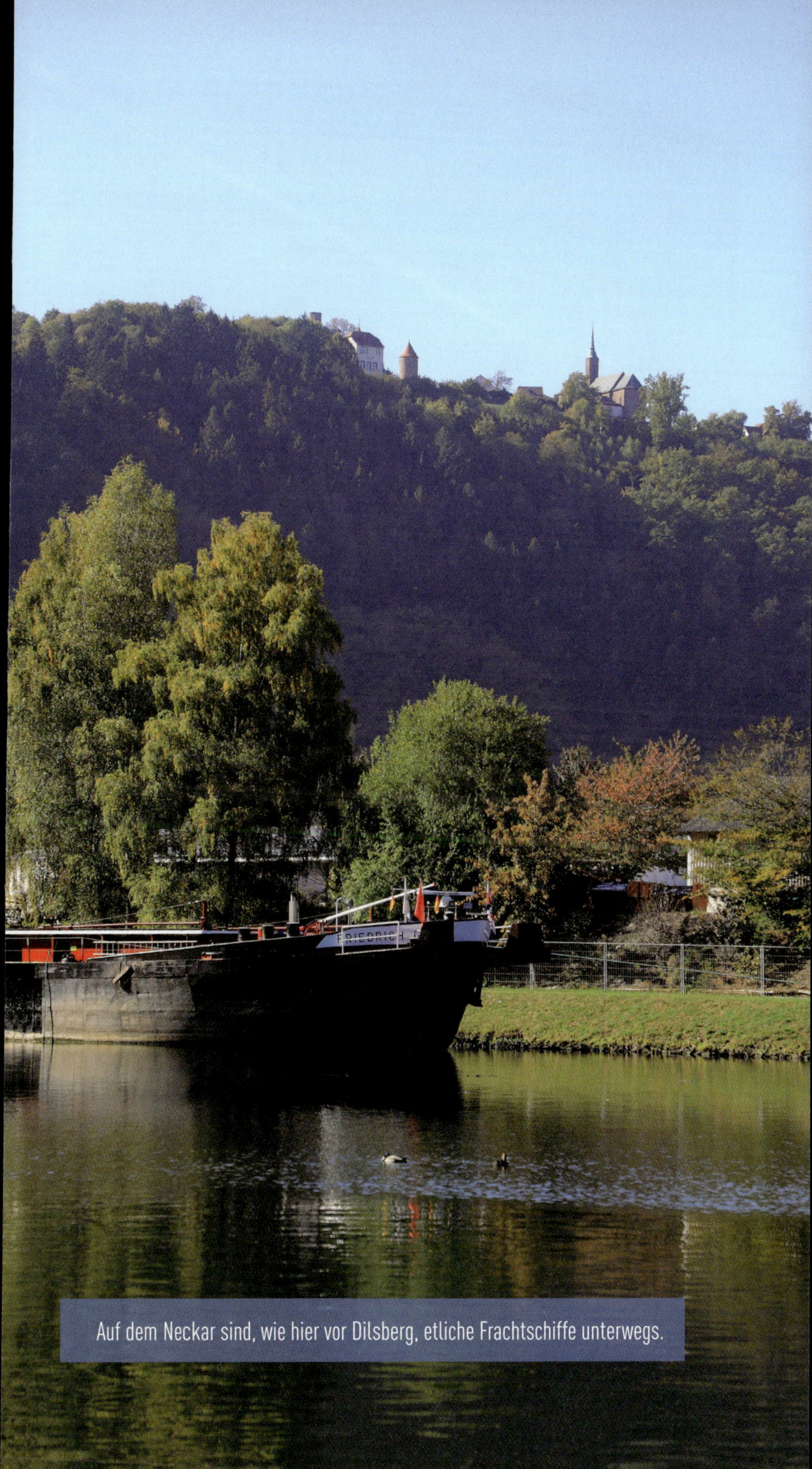

Auf dem Neckar sind, wie hier vor Dilsberg, etliche Frachtschiffe unterwegs.

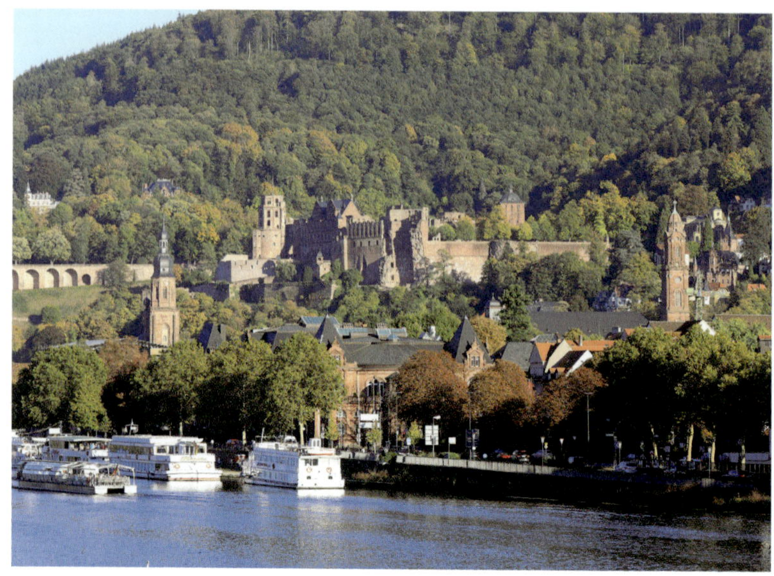

Das Heidelberger Motiv schlechthin: Schloss mit Altstadt und Neckar

Heidelberg hat natürlich so viele Sehenswürdigkeiten und schöne Orte, dass wir nur eine kleinere Auswahl herausgreifen können. »*Die Stadt in ihrer Lage und mit ihrer ganzen Umgebung hat, man darf es sagen, etwas Ideales*«, wusste schon der Dichter Goethe. Das schöne Heidelberg mit seinem unwiderstehlichen Charme forderte auch viele andere Poeten – oder solche, die es erst noch werden woll(t)en – zu hingebungsvollen Versen heraus und zieht pro Jahr knapp 12 Millionen Touristen an.

Radeln wir nach Heidelberg hinein, kommen wir unweigerlich zur Alten Brücke. Hier zu verweilen, den Blick auf Neckar, Schloss und Altstadt zu genießen, ist natürlich ein Muss, auch wenn der Rummel an der Stelle meist keine Tagträumereien zulässt. An schönen Tagen tummeln sich auf den Neckarwiesen am nördlichen Ufer Spaziergänger, Jogger, Picknickfreunde, Familien, Inliner und Sonnenanbeter. Am besten, man mischt sich mal darunter. Einen Tretboot- und Motorbootverleih sowie einen Kiosk gibt es dort auch.

Das Stadtbild wird beherrscht vom Schloss, dem beliebtesten und bekanntesten Ziel aller Heidelbergbesucher. 1225 wird erstmals eine Burg der rheinischen Pfalzgrafen erwähnt. Über mehrere Jahrhunderte wurde das Bauwerk erweitert, verändert, abgerissen und wiederaufgebaut. Die Franzosen zerstörten es Ende des 17. Jahrhunderts im Erbfolgekrieg, endgültig den Garaus machten ihm zwei Blitzeinschläge 1764. Heute ist die Ruine ein stimmungsvoller Besuchermagnet, der einen tollen Blick auf die Stadt bietet. Die Bergbahnen befördern ihre Fahrgäste von der Station Kornmarkt zum Schloss und über die Station Molkenkur bis zum Königstuhl. Dort oben in 567,8 Metern Höhe befindet sich neben einem Kiosk mit toller Aussicht eine Falknerei und der Freizeitpark »Märchenparadies«. Mit eineinhalb Kilometern Gesamtlänge ist diese Bergbahnstrecke die längste in Deutschland.

Unterhalb des Schlosses und unweit der Hauptstraße liegt der Karlsplatz mit der Akademie der Wissenschaften, Verbindungshäusern und traditionsreichen Studentenlokalen. Auch Goethe war hier: Er wohnte 1814 und 1815 bei den Brüdern Boisserée in ihrem Palais, das auch den Namen ihrer Familie trägt. In der Unteren Straße, der Kneipenmeile schlechthin, reiht sich ein Lokal ans andere. Die autofreie Hauptstraße eignet sich wunderbar zum Bummeln. Der Marktplatz bietet mit seinen historischen Häusern und dem Herkulesbrunnen die ideale Kulisse für das Markttreiben zum Wochenmarkt. Vom Rathausturm erklingt jeweils fünf Minuten vor 12, 16 und 19 Uhr das Glockenspiel.

Hier steht auch die Heiliggeistkirche, 1239 erstmals erwähnt, der Bau der heutigen Kirche begann 1398. Markant sind die Marktstände an ihren Außenmauern, an denen die Menschen bereits vor 600 Jahren Waren einkauften. Der Chor war Grablege der Kurfürsten. 1693 wurden die Gräber mit Ausnahme desjenigen von Kirchengründer Ruprecht III. zerstört. Von 1706 bis 1936 durchzog eine Mauer die Kirche, um den Innenraum zu teilen und die unterschiedlichen Konfessionen voneinander zu trennen.

Eines der wenigen Häuser, die den Erbfolgekrieg überstanden, ist das Haus zum Ritter St. Georg. Das 1592 erbaute Gebäude ist das älteste der Stadt. Von 1693 an war es zehn Jahre lang Rathaus. Heute wird es als Hotel genutzt.

Eine weltweit einzigartige Dauerausstellung zum Holocaust an den Sinti und Roma gibt es im Dokumentations- und Kulturzentrum Deutscher Sinti und Roma in der Bremeneckgasse 2. Hier wird über den Holocaust an den Sinti und Roma informiert, und es wird der Opfer gedacht. Die Erinnerungen von Überlebenden wurden auf Tonband festgehalten. Private Zeugnisse von Überlebenden und ihren Angehörigen und alte Fotografien tragen dazu bei, dass ein umfassendes Archiv entstehen konnte.

Heidelberg besitzt mit der Ruprecht-Karls-Universität außerdem die älteste deutsche Universität. 1386 wurde sie von Pfalzgraf und Kurfürst Ruprecht I eröffnet. Dass die Universität auch heute noch einen wichtigen Anteil am städtischen Leben hat, ist überall in der Stadt zu sehen und zu spüren. Viele Studenten bevölkern abends die einschlägigen Bars und Biergärten. Im Zentrum gibt es zahlreiche Gebäude, die einst als Unigebäude genutzt wurden oder aktuell als Unigebäude genutzt werden.

Der schönste Heidelberger Wochenmarkt findet immer mittwochs und samstags in Heidelberg-Neuenheim statt. Umgeben von Bars und Cafés lässt es sich an der Ladenburger Straße Ecke Lutherstraße vortrefflich einkaufen oder einfach nur die vielen köstlichen Waren bewundern.

Ein weiterer Punkt auf unserer To-do-Liste ist der Philosophenweg am Heiligenberg auf Heidelbergs sonniger Uferseite. Seinen Namen verdankt er, so heißt es, dem Umstand, dass Gelehrte und Philosophiestudenten den Weg nutzten, um ihre Gedanken schweifen zu lassen und sich vom Anblick von Stadt, Schloss und Neckar Inspiration erhofften. Eine andere Theorie besagt, dass die Studenten den Weg gerne für ungestörte Zweisamkeit nutzten. Wie dem auch sei, beides sind nachvollziehbare Überlegungen. Das stellen wir spätestens dann fest, wenn wir uns von der Theodor-Heuss-Brücke aus aufmachen, den zu Beginn recht steilen, rund zwei Kilometer langen Weg zu erklimmen. Prächtige Villen säumen den Anfang unserer Wanderstrecke. Im Philosophengärtchen wachsen wärmeliebende exotische Pflanzen und wir genießen einen Ausblick, der uns begeistert. An den Philosophenweg schließt sich der Schlangenweg an, der uns in Schlangenlinien wieder hinunter auf die Alte Brücke bringt.

Zum Ende dieser Tour, auf den Heidelberger Höhen, lässt sich noch einmal sehr passend der Europareisende Mark Twain zitieren: »*Niemals habe ich mich an einem Blick erfreuen können, der solch einen befriedigenden Charme ausstrahlte wie diesen hier*«, schrieb er in seinen Reiseerinnerungen. Er ist dann mehrere Monate geblieben. Das werden wir zwar nicht hinbekommen, aber ein bisschen Zeit einzuplanen für Heidelberg lohnt sich auf alle Fälle.

Der Neckar

»Der Neckar ist an vielen Stellen so schmal, dass man einen Hund hinüberwerfen kann, falls man einen hat«, sagte Mark Twain. 367 Kilometer sind's von der Quelle in Villingen-Schwenningen bis zu seiner Mündung bei Mannheim in den Rhein. Der Neckar ist der baden-württembergische Fluss schlechthin – auch wenn er oben bei Ersheim ganz kurz mal ins hessische Revier wechselt. Sein Flussbett wird begleitet von äußerst unterschiedlichen (Kultur-)Landschaften. Wir radeln entlang eines Flüsschens, das munter über Wehre springt, sehen Weinberge und uralte Weiden, erfreuen uns an dicht bewachsenen Uferzonen, schroffen Felsen und unzählig vielen Burgen und Schlössern in der Nähe.

Ab Plochingen ist der Neckar heute schiffbar. Schon früher wurden auf ihm Frachten transportiert. Allerdings war das damals noch ziemlich anstrengend. Bis zum 18. Jahrhundert zogen die Menschen ihre Schiffe vom Land, von den Treidelpfaden aus, flussaufwärts. Es bildete sich ein ganzes Gewerbe an Schiffsziehern heraus, die oft bis zur Hüfte im Wasser laufen mussten. Als die Ladungen größer wurden und bis zu 150 Tonnen wogen, zogen Pferde die mittlerweile drei Schiffe, die aneinander gebunden waren und einen Zug bildeten. Für die Strecke Mannheim–Heilbronn benötigte man so rund fünf Tage. Es war ein mühsames Geschäft. Man kam daraufhin auf die Lösung, den Frachtbetrieb mit Kettendampfern gegenüber der Bahn konkurrenzfähig zu halten. Die Kettendampfer ließen sich entlang einer im Fluss versenkten, 115 Kilometer langen Stahlkette vorwärtsziehen. Im Mai 1878 fuhr schließlich der erste Kettendampfer mit neun Schiffen im Schlepptau von Mannheim nach Heilbronn. Im Volksmund hießen die Schleppschiffe bald »Neckaresel«. Mit dem Ausbau von Staustufen wurden die schnaubenden Frachter allerdings unrentabel. Nach 57 Jahren fuhr 1935 der letzte von ihnen zwischen Neckargerach und Kochendorf.

Ausgewählte Adressen und Tipps

Hirschhorn, www.hirschhorn.de

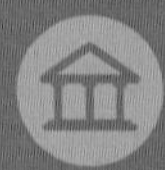

Langbein-Museum, Alleeweg 2, 69434 Hirschhorn
Tel. 0 62 72/17 42, www.museum-hirschhorn.de
Naturalien- und Alterthümersammlung des Hirschhorner Geschäftsmanns u. Gastwirts Carl Langbein, eine illustre Sammlung an Gebrauchs- u. Dekorationsartikeln aller Art

Neckarsteinach, www.neckarsteinach.com

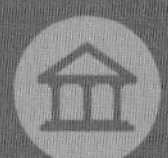

Infozentrum Neckarsteinach, Neckarstr. 47, 69239 Neckarsteinach
Tel. 0 62 29/ 70 89 14
Oberhalb der Schiffsanlegestelle; zahlreiche Infos über Neckartal, Odenwald, eine Burgenausstellung u. außerdem Café mit frischem selbst gebackenen Kuchen

Neckargemünd, www.neckargemünd.de

Rudis Radladen, Mühlgasse 2, 69151 Neckargemünd
Tel. 0 62 23/7 12 95, www.rudis-radladen.de

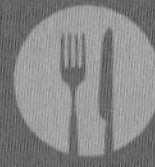

Christians Restaurant, Neckarstr. 40, 69151 Neckargemünd
Tel. 0 62 23/9 73 73 23, www.restaurant-christian.de
Restaurant im restaurierten Knappenkeller, in dem schon legendäre Rittermahle stattgefunden haben, mit feinen Speisen aus frischen Zutaten

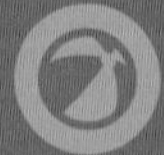

Sinnenpfad von Neckargemünd bis Waldhilsbach
Informationen bei der Tourist-Info unter Tel.0 62 23/35 53, www.sinnenpfad.de

Heidelberg, www.heidelberg.de

Gasthaus Kyffhäuser, Ladenburger Str. 38, OT Neuenheim, 69120 Heidelberg
Tel. 0 62 21/40 98 86, www.kyffhäuser-dasgasthaus.de
Mo–Sa 18.00–24.00, So Ruhetag
Gute Hausmannskost zum günstigen Preis

Café Rossi, Rohrbacher Str. 4, 69115 Heidelberg
Tel. 06221/97460, www.caferossi.de
Sommersaison: tägl. ab 10.00–1.00 (je nach Wetter früher geschlossen)
Wintersaison: Mo–Do 8.00–24.00, Fr u. Sa 8.00–1.00, So u. Fei 10.00–24.00
Stilvolles Kaffeehaus in Altstadtnähe, kleine Snacks, Frühstück u. Außenbereich

Zum Achter Heidelberg, Neuenheimer Landstr. 3a, 69120 Heidelberg
Tel. 0 62 21/41 87 02, www.zum-achter.com
Di–Fr ab 17.00, Sa ab 12.00, So u. Fei ab 11.00, Mo auf Anfrage
Klubrestaurant des Heidelberger Ruderklubs, direkt am Neckar, mit überdachter Terrasse

Le Coq, Brückenstr. 17, 69120 Heidelberg
Tel. 0 62 21/6 73 67 91, www.lecoq-hd.de
Französische Speisen, mit Mittagstisch – u. besonderem Angebot: man kann Picknickkörbe mieten, gefüllt mit Baguette, Wein, Käse, Schinken, Oliven, Kaffee, Tomaten, Gurken fürs Picknick am nahe gelegenen Neckarufer

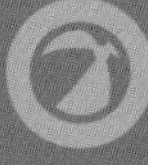

Neckarfähre Liselotte: verkehrt Apr–Okt stdl. zwischen den Stationen Alte Brücke, Stadthalle, Neuenheim, Campus u.Marriott Hotel, Di Ruhetag

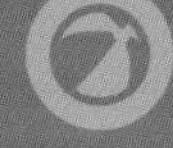

Schifffahrt Weiße Flotte: Tel. 0 62 21/2 01 81, www.weisse-flotte-heidelberg.de
Rundfahrten, Linienfahrten, Ausflugsfahrten

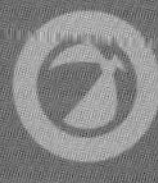

Tretbootverleih: beim Bootshaus an der Neckarwiese

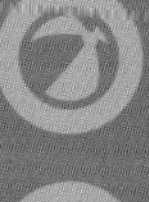

E-Bike-Ladestationen

Eberbach:
– Am Neuen Markt
Hirschhorn:
– Vor dem Rathaus (Hauptstr. 17)
Neckarsteinach:
– Während sich die Radler mit einem Essen stärken, kann der Akku in folgenden Lokalen aufgeladen werden: Gasthaus Zum Schiff, Hotel-Café Vierburgeneck, Jabers Garten, Restaurant Sokrates, Pizzeria Maranello, Wasanas Thai Kitchen, Gasthaus Zum Schwanen u. Café am Geopark
Heidelberg:
- E-Tankstelle Volksbank

11 Sterne und Torten im Schwarzwald

Entlang der Murg von Freudenstadt nach Rastatt

Mit der Bahn geht es hoch, mit dem Rad genießen wir dann die Tour abwärts durch den Schwarzwald ins Rheintal. Die Tour de Murg macht das Radfahren zu einer entspannten Angelegenheit mit vielen Highlights an der Strecke. Somit ist die Tour auch für Kinder gut geeignet, allerdings mit der Einschränkung, dass es empfehlenswert ist, an den steilen Abschnitten abzusteigen. Und wer nicht mehr mag, der kann an der Strecke eigentlich überall wieder in die Bahn steigen, die durchs ganze Tal fährt und uns zurück an den Ausgangspunkt bringt. Auch für Gourmets ist dies übrigens eine attraktive Ausflugsmöglichkeit, da auf der Strecke und in ihrer Nähe einige Sternerestaurants liegen. Überall unterwegs gibt es außerdem tolle Wanderwege mit verschiedenen Längen und Schwierigkeitsgraden.

INFO

Die Strecke: Freudenstadt – Baiersbronn – Forbach – Gernsbach – Gaggenau – Rastatt

Länge: 67 km

Markierung: Tour de Murg, gut beschildert

Einstiegspunkt: Freudenstadt Stadtbahnhof

Anreise mit ÖPNV: Per S-Bahn; der Radexpress Murgtäler fährt von Ludwigshafen Hbf. nach Freudenstadt, Mai–Okt So u. Fei mit kostenlosem Fahrradwagen, www.s-bahn-rheinneckar.de

Rückfahrt mit ÖPNV: Von Rastatt Bahnhof entweder mit S-Bahn zurück nach Freudenstadt oder von Rastatt mit der Fernbahn nach Offenburg, Karlsruhe oder Stuttgart

Wetter: Überwiegend gut befestigte Wege, daher kann man die Tour auch nach Regentagen gut fahren, im Sommer ausreichend Schatten, im Herbst ziehen bisweilen Nebelschwaden durchs Tal; auf den Schwarzwaldhöhen kann es schon mal kälter sein als anderswo; je näher man dem Rheintal kommt, desto wärmer wird's

Schwierigkeitsgrad: Leicht, da guter Untergrund, gut befahrbar, keine Engstellen

Für Familien: Für Kinder sehr gut geeignet, da es überwiegend leicht bergab geht u. nur wenige Kilometer auf der Autostraße gefahren werden, einzig an den steilen Gefällstrecken sollte man aufpassen, absteigen u. schieben; an der Strecke gibt es für Kinder viel zu sehen, auch Möglichkeiten zum Planschen an der Murg, viele geeignete Pausenplätze, Freibäder in Baiersbronn, Schönmünzach, Gernsbach u. Gaggenau

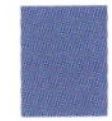

Übernachtung: In fast allen Ortschaften auf der Strecke möglich
Hilfreiche Internetadresse: www.murgtal.org

Hier geht's lang

Mal führt er leicht erhöht über der Murg entlang, mal folgt der Weg direkt dem Flusslauf. Wir kommen durch offene Talabschnitte mit saftig grünen Wiesen und durch enge Schluchtenlandschaften, in denen dicht gedrängt die Fichten im Moosbett stehen, und sehen mal ein steiniges Flussbett, über das wunderbar klar das Murgwasser plätschert, und dann wieder eine gemächlich dahinfließende Murg.

Startpunkt der Tour ist der **Stadtbahnhof Freudenstadt**. Wir fahren am Kreisverkehr vor dem Bahnhofsgebäude in die Martin-Luther-Straße. Halb links überqueren wir die nächste Kreuzung und kommen an den großen Marktplatz, wo wir uns nach rechts wenden und ein Stück an der B462 entlangfahren, ehe es dann auch schon zum Murgtalradweg nach links in die Schillerstraße geht. An deren Ende wird es schließlich sehr steil. Nach 500 Metern fahren wir neben Fischweihern auf dem asphaltierten Weg in Richtung Baiersbronn. Um uns herum mächtige Berggipfel.

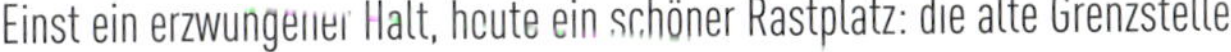

Einst ein erzwungener Halt, heute ein schöner Rastplatz: die alte Grenzstelle

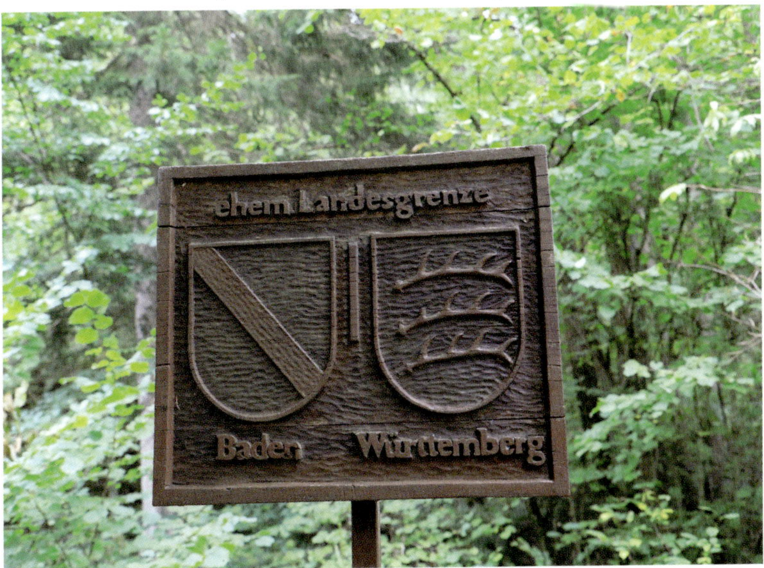

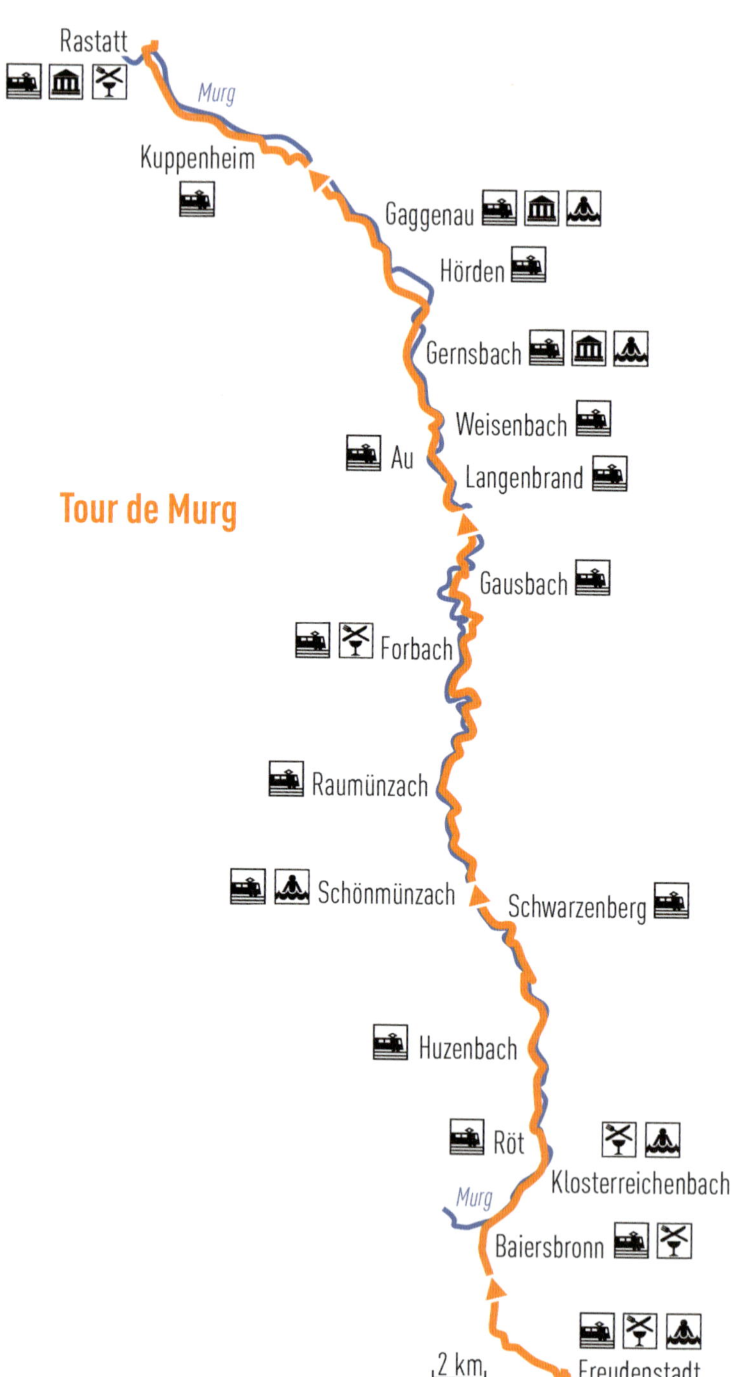
Rastatt
Murg
Kuppenheim
Gaggenau
Hörden
Gernsbach
Weisenbach
Au
Langenbrand
Tour de Murg
Gausbach
Forbach
Raumünzach
Schönmünzach
Schwarzenberg
Huzenbach
Röt
Klosterreichenbach
Murg
Baiersbronn
2 km
Freudenstadt

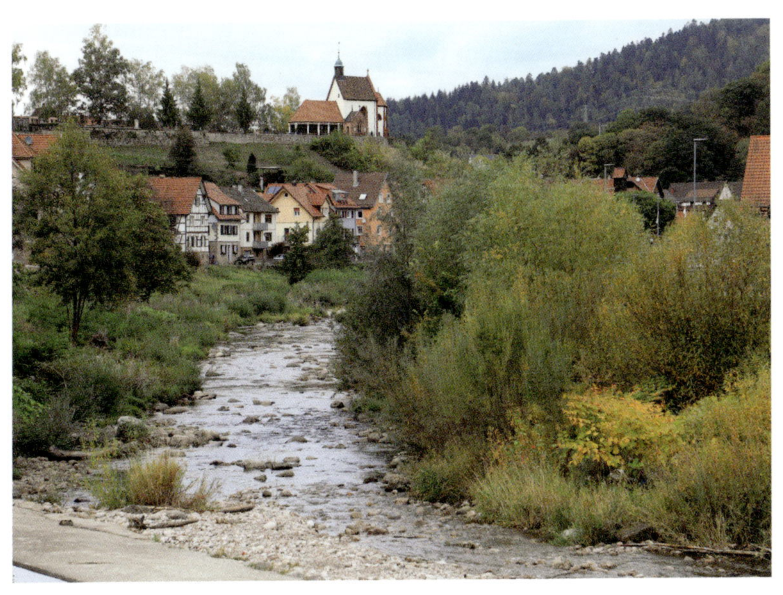

Idyllisch plätschert die Murg zwischen Forbach und Gernsbach dahin.

Ohne größere Mühen erreichen wir, vorbei an Christophstal und Friedrichstal, den Bahnhof von **Baiersbronn**, wo wir schließlich die Freudenstädter Straße überqueren, uns an der Murgtalstraße nach rechts wenden und hier schließlich zum ersten Mal auf die Murg treffen. Wir radeln munter vorbei am S-Bahn-Halt Baiersbronn Schule, queren kurz darauf die B462 und genießen nach dem Ortsende von Baiersbronn die flotte Fahrt auf asphaltiertem Weg entlang von Wiesen, umgeben von Wald und sattgrünen Bergkuppen.

In **Klosterreichenbach** wollen wir natürlich das namensgebende Kloster besichtigen und fahren hierfür nach rechts, kurz darauf wieder nach links und am Bahnhof vorbei und biegen dann nach rechts zum Kloster ab. Der Murgtalradweg geht am Ortseingang von Klosterreichenbach links ab durch ein Wohngebiet und dann rechts weiter auf der Röter Straße, links der Murg am Wald entlang. Vorbei an Sportplätzen radeln wir nach **Heselbach** und passieren einen alten Steinbruch, weiterhin flankiert von Wiesen, umgeben von viel Wald. In sanften Wellen, das leichte Gefälle wie Rückenwind immer dabei, meist direkt am Fluss entlang geht es weiter nach **Röt**, wo wir am Bahnhof die Bahnlinie kreuzen und nun rechts der Schienen weiterfahren. So geht es nach **Schönegründ**.

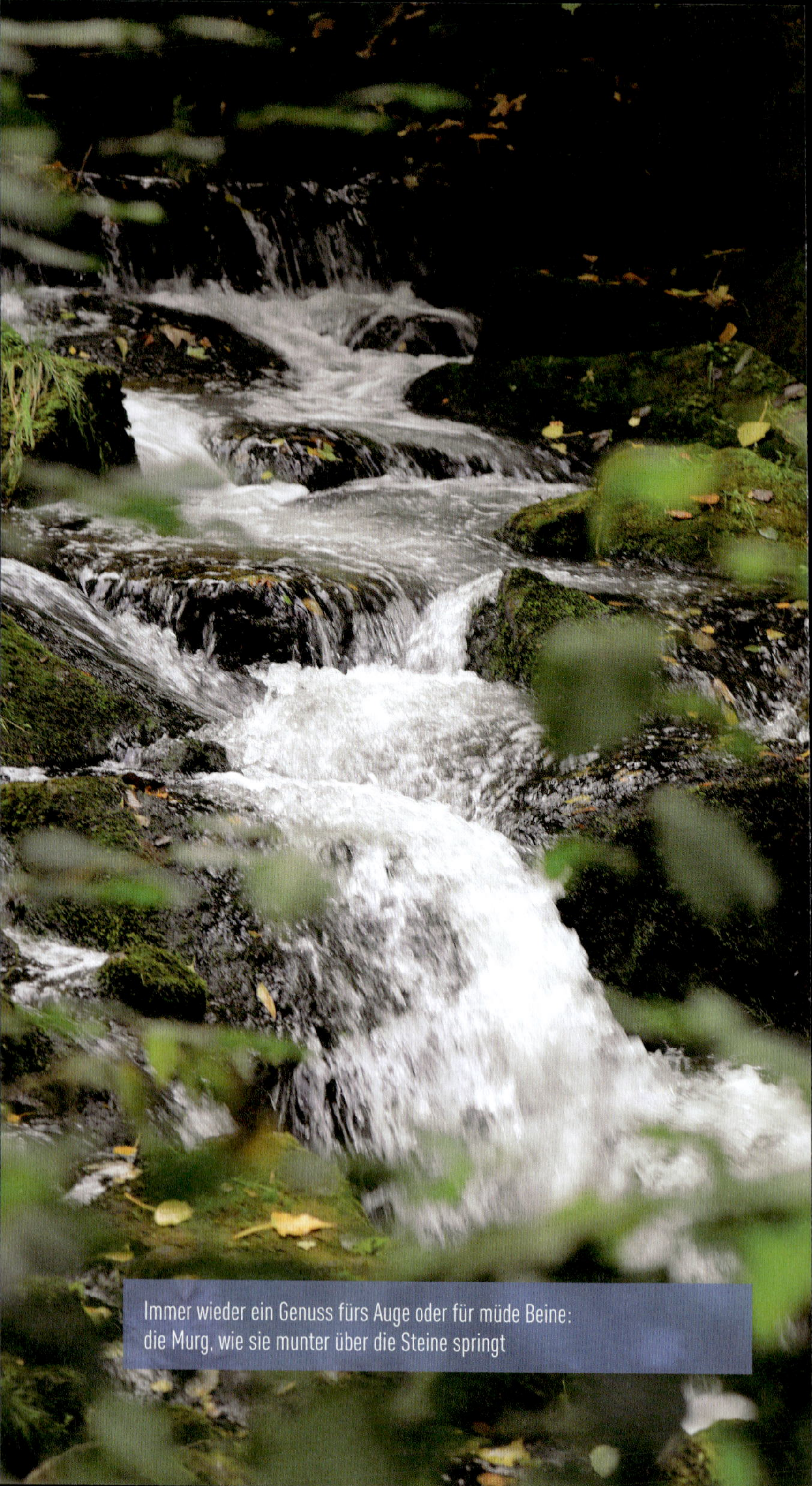

Immer wieder ein Genuss fürs Auge oder für müde Beine:
die Murg, wie sie munter über die Steine springt

Vor **Huzenbach** fahren wir nach der Eisenbahnbrücke bergauf. An der Kreuzung, wenn der Radweg auf die B462 trifft, fahren wir nach rechts über die Murg und die Bahnlinie. Nach der Brücke führt der Weg nach links und entlang der Murg weiter. Eine zweite Möglichkeit führt durch den Ort: Hierfür fährt man an der Kreuzung mit der B462 geradeaus auf der Murgtalstraße weiter durch Huzenbach bis zu einer Brücke, dann geht es nach rechts. Auf der anderen Seite stoßen wir nach dem Bahnübergang wieder auf den Murgtalradweg und folgen ihm nach links.

Vor **Schwarzenberg** wechseln wir zweimal die Seite zur Bahnlinie, zunächst unterquert man die Schienen, beim zweiten Mal heißt es dann auch wieder absteigen, ein Schild warnt vor dem steilen Gefälle. Am Ortseingang überquert der Radweg erneut die Bahnlinie, zwischen Murg und Schienen geht es in traumhafter Landschaft weiter nach **Schönmünzach**. Dort überqueren wir erneut die Bahnlinie. Ein Schild gibt einen Hinweis auf den Verlobungsfelsen, einen beliebten Punkt für Wanderer; ein schmaler, stellenweise etwas steiler, circa ein Kilometer langer Wanderweg führt dorthin. Auf einem Schild am Felsen wird dann die Geschichte erzählt, wie der Felsen zu seinem Namen kam. Der Sage nach gaben sich hier die Tochter eines reichen Bauern und ein armer Waldarbeiter das Eheversprechen. Ein Abstecher ist eine Überlegung wert, denn vom Felsen hat man einen ausgesprochen schönen Blick auf Schönmünzach und seine Umgebung.

Mit dem Rad geht es von Schönmünzach weiter auf der Murgtalstrecke. Kurz nach dem Ort stoßen wir auf die alte Grenze zwischen Baden und Württemberg, ein schöner Rastplatz mit einem munter plätschernden Brunnen gebietet hier einen kurzen Zwischenstopp. Oberhalb von Raumünzach geht es am Hang entlang weiter, vorbei an einem Wasserkraftwerk. In spektakulärer Landschaft fahren wir durch einen in den Fels gehauenen Tunnel. In **Raumünzach** überquert die Bahnlinie auf einer stattlichen Brücke die Murg, wechselt somit die Uferseite, und wir radeln nun direkt oberhalb des Flusses weiter.

Auf der alten Murgtalstraße geht es herrlich leicht und flott durch eine sehr schöne Flussgegend mit hübschen Badeplätzen weiter nach **Forbach**. Dort angekommen halten wir uns rechts der Murg, links der Bahnlinie, fahren vorbei an der Brücke der B462, die ins Stadtzentrum führt. Wer sich Forbach ansehen möchte,

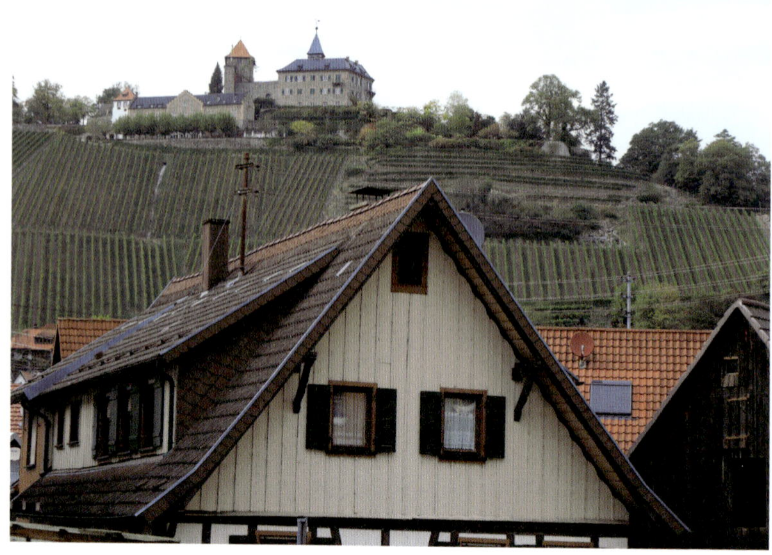

Ein Ausflug zu Schloss Eberstein wird mit schöner Aussicht belohnt.

der kann auch vorher schon über die Holzbrücke ins Zentrum radeln und an der Steinbrücke der B462 schließlich wieder auf den Radweg zurückkehren.

Kurz nach der Brücke erreichen wir **Gausbach**. Es geht auf dem Radweg durch den Ort, dann steigt der Weg über einem Seitental an; wir fahren vorbei an Ziegen, die sich im Schatten eines Baumes zum kollektiven Nickerchen versammelt haben, während wir stetig nach oben strampeln. Oben angekommen, werden wir mit einem tollen Ausblick über das Murgtal für die Mühen belohnt. Dann genießen wir die Abfahrt nach **Langenbrand**. Nach einer Rechtskurve folgen wir dem Radweg und der Langenbrander Straße nach links in Richtung B462, auf der wir ein kurzes Stück bleiben und dann über die Brücke der B462 zum linken Murgufer kommen.

Es geht kurz bergauf, über die Tunneleinfahrt der Bahn. Immer ein Stück über der Murg radeln wir dann wieder bergab, vorbei an Papier- und Pappefabriken. Wir fahren durch **Au** und gelangen dort über die Rathausstraße bis zur Jakob-Bleyer-Straße, auf der wir bis **Weisenbach** und bis zur B462 radeln. Auf der Bundesstraße geht es in Richtung **Hilpertsau**, am Ortsausgang fahren wir links auf eine Brücke und überqueren die Murg, dann radeln wir auf der Obertsroter Straße weiter. Vor uns liegt links erhaben am Hang nun Schloss Eberstein. Immer entlang der Murg geht es hinein in die Altstadt von **Gernsbach**.

Anschließend fahren wir auf der Färbertorstraße, der Weinauerstraße und über eine Brücke nach **Hörden**. Dort unterqueren wir am »Lieblingsfelsen« gemeinsam mit der Murg die B462, es geht links auf einer Holzbrücke über den Fluss, und dann setzen wir unseren Weg schließlich auf dem Pionierweg fort, der rechts der höher liegenden B462 verläuft und links um **Ottenau** herumführt.

Wir erreichen **Gaggenau** und fahren am linken Murgufer vorbei am Kurpark und am Stadtteil **Bad Rotenfels**. Unser Radweg bringt uns zum Schloss Rotenfels, wo das Zentrum für Schulqualität und Lehrerbildung eine Akademie unterhält und im Garten moderne Plastiken ausgestellt werden. Der schöne, frei zugängliche Park mit Schloss ist eine Pause wert – bei unserem Besuch tummelt sich in den Grünanlagen ein vom herrschaftlichen Ambiente und der Kunst gänzlich unbeeindruckter kleiner Igel und gräbt auf der Suche nach Nahrung kleine Löcher in den Rasen. Wir genießen den schönen Gesamteindruck, lassen das Tier in aller Ruhe weiterbuddeln und setzen unseren Weg gen Unimog-Museum fort. Das Museum bietet einen grundlegenden Einblick in die Produktion, die verschiedenen Typen und Bauweisen des Unimog. Zu sehen sind natürlich jede Menge verschiedene Modelle. Für Kinder bietet das Museum spezielle Angebote und Familientage, weitere Informationen gibt es auf Anfrage.

Das Tal ist mittlerweile sehr weit geworden, wir haben die Schwarzwaldhöhen hinter uns gelassen und nähern uns merklich der Rheinebene. Über gut ausgebaute Wirtschaftswege geht es nach dem Museum weiter nach **Oberndorf**, wir gelangen auf die Rotenfelserstraße, die Hauptstraße und die Leopold-Dony-Straße. Vor dem Kreisverkehr fahren wir links in den Langenwiesenweg, dann geht es rechts, ehe wir links auf die Murgtalstraße einbiegen. Es geht rechts in die Badstraße, dann gleich links in die Wörtelstraße, dann wieder rechts in die Schillerstraße und schließlich links in die Dammstraße, wo wir auch wieder auf die Murg treffen und ihr folgen.

In **Kuppenheim** geht es links auf die Friedrichstraße, dann nach rechts am Gewerbekanal entlang. Am Kanal, vorbei an Joggern und Spaziergängern, geht es bis nach Rastatt, ein letztes Mal über die Murg, und schließlich über den Ludwigring in die Bahnhofstraße und schließlich zum Bahnhof **Rastatt**.

Das gibt's zu sehen

In **Freudenstadt** beginnen wir unsere Tour ja erst. Schade eigentlich. Denn eine Schwarzwälder Kirschtorte auf diesem einmaligen Marktplatz, das wäre schon eine feine Sache. Cafés gäbe es ja durchaus ... Doch wir bleiben standhaft und wenden uns den durchaus lohnenswerten Sehenswürdigkeiten zu. Die Mitte der Stadt ist wie ein Mühlespiel angelegt, einst von Baumeister Heinrich Schickhardt auf Geheiß des Landesherrn Herzog Friedrich I. am Reißbrett geplant und 1599 gegründet.

Der Marktplatz gilt als der größte bebaute Marktplatz Deutschlands. Hier sollte ursprünglich ein Schloss gebaut werden. In der traumhaften Lage auf dem Hochplateau im Nordschwarzwald wollte der württembergische Landesherr sich seine neue Residenz schaffen. Daraus wurde aber nichts, weil der Herzog vor Vollendung seines Projektes starb. Heute ist der Marktplatz durch Straßen in drei Teile gegliedert. Für ein schönes Ambiente sorgen Wasserfontänen, Bäume, die Silhouette der Stadtkirche, Arkaden der umliegenden Häuser und natürlich das Markttreiben und die Cafés.

In der nordöstlichen Ecke des Marktplatzes steht das Rathaus, 1953 von Ludwig Schweizer erbaut. Vom 43 Meter hohen Rathausturm hat man einen schönen Blick auf den Marktplatz und gewinnt eine Vorstellung vom besagten mühlebrettartigen Aufbau der Innenstadt. Eine Turmbesteigung ist während der Öffnungszeiten des Rathauses möglich, den Schlüssel gibt es gegen ein Pfand beim Bürgerservice. Die südliche Ecke des Marktplatzes begrenzt der Winkelhakenbau der Stadtkirche. Das Wort »Winkelhakenbau« weist ja bereits darauf hin: Die 1608 erbaute Kirche ist etwas Besonderes, denn sie ist um die Ecke gebaut und hat infolgedessen zwei Türme; diese wurden 1615 fertiggestellt.

Hoch über der Stadt thront der 28 Meter hohe Friedrichsturm, 1899 haben ihn die Bürger ihrer Stadt zum 300-Jahre-Jubiläum geschenkt. 147 Stufen führen hinauf zu einer grandiosen

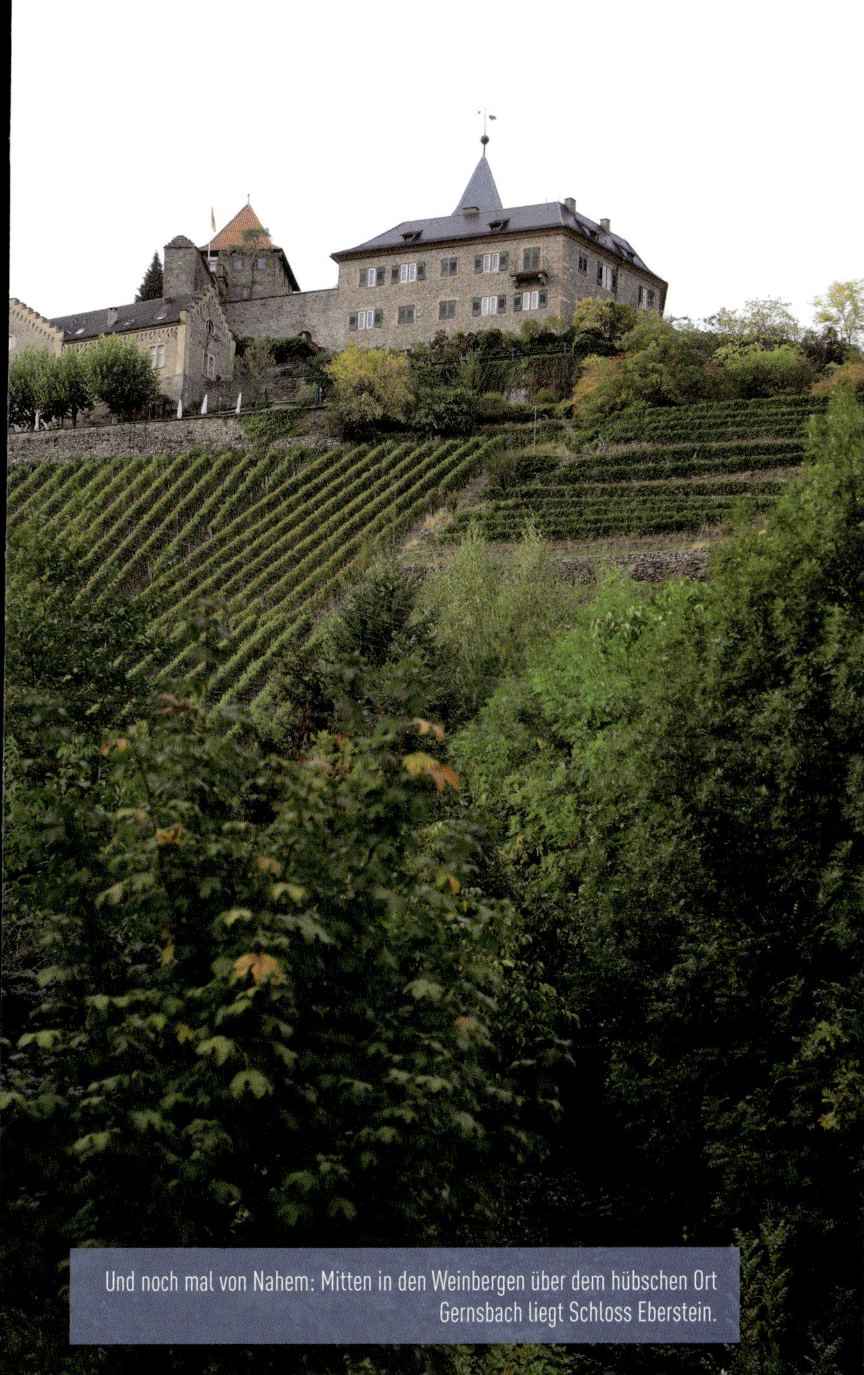
Und noch mal von Nahem: Mitten in den Weinbergen über dem hübschen Ort Gernsbach liegt Schloss Eberstein.

Aussicht auf Freudenstadt, den Schwarzwald und die Schwäbische Alb. An seinem Fuß lässt es sich gut rasten im Restaurant *Friedrichs*.

Sterneküche

Baiersbronn ist als Urlaubsort recht bekannt, im Zentrum des Schwarzwaldortes lässt es sich gut bummeln und shoppen. Einen Namen hat Baiersbronn aber vor allem unter Gourmets. Hier haben sich einige Sterneköche angesiedelt. Die *Schwarzwaldstube* der *Traube Tonbach* wurde 2019 zum 26. Mal vom Guide Michelin ausgezeichnet und bekam drei Sterne. Küchenchef ist seit zwei Jahren Torsten Michel, er folgte auf den legendären Harald Wohlfarth. Die *Köhlerstube* der *Traube Tonbach* unter Küchenchef Florian Stolte erhielt 2019 erstmalig einen Stern. Ein weiterer Drei-Sterne-Koch ist Claus-Peter Lumpp vom *Restaurant Bareiss* in Baiersbronn Mitteltal, er wurde seit 2008 durchgängig als Sternekoch ausgezeichnet. Das *Schlossberg-Restaurant* in Baiersbronn-Schwarzenberg erhielt 2019 einen Stern, von 2013 bis 2018 bekam Jörg Sackmann mit seinem Team sogar zwei Sterne. Wer also gerne mal erlesen speisen möchte und über das nötige Kleingeld verfügt, der ist hier bestens versorgt und wird auf der Suche nach einer exklusiven Pausenstation sicherlich fündig.

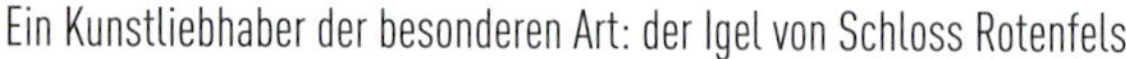
Ein Kunstliebhaber der besonderen Art: der Igel von Schloss Rotenfels

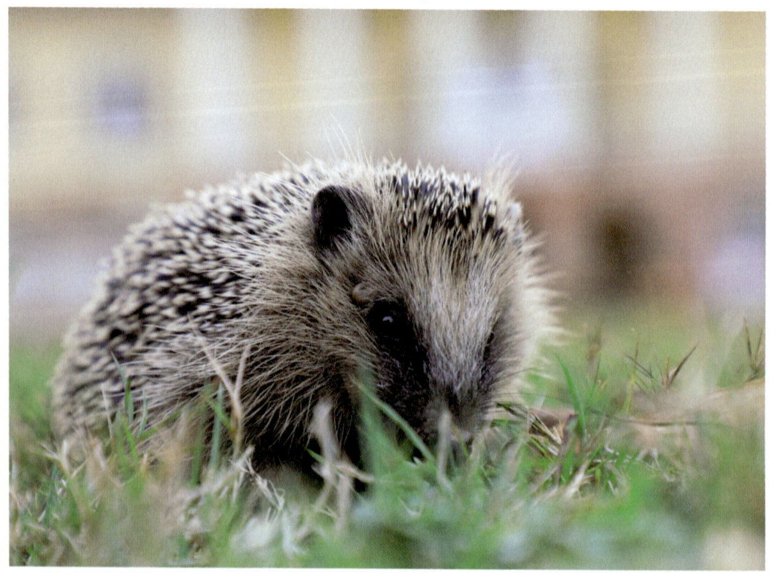

Das ehemalige Kloster in **Klosterreichenbach** stammt aus dem 11. Jahrhundert. Sehenswert ist die romanische Basilika. Das Kirchengebäude wird mittlerweile von der evangelischen Gemeinde genutzt. Falls hier eine Kaffeepause erwünscht ist – oder jetzt vielleicht doch mal die Schwarzwälder Kirschtorte –, liegt die beste Gelegenheit dazu sozusagen auf der Strecke. Ein besonderes Café mit floralem Ambiente, hübsch und kreativ ausgestattet und mit leckeren selbst gemachten Kuchen, ist das *Café Erle* an der Murgtalstraße in der Mitte zwischen den Haltestellen Klosterreichenbach und Heselbach gelegen.

Die Geschichte von **Forbach** und seinen Brücken ist lang und wechselvoll. 1570 zerstörte hier ein Hochwasser die einzige Brücke über die Murg. Es dauerte 200 Jahre, ehe an ihrer Stelle eine hochwassersichere, überdachte Brücke gebaut wurde. Noch einmal 200 Jahre später, 1954, wurde die inzwischen baufällige Holzbrücke abgebaut und ein Jahr später wieder durch eine originalgetreue ersetzt. Weithin sichtbar ist die neoromanische Forbacher Kirche, der »Dom des Murgtals« mit seinen beiden 50 Meter hohen Türmen. Besonders mit Kindern könnte der Besuch des Murggartens interessant sein, ein großer Wasserspielbereich bietet eine willkommene Erfrischung und Abwechslung, beim Kiosk nebenan gibt's Essen und Trinken.

Gernsbach feiert 2019 sein 800-jähriges Jubiläum und besticht mit hübschen Fachwerkhäusern. Eine Fahrstraße führt von Gernsbach-Mitte zum Schloss Eberstein. Wer sich auf den steilen Weg hinauf macht, der wird belohnt, denn dort oben erwarten den ambitionierten Radler – oder Wanderer – eine tolle Aussicht und die Möglichkeit, Wein in der Mitte des Weinbergs stilvoll auf der hübschen Terrasse von *Werner's Restaurant* zu genießen. Wem das zu viel der Anstrengung ist, der muss hier aber auch nicht darben. Unten auf dem Marktplatz gibt es beispielsweise das *Café am Markt*, in dem man leckeren Kuchen, Kaffee oder Herzhaftes genießen kann. Falls es bisher noch nicht geklappt haben sollte, gäbe es ja vielleicht hier Gelegenheit, ein Stück Schwarzwälder Kirschtorte zu verspeisen ...

Derartig gut gestärkt kann es eigentlich flott weitergehen, aber zuvor wollen wir uns noch das Alte Rathaus von Gernsbach näher anschauen. Das Haus wurde ursprünglich gar nicht als öffentliches Gebäude konzipiert, sondern 1617/1618 als herrschaftliches Wohnpalais gebaut; es ist eines der schönsten

Wohnhäuser seiner Zeit in Süddeutschland. Auch ein Besuch des Katz'schen Gartens ist empfehlenswert. Der Garten im Stil des Spätbarock beherbergt eine einzigartige Pflanzenfülle und liegt direkt an der Murg.

Technikfans finden ein Stück weiter talabwärts ihren Ort. 50 Jahre wurde in **Gaggenau** der Unimog produziert, 2001 lief der letzte seiner Art in Gaggenau vom Band, seither geht es in Wörth weiter. Kein Grund für die Fans, den Unimog in Gaggenau in Vergessenheit geraten zu lassen. Sie gründeten einen Verein und bauten schließlich ein Museum. Seit 2006 findet man dort alles rund um dieses legendäre Fahrzeug.

In **Rastatt** gibt es natürlich eine ganze Fülle an Möglichkeiten und Sehenswürdigkeiten, die wir hier nicht alle aufzählen können. An erster Stelle ist da das Barockschloss. Das »Badische Versaille« wurde tatsächlich vom Sitz des Sonnenkönigs inspiriert und ist die einzige im Original erhaltene Barockresidenz am Oberrhein. Besonders schön anzusehen ist das Schloss im Abendlicht, wenn die Sonne den roten Sandstein zum Leuchten bringt. Etwas Besonderes ist auf jeden Fall auch die Bundesarchiv-Erinnerungsstätte für die Freiheitsbewegungen in der deutschen Geschichte im Rastatter Schloss. In der Dauerausstellung geht es um die Geschichte der Freiheitsbewegungen im 19. Jahrhundert und um Opposition und Widerstand in der DDR bis zur Friedlichen Revolution 1989. In aktuellen Ausstellungen werden Themen zur Demokratie beleuchtet. Der Eintritt ist frei. Bei der Tourist-Info gibt es Informationen zu einem historischen Stadtrundgang, der auch spezielle Infos für Kinder beinhaltet.

Wer in Rastatt erst richtig auf den Geschmack gekommen ist und gerne weiterradeln möchte, der kann das kurze Stück hinüber zum Rhein radeln und dort mit Tour 14 (s. S. 208ff.) den Urlaub noch ein bisschen verlängern. Ansonsten fährt man mit der S-Bahn oder dem Murgtäler Radexpress wieder zurück nach Freudenstadt oder nimmt ab Rastatt den Zug.

Ach ja, und falls das mit der Schwarzwälder Kirschtorte partout nicht geklappt haben sollte, hat Freudenstadt noch ein Ass im Ärmel: dort kann man nämlich einen Schwarzwälder Kirschtorten-Backkurs besuchen.

Ausgewählte Adressen und Tipps

Freudenstadt, www.freudenstadt.de

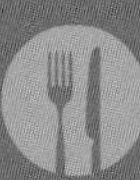

Friedrichs am Kienberg, Herzog-Friedrich-Str. 33, 72250 Freudenstadt
Tel. 0 74 41/9 51 19 60 (Gastronomie), Tel. 0 74 41/30 13 (Reservierungen)
www.friedrichs-kienberg.de
Apr–Sep tägl. 11.00–20.00, Okt–März 11.00–18.00, Di Ruhetag
In 800 Metern Höhe schöne Terrasse mit Blick auf Freudenstadt

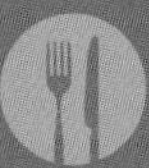

Café Fontaine, Marktplatz 40, 72250 Freudenstadt
Tel. 0 74 41/95 15 85, www.cafe-mueller.de
Tägl. 9.00–18.00, Nov–März Mo Ruhetag
Das Haus wurde einst als erstes Gebäude Freudenstadts errichtet, von ihm ging 1632 ein verheerender Stadtbrand aus, der die Stadt fast völlig zerstörte

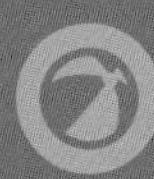

Schwarzwälderkirschtorten-Backkurs
Infos u. Anmeldung über die Tourist-Info Freudenstadt am Marktplatz

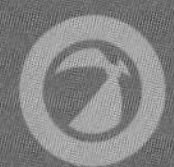

Panoramabad Freudenstadt, Ludwig-Jahn-Str. 60, 72250 Freudenstadt
Tel. 0 74 41/92 13 00, www.panorama-bad.de
Mit großem Rutschenturm, Sprungturm, Außenbereich u. Themensaunen

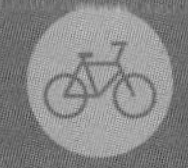

Intersport Glaser, Katharinenstr. 8, 72250 Freudenstadt
Tel. 0 74 41/9 18 59 14, www.intersport-glaser.de

Klosterreichenbach/Baiersbronn, www.baiersbronn.de

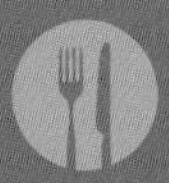

Café Erle, Murgtalstr. 195, OT Klosterreichenbach, 72270 Baiersbronn
Tel. 0 74 42/12 23 74, www.erle-cafe.de
Di–Sa 9.00–18.00, Mo u. So Ruhetag
Kaffee trinken u. selbst gebackenen Kuchen essen in liebevoll gestaltetem Ambiente

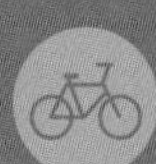

Sport Frey Klosterreichenbach, Murgtalstr. 157, OT Klosterreichenbach
72270 Baiersbronn, Tel. 0 74 42/64 68, www.sport-frey.de

Forbach, www.forbach.de

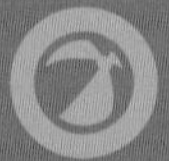

Wildwasserkajakkurse, Flussbettwandern und Softrafting bei Murgtal-Arena adventure world sowie Biergarten Adventureworld im Murggarten, direkt an der Murg gelegen, während der Sommersaison geöffnet, mit Spielplatz
Stried 14, 76596 Forbach
Tel. 0 72 28/96 91 70, www.murgtal-arena.de

Gernsbach, www.gernsbach.de

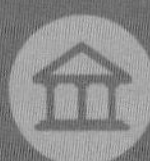

Museum der Harmonie im Historischen Rathaus Gernsbach
Hauptstr. 11, 76593 Gernsbach
Tel. 0 72 24/6 23 60 78, www.janbrauers-stiftung.de/museum.php
Ganz spezielle Ausrichtung, Harmonie in der Kunst von der Antike bis zur Gegenwart

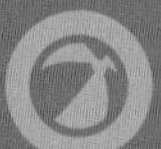

NaTOURLich, Knut Wörner, Igelbachstr. 30, 76593 Gernsbach
Tel. 0 72 24/99 33 66, www.bike-erlebnis-schwarzwald.de

Gaggenau, www.gaggenau.de

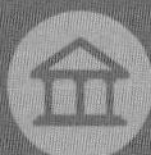

Unimog-Museum Gaggenau, an der B 462 – Abfahrt Schloss Rotenfels
Tel. 0 72 25/98 13 10, www.unimog-museum.com
Di–So 10.00–17.00, mit Restaurant

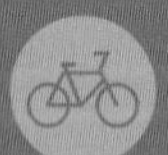

Fahrradsport Merkel, Schulstr. 14a, 76571 Gaggenau
Tel. 0 72 25/7 26 11, www.fahrrad-merkel-gaggenau.de

Eine Besonderheit am Murgtalradweg ist die Radfahrerkirche im Stadtteil Hörden – hier gibt es alles, was der Radler braucht: Flickzeug, Tourinfos, Gastgeberverzeichnisse, Infos aus der Radsportszene, Trikotausstellung, Karten, einen Raum der Stille u. Platz für Picknick

Rastatt, www.rastatt.de

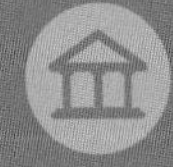

Bundesarchiv Erinnerungsstätte für die Freiheitsbewegungen in der dt. Geschichte
Herrenstr. 18 (Schloss), 76437 Rastatt
Tel. 0 72 22/77 13 90, www.bundesarchiv.de

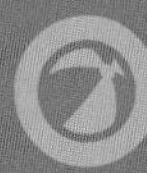

Alohra, Familienbad Rastatt, Leopoldring 8, 76437 Rastatt
Tel. 0 72 22/77 34 44, www.alohra.de
Mit Außenbereich, Außenbecken u. Saunalandschaft

E-Bike-Ladestationen

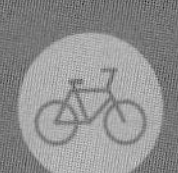

Freudenstadt:
– an der Tourist-Info
– an der Theaterkasse im Kurhaus
Kuppenheim:
– beim Café Brezel Böhmer (Bahnhofstr. 4)
Gernsbach:
– beim Bike Erlebnis (Igelbachstr. 30)
Gaggenau:
– beim Unimog-Museum (s. links)
– beim Elektro Dreher (Ottenau)
– beim ChristophBräu (Alois-Degler-Str. 3)

12 Ein Besuch in der Sonnenstube

Den Rhein entlang von Breisach nach Rust

Zwischen Tuniberg und Kaiserstuhl starten wir unsere Tour, die uns durch Deutschlands Sonnenstube führt. Wir radeln vorbei an sonnenverwöhnten Weinbergen und entlang an verwunschen wirkenden Rheinarmen. An die Tour kann man gut Nr. 13 von Rust nach Straßburg anschließen oder man kann daraus eine Eintagestour machen. Die Region mit den gastfreundlichen Menschen, den faszinierenden Auen und den einladenden Weinorten ist jedoch so schön, dass es schade wäre, allzu schnell durch sie durchzufahren. Darum haben wir uns dafür entschieden, zwei Tagestouren daraus zu machen.

INFO

Die Strecke: Breisach – Weisweil – Rust

Länge: 37 km; Variante über den Kaiserstuhl ca. 53 km; kombinierbar mit Tour 13 (s. S. 194)

Markierung: Rheinradweg EuroVelo 15, gut markiert

Einstiegspunkt: Breisach Bahnhof

Anfahrt mit ÖPNV: Von Freiburg Hauptbahnhof mit der Breisgau-S-Bahn nach Breisach, für das Fahrrad muss man einen Einzelfahrschein lösen, kostenlos erst ab 19.30 Uhr

Rückfahrt mit ÖPNV: Mit der Bahn vom Bhf. Ringsheim, ca. 5 km von Rust entfernt

Wetter: Da das Klima in der Region recht mild ist, kann man auch früher oder später im Jahr gut radeln, v. a. im Frühjahr und Sommer an Mückenschutz und Sonnencreme denken; im Sommer kann es heiß werden

Schwierigkeitsgrad: Leicht, kaum Steigung, gut befestigte Wege

Für Familien: Gut geeignet, da wenig Verkehr, viele Möglichkeiten zur Rast, das Ziel Rust mit dem Europapark ist für Kinder sicher ziemlich verlockend; Bademöglichkeiten: unbeheiztes Waldfreibad in Breisach, Spaßbad Sirenia auf der Rheininsel in Frankreich beim Grenzübergang Breisach, Burkheimer Baggersee, etliche Badeseen im Gebiet Kaiserstuhl; Möglichkeiten zu Kanu- und Schifffahrten

Übernachtung: In allen Ortschaften an der Strecke, Reservierung auf alle Fälle empfehlenswert; im Kaiserstuhl gibt es die Möglichkeit, auf Winzerhöfen zu übernachten

Hilfreiche Internetadressen: www.rheinradweg.eu, www.naturgarten-kaiserstuhl.de

Hier geht's lang

Wir starten am Bahnhof von **Breisach** und radeln auf der Bahnhofstraße in Richtung Rhein. Dort treffen wir dann auf die Markierung des Rheinradwegs EuroVelo Rheinroute. Am Kreisverkehr wählen wir die zweite Abfahrt, die übergeht in die Rheinuferstraße. Es geht vorbei an der Hafenverwaltung, am Yachthafen, am Wohnmobilparkplatz und an einer Minigolfanlage. Sollten wir uns auf dem Weg noch das Rheintor anschauen wollen, dann könnten wir hier rechts abbiegen in die Schwanenstraße und dann noch einmal rechts in die Fischerhalde. Zurück auf dem Radweg radeln wir an der Hafenstraße entlang, ein Schild weist uns auf einen Gummibärenfabrikverkauf hin. Wir biegen links ab in die Himmelsstiege, am Klärwerk geht es noch einmal links in den Wald, auf der rechten Seite liegt schön der Kaiserstuhl.

Dann geht es bald über einen Kanal, vorbei an zwei Wasserbecken. Auf einem geglätteten Kiesweg fahren wir unterhalb des Damms. Bald führt der Weg hoch auf den Damm, wo wir einen herrlichen Blick haben auf den Rhein, auf dem die Frachtschiffe entlangtuckern, und auf die Auen auf der anderen Seite. Infotafeln informieren über die Gemeinden Breisach und Vogtsburg,

Auch mit Wasserski kommt man am Rhein voran.

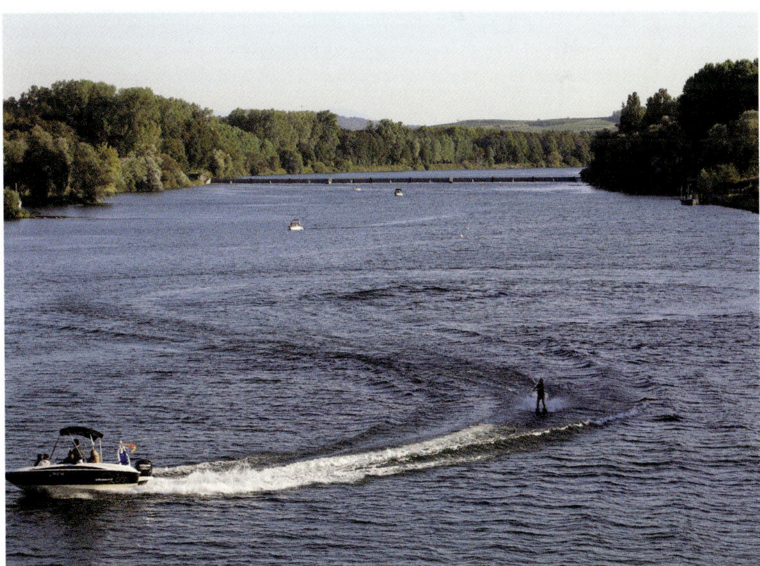

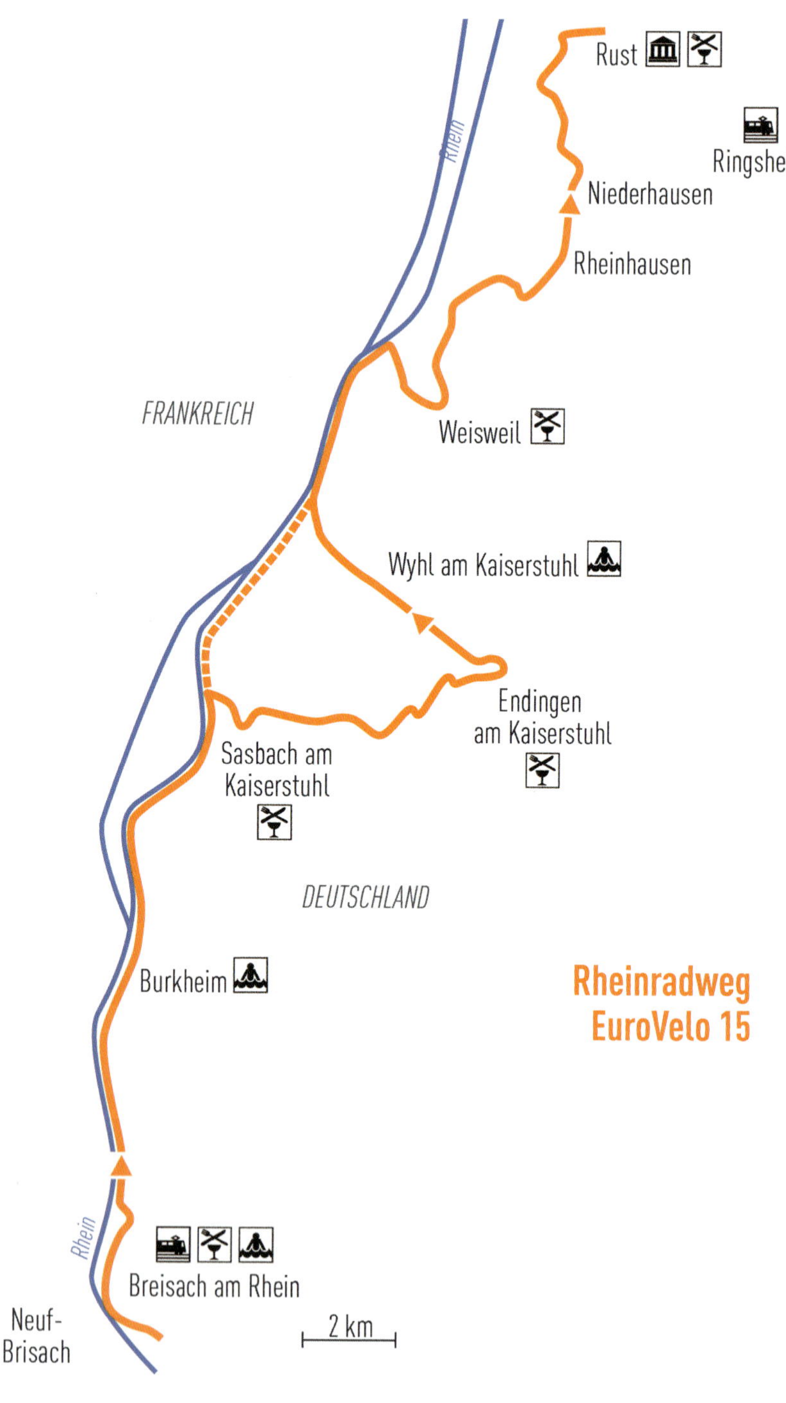
Rust
Ringsheim
Rhein
Niederhausen
Rheinhausen
FRANKREICH
Weisweil
Wyhl am Kaiserstuhl
Endingen
am Kaiserstuhl
Sasbach am
Kaiserstuhl
DEUTSCHLAND
Burkheim
Rheinradweg
EuroVelo 15
Rhein
Breisach am Rhein
Neuf-
Brisach
2 km

dann kommen wir an die Kreuzung zum Baggersee von **Burkheim**. Hier teilt sich dann auch der Rhein, auf der französischen Seite wird er zum Grand Canal d'Alsace. Ein Myriameterstein diente nach der Rheinbegradigung zur Vermessung, eine Infotafel informiert darüber.

Der Radweg verläuft ausgesprochen schön am blau schimmernden Rhein entlang. Bei Sasbach erreichen wir die Burgruine Limburg mit der gleichnamigen Gaststätte. Von hier radeln wir nach rechts, auf der Straße »Am Rhein« nach **Sasbach**, wenn wir den Bogen über den Kaiserstuhl nehmen wollen. Andernfalls fahren wir einfach geradeaus am Rhein entlang weiter. Der Rhein ist hier vor der Staustufe sehr breit, Schiffe aller Art tummeln sich davor. Am *Gasthaus zur Limburg* weist uns eine Beschriftung auf dem Weg vor einem Picknicktisch darauf hin, was hier zu tun ist: »Veschper verbutze«. Schöner kann Gastlichkeit kaum klingen.

Bei der Kaiserstuhlvariante folgen wir der Beschilderung bis nach **Königschaffhausen**. Von dort geht es links neben der Straße auf dem Radweg nach **Endingen**. Natürlich schauen wir uns zunächst den Ort an, ehe wir uns auf der Straße nach Wyhl wieder in unsere Rheintour einklinken. Über die Endinger Straße kommen wir in den Ort **Wyhl**. (Wenn wir links auf der L 113 weiterfahren würden, dann kämen wir direkt am Badesee vorbei, der am südlichsten Ende von Wyhl liegt.) Auf der Rheinstraße, die von der Hauptstraße abzweigt, fahren wir dann in Richtung Rhein und gelangen so wieder auf den Rheinradweg.

Dort fahren wir bis kurz vor das Stauwehr Rheinau und vom Damm hinunter geht es rechts ab auf den Skulpturenpfad in Richtung **Weisweil**. Wir kommen in Weisweil in der Rheinstraße an. Von Weisweil gibt es einen beschilderten Radweg Richtung Oberhausen, Rheinhausen. Er verläuft in dem Gebiet links der Straße nach Oberhausen und trifft am Leopoldskanal auf diese Straße. Danach führt er wieder weg von der Straße und nach Oberhausen. Die Radwege sind hier gut ausgeschildert, und wenn sie an einer Straße entlangführen, gibt es meist neben der Straße auf den Wirtschaftswegen einen Radweg. Auf der Hauptstraße führt die Route nach **Rheinhausen** und weiter bis **Rust**, oder wir nehmen die straßenfreie Variante am Ortsende von Niederhausen und fahren von der Hauptstraße links auf die Vogesenstraße und in einem weiten Bogen schließlich zu den Parkplätzen

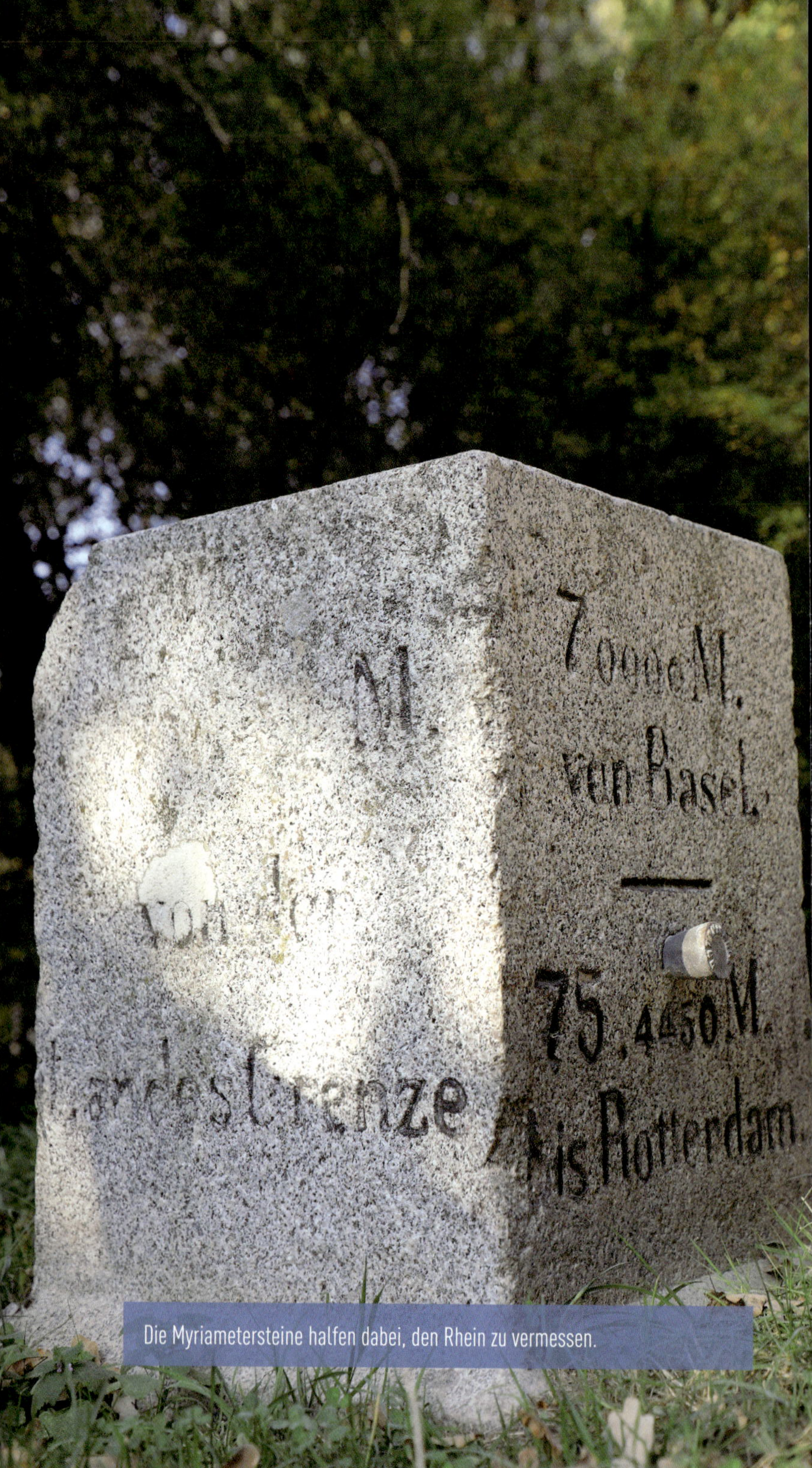

Die Myriametersteine halfen dabei, den Rhein zu vermessen.

des Europaparks. Ins Zentrum gelangen wir von dort, an den Parkplätzen vorbei, über den Rheinweg und die Austraße.

An unsere Tour können wir nun noch Nr. 13 (s. S. 194ff.) anschließen und weiterhin auf dem Rheinradweg bleiben.

Das gibt's zu sehen

Der erste Blickfang in **Breisach** ist das Münster. Vom Marktplatz aus, wo wir vielleicht einen ersten Kaffee genießen, liegt es unübersehbar am Hang über der Stadt. Das Münster wurde vom 12. bis zum 15. Jahrhundert erbaut. Die lange Bauzeit brachte es mit sich, dass die Kirche nun einen romanischen und einen gotischen Kirchturm hat. Im Innern findet man neben Epitaphien und einem Reliquienschrein die Wandmalereien von Martin Schongauer und den prächtigen Hochaltar des Meisters Hans Loy, der das großartige Stück aus Lindenholz von 1523 bis 1526 schuf. Der Münsterplatz wurde bis in die Mitte des 17. Jahrhunderts als Friedhof genutzt, danach bis zum 18. Jahrhundert als Exerzierplatz.

Ursprünglich befand sich auf dem Münsterberg ein keltischer Fürstensitz und anschließend ein römisches Kastell. Aufgrund der günstigen Lage am Rhein war Breisach viele Jahrhunderte ein Verkehrsknotenpunkt. Dies weckte Begehrlichkeiten, und es kam regelmäßig zu Auseinandersetzungen um die Vorherrschaft über die Stadt. Am Rathaus sind die Wappen all der einstigen Stadtoberen zu sehen. Im 17. und 18. Jahrhundert war Breisach unter habsburgischer und französischer Herrschaft eine der bedeutendsten Festungsstädte Europas. 1793 wurde die Stadt durch französisches Bombardement fast vollständig zerstört.

Dort, wo heute der Tullaturm auf dem Schlossberg steht, stand vom 12. bis zum 18. Jahrhundert das Breisacher Schloss. Der Aussichtsturm ist nur bisweilen geöffnet, nähere Infos hierzu hat es in der Tourist-Info am Marktplatz. Jedes Jahr im Sommer gibt es auf dem Schlossberg über den Breisacher Dächern Freilichttheater im Rahmen der Festspiele; es handelt sich hier um das zweitälteste Freilichttheater Baden-Württembergs. Ein Theaterbesuch vor der traumhaften Kulisse mit Fernsicht ist ein ganz besonderes Erlebnis. Zwischen Juni und September werden jeden Samstag und Sonntag jeweils zwei verschiedene Stücke gespielt: Anspruchsvolles Theater oder Musicals am Abend, nachmittags um 15 Uhr Theater für Kinder und Familien. Die Zuschauertribüne ist überdacht, falls das Wetter doch mal nicht mitmachen sollte.

Die Region im deutsch-französisch-schweizerischen Grenzgebiet hat sich ganz auf ihre Gäste eingestellt. Alle Erläuterungstafeln an den historischen Gebäuden sind mittlerweile dreisprachig. Die mehrsprachige Beschilderung findet man im Übrigen auch in den französischen Nachbargemeinden.

Es gilt als ziemlich sicher, dass der Wein ursprünglich mit den Römern an den Tuniberg kam. Die älteste Urkunde zum hiesigen Weinbau stammt von 888 n. Chr. Breisach, zwischen Tuniberg und Kaiserstuhl gelegen, ist eine Stadt des Weines und Sektes. Mehr als 60 Prozent der Tuniberg-Trauben sind Burgundertrauben. Der *Badische Winzerkeller*, eine der größten Erzeugerkellereien Europas, keltert in Breisach Weine und Sekte aus ganz Baden. Unter dem Münsterberg stellt die *Geldermann Privatsektkellerei* Schaumwein nach der traditionellen Flaschengärung her. Die Sektkellerei entstand ursprünglich 1838 in der Champagne und fand dann 1925 in Breisach eine neue Heimat. Beide Kellereien kann man besichtigen und bei einer Probe auch die edlen Tropfen testen. Der *Badische Weinkeller* öffnet seine Tore jeden Dienstag und Donnerstag um 14.30 Uhr, zusätzlich von Ostern bis Ende Oktober jeden Sonntag um 14.30 Uhr. Auf Anfrage sind auch Kellerführungen möglich. Die Sektkellerei *Geldermann* bietet täglich um 14 Uhr eine Kellereiführung an, von November bis Februar allerdings sonn- und feiertags nicht. Warme Kleidung sei empfohlen, denn im Sektkeller ist es kühl. Die ganze Palette an Weinen und Sekten aus der Region kann man auch beim Breisacher Weinfest am letzten Augustwochenende genießen. Außerdem gibt es die guten Tropfen zum Probieren und Kaufen in der Vinothek am Marktplatz direkt neben der Tourist-Information.

Herzog Berthold V. von Zähringen ließ den Radbrunnen in der Radbrunnenallee erbauen. Er wurde mit einem hölzernen Tretrad bedient. Der Turm über dem Brunnen wurde unterschiedlich genutzt, er diente auch mal als Rathaus und als Gerichtsstätte mit Folterkammer. Heute ist er Ausstellungs- und Konzertraum. An seiner Nordseite steht das Kunstwerk »Radbühne« von Helmut Lutz. Ein Stück weiter am Rheintorplatz und

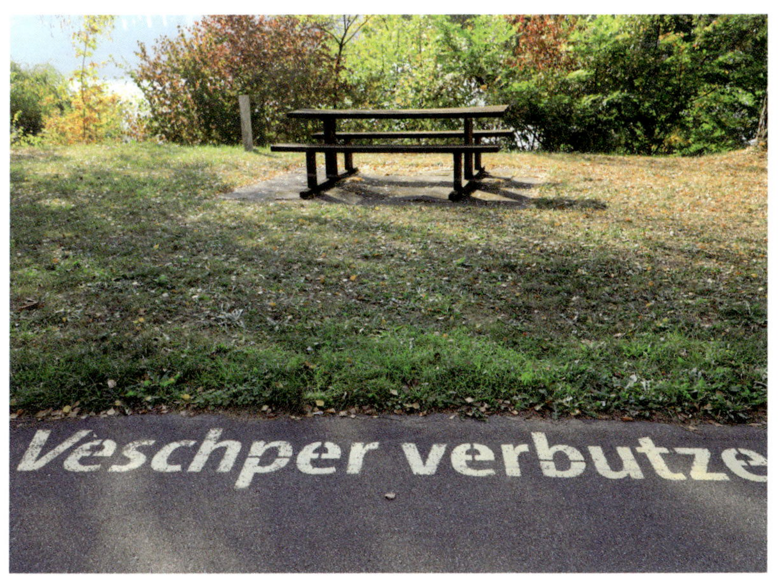

Klare Ansage bei der Limburg

am Schwanenweiher findet sich das prächtige Rheintor. 1678 wurde es durch den französischen Festungsbaumeister Jacques de Tarade zum Schutz der Rheinbrücke gebaut. Heute ist dort das Museum für Stadtgeschichte untergebracht.

Auf der anderen Rheinseite, fünf Kilometer entfernt, liegt **Neuf-Brisach**, die, wenn man so will, französische Schwester von Breisach. Die Befestigungsanlagen der Stadt gehören seit 2008 zum UNESCO-Weltkulturerbe »Festungsanlagen von Vauban«. Die Stadt wurde als Idealform einer Festungsstadt geschaffen. Ludwig XIV. ließ sie Ende des 17. Jahrhunderts erbauen. Als 1697 Frankreich das alte Breisach an Österreich verlor, erzürnte dies den Sonnenkönig so sehr, dass er seinem Militärarchitekten Vauban den Auftrag gab, gegenüber von Breisach ein uneinnehmbares Bauwerk zu planen. Vauban schuf von 1698 bis 1708 die damals größte Befestigungsanlage nach dem Muster einer barocken Reißbrettsiedlung. Der spezielle Grundriss ist bis heute erhalten geblieben und erkennbar.

Bei **Burkheim** gibt es die Gelegenheit zu einer ersten Badepause an dem gleichnamigen Baggersee, der recht idyllisch und unweit des Radweges liegt. Weitere Bademöglichkeiten an Seen gibt es in Sasbach und zwischen Sasbach und Wyhl.

Neben dem *Gasthaus zur Limburg* in **Sasbach** unterhalb der Burgruine Limburg steht das Zollhäusle. 1954 bauten die französischen Streitkräfte ein Zollgebäude an der ehemaligen Pontonbrücke über den Rhein. Bis zum Bau der neuen Rheinbrücke im Jahr 1983 war die Pontonbrücke die Verbindung zu unseren französischen Nachbarn. Seine auffällige Fassade bekam das Zollhäusle von den Künstlern Alberto und Angelique aus Jechtingen.

Wir genießen auf der Terrasse der Gaststätte den Blick auf den Rhein, das gemütliche Ambiente und den Platz in der Sonne. Der Kaiserstuhl ist das wärmste und sonnenreichste Gebiet ganz Deutschlands. Auch hier waren es wohl die Römer, die die Wurzel zum Weinanbau legten. Mittlerweile hat der Wein hier mit über 4000 Hektar Rebfläche eine sehr große Bedeutung.

An der *Gaststätte zur Limburg* nutzen wir die Möglichkeit, den Rheinradweg vorübergehend zu verlassen und einen Abstecher über die Höhen des Kaiserstuhls zu machen – ein sehr empfehlenswerter Umweg! Nicht ohne Grund ist der Kaiserstuhl eine sehr beliebte Ferienregion. Auf unserer erweiterten Tour können wir dann beispielsweise in einem der gastlichen Straußen einkehren, die es in **Sasbach und Endingen** gibt. Und wir können die herrliche Lage zwischen Schwarzwald und Vogesen bewundern und uns an der üppigen Natur erfreuen. Die Radwege sind

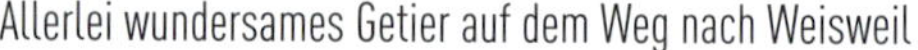

Allerlei wundersames Getier auf dem Weg nach Weisweil

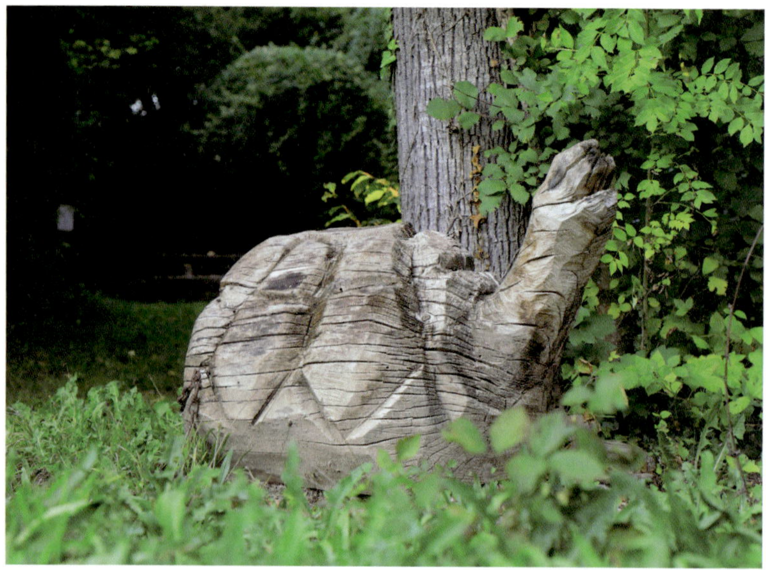

hier sehr gut ausgeschildert, die Ortschaften sind ausgesprochen hübsch und lassen uns gerne ein wenig verweilen; und wer sich nun vorübergehend gänzlich auf den Wein spezialisieren möchte, der kann spontan eine Auszeit in einem der Winzerhöfe nehmen und dann wieder weiterradeln.

Wyhl wurde in den Siebzigern bundesweit bekannt durch seinen Widerstand gegen ein geplantes Atomkraftwerk. Hier gibt es die Möglichkeit, eine Badepause einzulegen; der Baggersee zwischen Sasbach und Wyhl ist empfehlenswert, es lässt sich herrlich unter Bäumen tagträumen.

Wein vom Kaiserstuhl

Der Kaiserstühler Wein ist weithin geschätzt, die badische »Sonnenstube« ist ein beliebtes Urlaubsziel. Die Vorzüge dieser Landschaft kann man gut mit unserer Radtour verbinden, der Kaiserstuhl liegt (fast) direkt an unserer Strecke. Hier bieten manche Winzer die Möglichkeit an, Weinwirtschaft unmittelbar zu erleben und bei der Weinernte mitzuhelfen. Zum Beispiel auf dem *Winzerhof Linder* in Endingen, einem biologisch-dynamisch arbeitenden Weingut, beim *Weingut L. Bastian* in Endingen oder beim *Ökologischen Wein- & Sektgut Norbert Helde* in Sasbach-Jechtingen. Meist dürfen die Helfer dann auch noch beim Keltern zusehen. Unerlässlich ist eine vorherige Anmeldung! Infos unter: www.naturgarten-kaiserstuhl.de
Wer nicht gleich selbst zur Tat schreiten will, für den gibt es die Möglichkeit, auf den Winzerhöfen zu übernachten und den Winzern bei der Weinlese über die Schulter zu schauen. Winzerhof-Adressen ebenfalls unter: www.naturgarten-kaiserstuhl.de

Kurz vor dem Stauwehr Rhinau führt ein wunderlicher Weg nach Weisweil. Eulen, Hasen, Wildschweine, Krokodile, Bären und Nilpferde sitzen hier am Wegesrand und lassen uns staunen und schmunzeln. Zusammen mit der wie verwunschen wirkenden Auenlandschaft, in der immer wieder eine Lichtung, ein Kanal oder ein kleiner See auftauchen, ergibt das einen sehr schönen Abschnitt unserer Tour. Der **Skulpturenweg** ist eine Straße, die vorne am Rheinufer endet. Je nach Wetter und Tageszeit mag hier mehr los sein, als wir dort an einem sonnigen Tag unterwegs waren, kamen sehr wenige Autos vorbei.

In über 50 Jahren hat Manfred Zeisset in **Weisweil** allerhand Raritäten gesammelt, die er in seinem Museum auf 500 Quadratmetern gerne seinen Besuchern zeigt. Fundstücke aus Landwirtschaft, Viehzucht, Imkerei, Brennerei und Haushalt finden sich in seinem Haus- und Hofmuseum. Gelegenheit zu einem Kaffee mit selbst gebackenem Kuchen auf der Terrasse gibt es dort auch.

Der Name **Rust** wird gemeinhin in Verbindung gebracht mit dem Europapark. Derzeit 13 Achterbahnen, unterschiedlichste Wasserattraktionen, Wasserspielplätze, verschiedene Themenshows und Bahnen, verteilt auf 18 Themenbereiche, wären da im Angebot. Das Parkkonzept ist immer in Bewegung, es kommen regelmäßig neue Themen und Bahnen dazu. Hier kann man natürlich locker einen ganzen Tag verbringen. In den Ferien muss man dann schon mal mit längeren Wartezeiten rechnen.

Eine andere interessante Adresse ist das Naturschutzgebiet Taubergießen zusammen mit dem Naturzentrum Rheinauen. Der Name »Taubergießen« stammt von einem Gewässerlauf im Norden des Gebiets; unter »Gießen« versteht man von Grundwasser gespeiste Fließgewässer, als »taub« bezeichnen Fischer nährstoffarme Gewässer mit geringem Fischbestand. Der Rheinradweg führt ein Stück durch das Gebiet hindurch, wir radeln teilweise unmittelbar am Rhein entlang. Bei Hochwasser oder nach mehrtägigem Regen sollte man sich besser vor der Fahrt durch Taubergießen im Naturzentrum erkundigen, ob der Weg gefahrlos passierbar ist, denn das Wasser kann gefährlich schnell steigen. Beschilderte Rundwege führen durch das Gelände und geben Informationen zu einzelnen Themen. Das Naturschutzgebiet ist insgesamt 1.682 Hektar groß, zwölf Kilometer lang, rund 2,5 Kilometer breit und durchzogen von etlichen Wasserläufen. In ihm leben seltene Arten von Pflanzen, Vögeln, Insekten, Reptilien und Amphibien, selbst Orchideen, die man anderswo kaum sieht, gedeihen hier. Ruster Bootsfahrer fahren mit ihren Gästen auf Stocherkähnen durch diese mystische Landschaft und zeigen und erklären ihren Mitfahrern die zumindest teilweise unberührte Natur. Mit etwas Glück kann man sogar einen Eisvogel sehen.

Natur zum Begreifen und Mitmachen: In der Dauerausstellung »Wilde Welten Rheinauen« im Naturzentrum kann man spielerisch Tiere und Pflanzen näher kennenlernen und Hecht, Fuchs und Reh von Nahem betrachten. Es gibt ein Quiz und eine Multimediashow, im Fuchsbau für Kinder können die jungen Forscher und Entdecker das Wohn- und Schlafzimmer

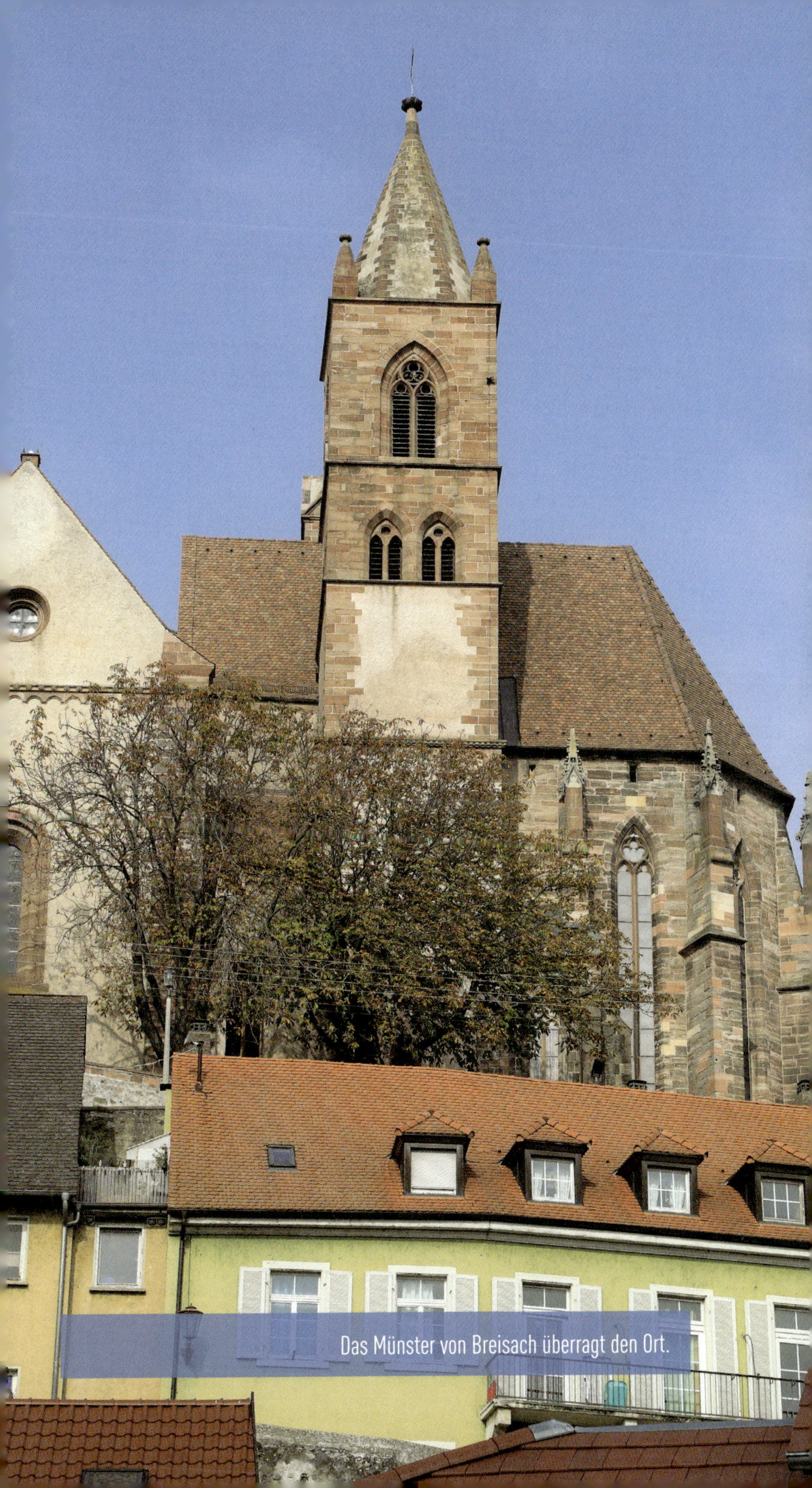

Das Münster von Breisach überragt den Ort.

von Meister Reineke genauer inspizieren. Außerdem wurde im Naturzentrum Deutschlands erster Klimawandelgarten eingerichtet. Die Besucher erfahren hier Wissenswertes zu den drei großen Wetterelementen Sonne, Niederschlag und Wind; es gibt Quiz- und Experimentierstationen sowie Mitmach-Stationen rund um das Thema Umwelt, ein Naturklassenzimmer und Klimahütten. Highlight des Klimawandelgartens ist der 18 Meter hohe Aussichtsturm. Über 86 Treppenstufen gelangen wir nach oben und genießen eine großartige Aussicht auf die Rheinebene und das Elsass.

Zum Naturzentrum gehört auch noch eine Falknerei. Der Falkner Axel Haas erklärt den Besuchern die Besonderheiten der einzelnen Greifvögel sowie ihr Jagdverhalten und erzählt aus dem faszinierenden Leben eines Falkners. Besonders mutige Besucher bietet sich die Gelegenheit, die Vögel auf den Falknerhandschuh zu nehmen und ihnen vom Nahen beim Fliegen oder Fressen zuzuschauen. Greifvogelvorführungen gibt es dienstags bis sonntags von 15 bis 16 Uhr.

Ausgewählte Adressen und Tipps

Breisach, www.breisach.de

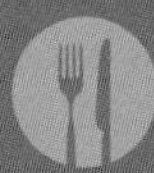

Breisacher Vesper-Rucksack
Enthält Breisacher Spezialitäten u. Wein oder Sekt
Einen Tag vor Anreise bei der Tourist-Info bestellen

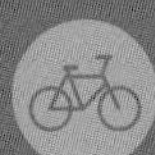

Breisacher Fahrradverleih, Fischerhalde 5a, 79206 Breisach
Tel. 0 76 67/2 87 11 83, www.fahrradverleih-breisach.de

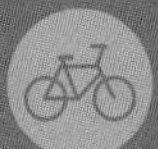

Firma Schweizer, Neutorstr. 31, Breisach
Tel. 0 76 67/76 01, www.schweizer-breisach.de

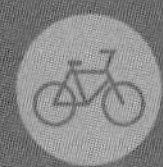

Meditec Sanitätshaus, Kupfertorstr. 2, 79206 Breisach
Tel. 0 76 67/70 95, www.meditec-breisach.de
Mieträder für Menschen mit Behinderung

Sasbach am Kaiserstuhl, www.sasbach-online.de

Gasthaus zur Limburg, Am Rhein 2, 79361 Sasbach a. K.
Tel. 0 76 42/33 93, www.gasthaus-zur-limburg.de
Lokal: Mi–So ab 11.00, Mo u. Di Ruhetag
Biergarten: Apr–Okt bei schönem Wetter tägl.
Direkt am Altrheinufer; regionale Küche, Fisch u. saisonale Spezialitäten, hausgemachte Kuchen u. Torten, Gartenterrasse u. Biergarten mit Kiosk u. Spielplatz

Gutsschänke zur Scheune, Roßmattenhöfe 1, 79361 Sasbach a. K.
Tel. 0 76 62/69 79, www.gutsschenkezurscheune.de
Mo u. Mi–Sa ab 17.00, So u. Fei ab 12.00, Di Ruhetag
Straußwirtschaft, freundliches Personal, leckeres Essen mit saisonalen Variationen

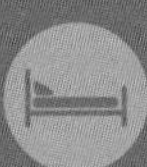

Gasthaus Sonne Winzerstube, Dorfstr. 26, OT Jechtingen, 79361 Sasbach a. K.
Tel. 0 76 62/3 14, www.sonne-winzerstube-jechtingen.de
Bed&Bike-Betrieb am Kaiserstuhl, 1,8 km vom Rheinradweg entfernt
Freundliche Gastgeber, schöne Lage zwischen Rhein u. Reben, regionale Speisen u. Getränke

Endingen am Kaiserstuhl, www.endingen.de

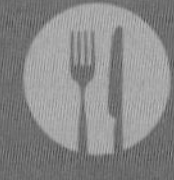

Schambachstube, Schambachhof 2, 79346 Endingen a. K.
Tel. 0 76 42/73 02, https://schambachstube.business.site
Do u. Fr 17.00–21.00, Sa 17.00–22.00, So 10.30–21.00, Mo–Mi Ruhetag
Straußwirtschaft, leckeres Essen u. freundliche Menschen, inmitten von Weinbergen

Weisweil, www.weisweil.de

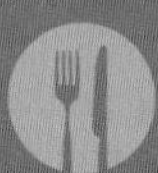

Museumscafé, Cafe & Hofladen, Oberhausener Str. 11, 79367 Weisweil
Tel. 0 76 46/2 59, www.hofladen-zeisset.de

Rheinhausen, www.rheinhausen.de

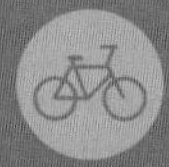

Fahrräder Peter Schönstein, Elzwiesen 2, 79365 Rheinhausen
Tel. 0 76 43/69 06, www.schoensteinreifen.de

Rust, www.rust.de

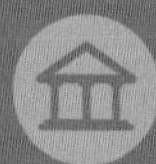

Naturzentrum Rheinauen, Allmendweg 5, 77977 Rust
Tel. 0 78 22/86 45 36, www.naturzentrum-rheinauen.de
Ausstellung »Wilde Welten Rheinauen«
Hauptsaison: Apr–Nov Mo, Di, Do u. Fr 8.30–15.30, Mi 8.30–18.00
Sa, So u. Fei 11.00–16.00
Nebensaison: Mo–Fr 8.30–12.00, Mo, Di u. Do zusätzl. 14.00–15.30, Mi zusätzl. 14.00–18.00

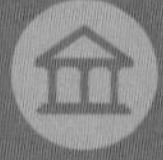

Klimawandelgarten etwa Nov–Apr geschlossen, Mo–Fr 8.30–15.30
Sa, So u. Fei 11.00–16.00
Falknerei, Kontakt: Axel Haas unter Tel. 01 71/8 20 91 26

Stocherkahnfahrten vom Naturzentrum durch das Gebiet Taubergießen:
www.naturschutz-taubergiessen.de
Auch Fam. Koßmann nimmt Gäste mit auf Bootsfahrten:
Josef Koßmann, Bachstr. 17, OT Niederhausen, 79365 Rheinhausen
Tel. 0 76 43/87 32, www.kossmann-bootsfahrten.de

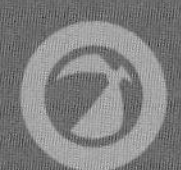

Infos zu Kanufahrten auf dem Altrhein:
Michael Maurer, Tel. 01 70/7 70 17 21, Tobias Weber, Tel. 01 72/9 42 28 11
Hildegard Hauns Tel. 0 76 63/9 14 30, www.wildsporttours.de

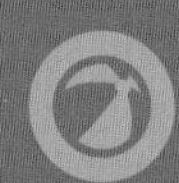

Infos zu Schifffahrten auf dem Rhein: Breisacher Fahrgastschifffahrt
Tel. 0 76 67/94 20 10, www.bfs-info.de

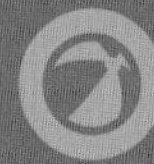

E-Bike-Ladestationen

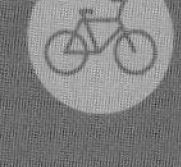

Breisach:
– an der Tourist-Info (Marktplatz)
Endingen:
– am Kaiserstühler Verkehrsbüro

Die Gastgeber am Rheintalweg und im Kaiserstuhl sind in der Regel sehr gut auf Radfahrer eingestellt. Der Verband Naturgarten Kaiserstuhl, ein Zusammenschluss mehrerer Gemeinden, betont die E-Bike-Freundlichkeit der Region u. empfiehlt den Gästen, bei den Wirten nachzufragen, ob es eine Möglichkcit gibt, den Akku zu laden.

13 Unterwegs auf der Europastrecke

Am Rhein von Rust nach Straßburg

Hier sind wir ganz europäisch unterwegs: Wir starten in Rust beim Europapark. Durch wunderschöne Rheinauen hindurch geht es mit Blick auf die französischen Nachbarorte immer am Rhein entlang. Den krönenden Abschluss bildet schließlich die quicklebendige Europastadt Straßburg über der Grenze.

INFO

Die Strecke: Rust – Nonnenweier – Ottenheim – Meißenheim – Kehl – Straßburg
Länge: 49 km, kombinierbar mit Tour 12 (s. S. 178ff.)
Markierung: Rheinradweg EuroVelo 15, gut markiert
Einstiegspunkt: An der Tourist-Info Rust (Karl-Friedrich-Str. 6)
Anfahrt mit ÖPNV: Bhf. Ringsheim, von dort mit dem Rad 5km nach Rust
Rückfahrt mit ÖPNV: Von Kehl mit der Bahn nach Karlsruhe oder Freiburg
Wetter: Da das Klima im Rheintal immer ein bisschen milder ist, Radtour auch in den kühleren Monaten gut möglich; im Frühjahr und Sommer sollte man an Mückenschutz denken, ansonsten Sonnenschutz u. Getränke mitnehmen, mehrere Abschnitte mit viel Sonne
Schwierigkeitsgrad: Leicht, keine Steigungen, gut befestigte Wege
Für Familien: Gut geeignet, da der Europapark ein attraktiver Startpunkt ist und man die Tour mit einem Besuch dort, im Gebiet Taubergießen oder im Naturschutzzentrum verbinden könnte. Außerdem gibt es viele Pausenmöglichkeiten u. zunächst kaum Straßen, das ändert sich erst in Straßburg; Bademöglichkeiten am Baggersee Grafenhausen, am Korker Baggersee u. im Freibad Kehl; Möglichkeit zur Kanufahrt in den Rheinauen.
Übernachtung: In Rust, Kappel-Grafenhausen, Kehl oder Straßburg
Hilfreiche Internetadresse: www.rheinradweg.eu

Hier geht's lang

Wir starten in **Rust** an der Tourist-Info und radeln auf der Karl-Friedrich-Straße zum Ortsausgang Richtung Kappel. Dort fahren wir auf den Radweg, der links weggeht von der Straße und schließlich an der Elz entlang nach **Kappel** auf die Rheinstraße führt. Dann fahren wir links bis zum Rhein und zur Fähre. Wir radeln nach rechts auf den Damm; rechts hinter dem Auengebiet und dem verzweigten Geäst der Elz liegen **Schwanau-Wittenweier**, **Schwanau-Nonnenweier** und **Schwanau-Ottenheim**. Ein kurzes Stück nach Nonnenweier führt der Radweg über den Schutter-Entlastungskanal. Hier gäbe es die Möglichkeit, einen Abstecher nach Schwanau-Ottenheim und nach Schwanau-Nonnenweier einzubauen. Zurück auf unsere Veloroute Rhein geht es dann über denselben Weg. Auf der französischen Seite, am Grand Canal d'Alsace, sehen wir kurz darauf die Staustufe Gerstheim. Unser Radweg bleibt weiterhin am rechten Rheinufer.

Bei **Meißenheim** heißt es aufpassen: Während der Radweg früher durch das Kieswerk ging, führt er jetzt in den Ort hinein bis zur Kreuzung Friedrichstraße/Rathausstraße. Dort geht es links, und bald darauf halb links in die Winkelstraße, die wieder aus dem Ort hinaus und auf den Riedmattenweg Richtung Ichenheim führt. Am Ortsrand von **Ichenheim** macht der Radweg einen Knick nach links und wir fahren auf der Rheinstraße zurück zum Rhein. Somit haben wir schließlich das gesamte Kieswerkareal mit den beiden Seen einmal fast ganz umkreist.

Zwischen dem Fluss und mehreren Seen fahren wir nach **Kehl**, wo wir das schön angelegte Rheinufer genießen. Wir fahren auf

Ganz europäisch: Die Rheinfähre Rhinau überquert täglich Staatsgrenzen.

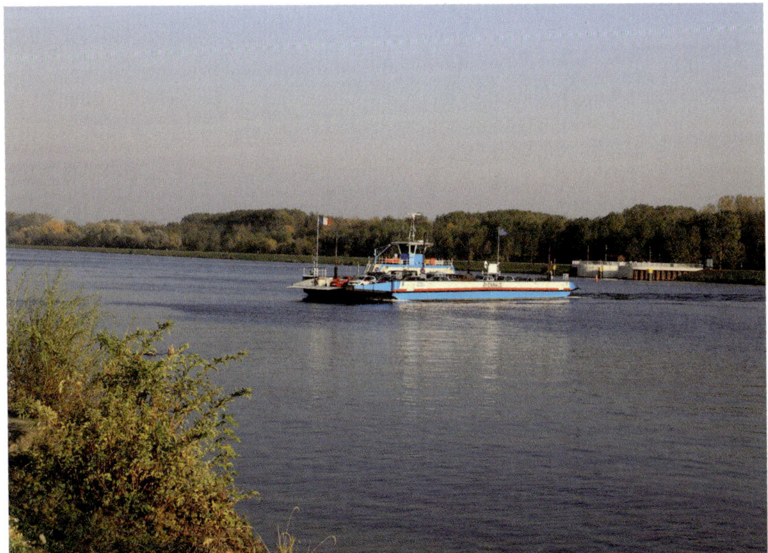

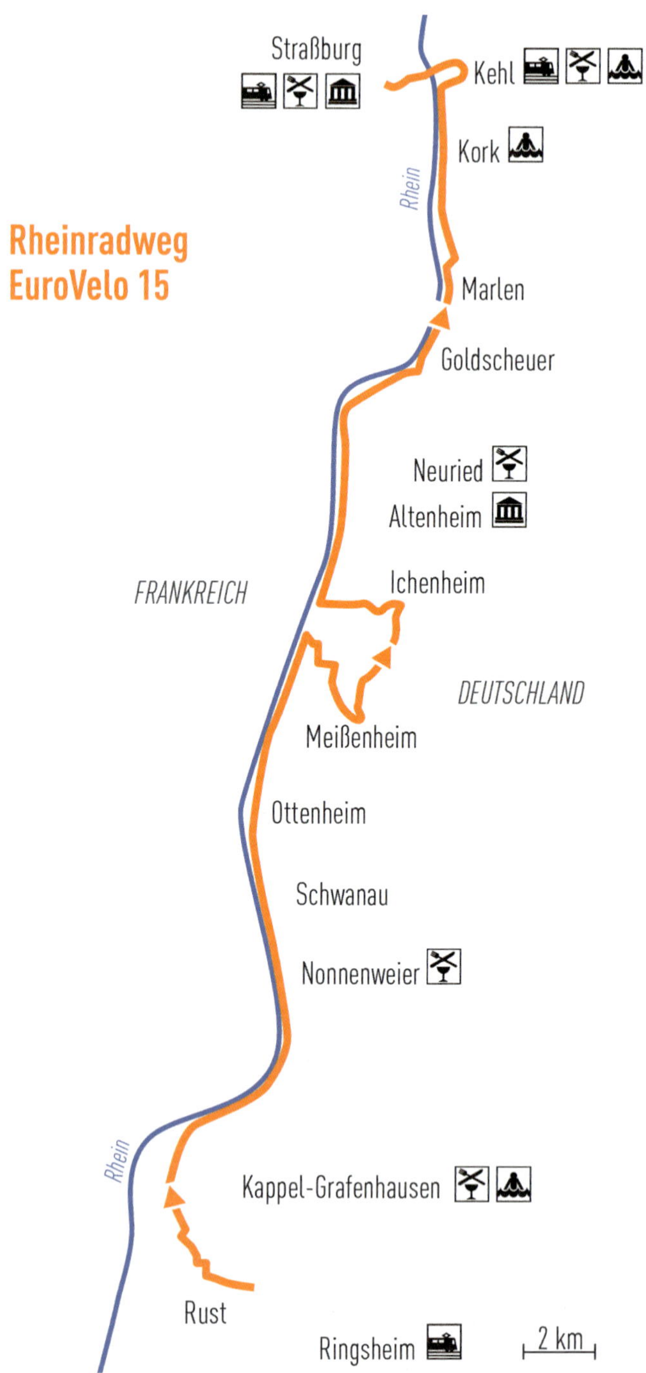
Straßburg
Kehl
Kork
Rhein
Rheinradweg
EuroVelo 15
Marlen
Goldscheuer
Neuried
Altenheim
FRANKREICH
Ichenheim
DEUTSCHLAND
Meißenheim
Ottenheim
Schwanau
Nonnenweier
Rhein
Kappel-Grafenhausen
Rust
Ringsheim
2 km

der Passerelle des Deux Rives, der Rad- und Fußgängerbrücke, über den Rhein, fahren durch die Grünanlagen weiter geradeaus, bis wir auf die Rue des Cavaliers stoßen, in die wir nach rechts einbiegen. Auf dem Radweg geht es bis zur N 4, der Rue Francois Épailly, wo wir der Beschilderung ins Zentrum, beispielsweise zum Straßburger Münster (Cathédrale Notre-Dame de Strasbourg), folgen.

Das gibt's zu sehen

Der Name **Rust** ist zwar eng verbunden mit dem Europapark, es gibt aber im Ort auch noch weitere interessante Sehenswürdigkeiten. Die Pfarrkirche Petri in Ketten wurde 1737 nach langjähriger Bautätigkeit eingeweiht. Etliche weitere Um- und Anbauten folgten, Anfang der 1950er-Jahre wurde der Kirchenraum »umgedreht« und der Emporraum zum Chorraum gemacht. Vier Gemälde zieren die Decke, drei entstanden in den 1980er-Jahren, eines entstand vermutlich bereits gemeinsam mit dem Langhaus zu Beginn des 18. Jahrhunderts.

Ein Stück weiter am Sonnenplatz steht der Dorfbrunnen, 1987 nach Plänen des Ruster Architekten Günter Erny errichtet. Wenn man genau hinschaut, kann man im Netz des Fischers ein Aalskelett erkennen. Dies soll ein Hinweis sein auf den Sandoz-Unfall, dem einstmals alle Rheinaale zum Opfer fielen. Am Sonnenplatz befindet sich auch das ehemalige Gasthaus Sonne. 1835 erhielt es erstmals eine Schankgenehmigung, 1921 stellte es den Wirtshausbetrieb ein, in dem Haus wurden Wohnungen für Zollbeamte eingerichtet. Heute ist es in Privatbesitz.

Rust ist umgeben von den Naturschutzgebieten Elzwiesen und Taubergießen (s. S. 188ff.). Das Gebiet Taubergießen wurde 1979 zum Naturschutzgebiet erklärt. Dem war ein zähes Ringen vorausgegangen. Die Pläne des Abwasserzweckverbandes, das Abwasser aus dem Freiburger und Waldkircher Raum in einem offenen Kanal durch das Taubergießen in den Rhein zu leiten, riefen erheblichen Widerstand hervor. In der Schutzgemeinschaft Taubergießen schlossen sich unterschiedlichste Vereine und Verbände mit insgesamt 100 000 Mitgliedern zum Schutz des Gebietes zusammen.

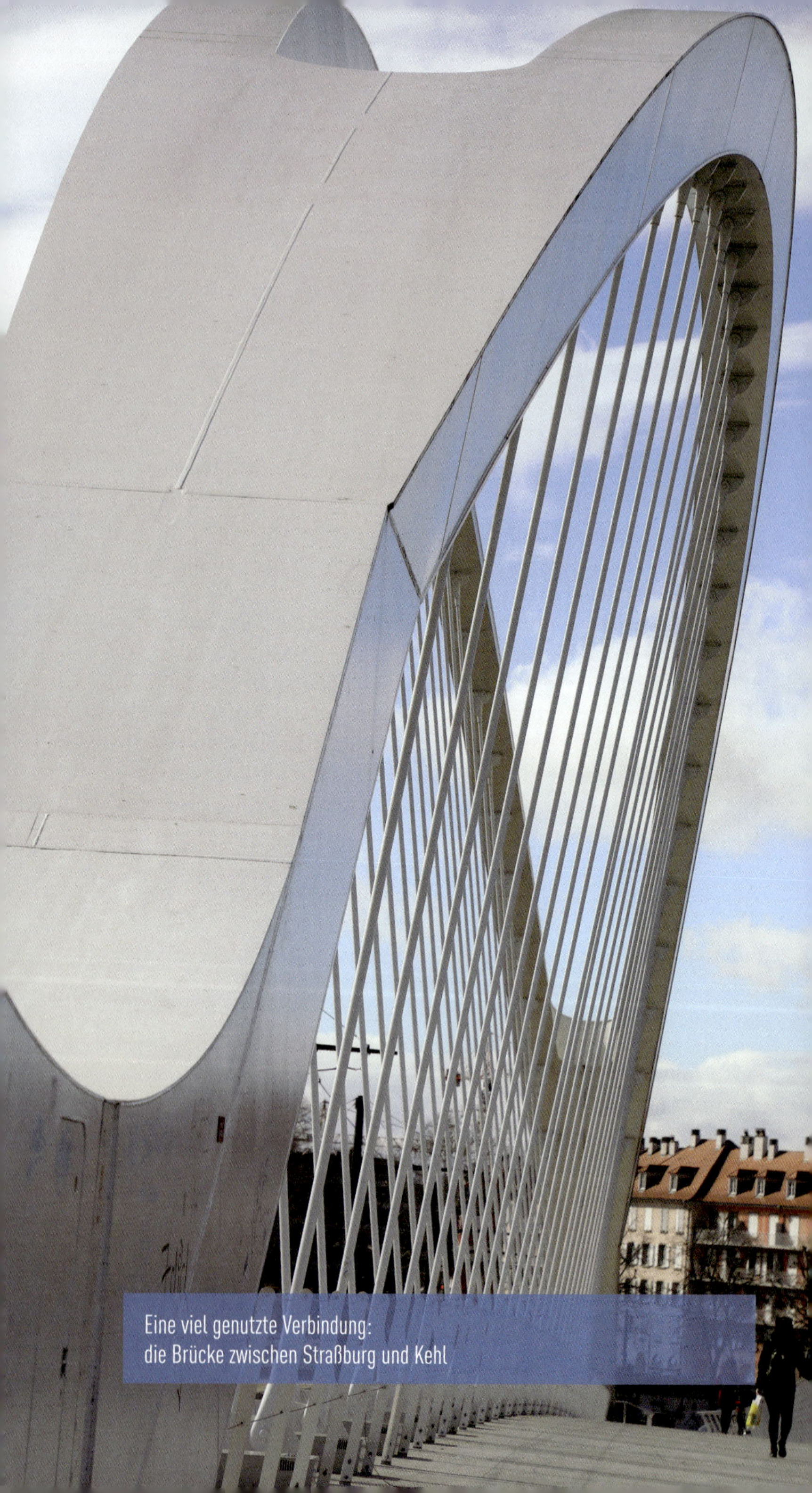

Eine viel genutzte Verbindung:
die Brücke zwischen Straßburg und Kehl

Des Widerspenstigen Zähmung

Früher hatte der Rhein unzählige Zu- und Abflüsse und mäanderte in etlichen Schlingen durch die rheinische Tiefebene. Bisweilen wurde der Fluss seinen Anwohnern ziemlich gefährlich, besonders zur Schneeschmelze schwoll er so stark an, dass er manchmal ganze Dörfer überspülte. Den badischen Wasserbauingenieur Johann Gottfried Tulla trieb der Gedanke um, den Strom zu bändigen und in ein einziges Bett von 200 Metern Breite zu zwängen. Seine Ideen kamen bei den linksrheinischen Nachbarn erst dann richtig an, als es 1816/17 wieder Rheinhochwasser gab. 1817 begann man mit dem Umbau, 1876 war der Rhein begradigt, mit Hochwasserdämmen versehen und zwischen Mannheim und Basel um 81 Kilometer verkürzt. Von nun an gab es Rheinwärter, die in ihren Häuschen am Rhein wohnten, den Wasserstand überwachten und im Ernstfall mit einem Morsegerät Alarm auslösten. Damit waren jedoch längst nicht alle Probleme gelöst, der Grundwasserspiegel veränderte sich mit weitreichenden Folgen, und es brauchte noch zusätzliche bauliche Veränderungen, ehe der Rhein tatsächlich schiffbar wurde. Tulla erlebte all dies nicht mehr, er starb bereits zu Beginn der von ihm in Gang gesetzten einschneidenden Baumaßnahmen.

Der Rheinradweg verläuft ab der Rheinfähre bei **Kappel-Grafenhausen** auf dem Hochwasserdamm. Vom Fahrrad aus sehen wir auf der rechten Seite eine wildwüchsige Auenlandschaft mit riesigen alten Bäumen. Schauen wir nach Frankreich am linken Rheinufer, dann sehen wir im Hintergrund die Vogesen.

Der Ort **Nonnenweier** ist der zweitgrößte Ortsteil von Schwanau. Er wurde erstmals 845 urkundlich erwähnt. Kaiser Lothar schenkte das Dorf »Nunnenwilre« dem Frauenkloster St. Stephan zu Straßburg. Die Kirche wurde um 1905 erbaut, im Ort gibt es hübsche Fachwerkhäuser.

Unter dem Schutzrecht der Freiherrn von Rathsamhausen siedelten sich zu Beginn des 18. Jahrhunderts erstmals Juden in Nonnenweier an. Daraus entwickelte sich eine blühende Gemeinde. 1771 wurde eine Synagoge gebaut, 1880 kam ein eigener Friedhof hinzu. Die Synagoge wurde 1938 zerstört, viele Nonnenweierer Juden wurden in der Zeit des NS-Regimes ermordet, die letzten 27 jüdischen Einwohner wurden 1940 ins das südfranzösische Internierungslager Gurs deportiert. Heute erinnert eine 2003 eingeweihte Gedenktafel in Form eines Davidsterns am Standort der ehemaligen Synagoge an das

Schicksal der jüdischen Gemeinde Nonnenweier und ihres Gotteshauses.

Ottenheim ist der größere Ortsteil von Schwanau und liegt hinter den Rheinauen. Früher, vor der Begradigung und Bändigung des Rheins, war Ottenheim umgeben von Wasser, und die Ottenheimer fuhren mit Fähren, den sogenannten Nachen, über den Rhein. Flößer transportierten auf dem Fluss die Stämme aus dem Schwarzwald rheinabwärts. Und im 15. Jahrhundert haben die Ottenheimer am Rheinufer Gold aus dem Sand ausgewaschen. Als die Rheinregulierung vor 100 Jahren begann, endete diese Ära schließlich. Ende des 19. Jahrhunderts pflanzte man am Ottenheimer Rheinufer Pappeln. Sie säumen mittlerweile – zu stattlichen Bäumen geworden – den Radweg. Manche von ihnen sind abgestorben oder abgebrochen, dekorativ sind auch die übrig gebliebenen Fragmente mit ihren bizarren Ästen allemal. Irgendjemand hat an einer von ihnen ein Bobbycar und ein Bügelbrett installiert, sodass diese nun vermeintlich den Stamm hinauffahren. Inmitten dieser scheinbar unberührten Auenlandschaft ein ungewöhnlicher Anblick und ein wunderbarer Ausgangspunkt, um sich beim Radfahren zu überlegen, was wohl hinter dieser eigenwilligen Aktion stecken mag.

Brägeli, Bibeleskäs und Flammenkuchen

Weil in der fruchtbaren und sonnigen Rheinebene alles so gut wächst, können die badischen Köche aus dem Vollen schöpfen. Die badischen Begriffe der Gerichte sind bisweilen für Außenstehende nur schwer verständlich. »Brägeli« sind Bratkartoffeln, die man in Baden in besonders feine Scheiben schneidet und knusprig anbrät, dazu gibt es »Bibeleskäs«, also Kräuterquark. Eine Spezialität, die man auch von den französischen Nachbarn kennt, ist der Flammenkuchen oder Flammkuchen. Seinen Namen hat er von der Art und Weise, wie er gebacken wird. Früher heizte man die Öfen mit einem Holzfeuer an, dann schob man die Glut aus dem Backraum. Um festzustellen, ob die richtige Temperatur zum Brotbacken erreicht war, schob man zunächst einen dünn ausgewellten Teig, belegt mit Rahm, Zwiebeln und Speck, in den Ofen. War er nach drei Minuten fertig, konnte das Brot eingeschossen werden. Heute gibt's den leckeren Kuchen in allen erdenklichen Varianten, auch süß schmeckt er sehr lecker. Dazu noch ein guter Tropfen badischen Weins – und das Mahl ist perfekt!

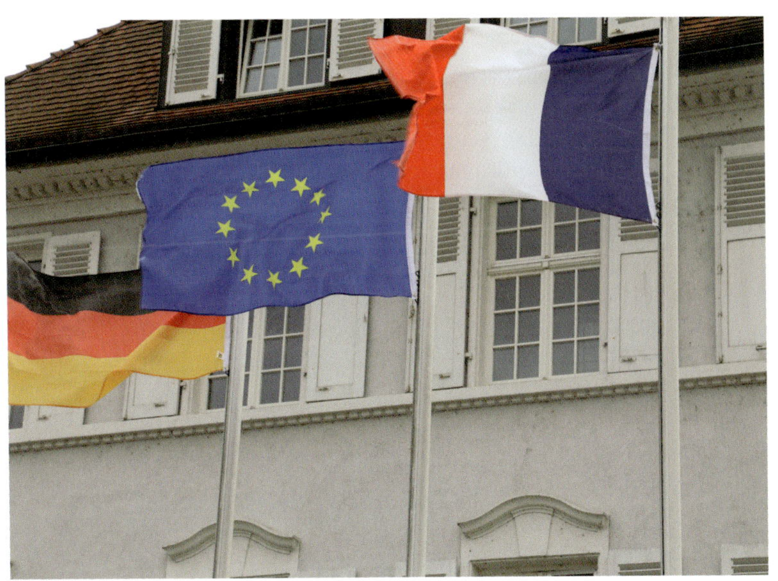

Ein Bild der deutsch-französischen Freundschaft in Kehl

Das Heimatmuseum in **Neuried** ist in einem 200 Jahre alten Fachwerkhaus bei der Kirche untergebracht. Der Besucher bekommt dort einen Einblick in die Rheinfischerei, die hiesige Landwirtschaft und das alte Handwerk. In der Dauerausstellung werden außerdem Trachten aus dem Ried gezeigt. Zusätzlich gibt es immer wieder Sonderausstellungen. Auch heute ist die Landwirtschaft in der aus mehreren Ortsteilen bestehenden Gemeinde ein wichtiger Faktor. Besonders Tabak wird hier viel angebaut, Neuried ist die größte Tabakanbaugemeinde Deutschlands.

Goldscheuer klingt schon verheißungsvoll. Neben der Fischerei verdienten sich die Einwohner des Ortes durch die Goldwäscherei ihren Lebensunterhalt. Ein mühsames Unterfangen. Vor allem die Fischer wussten, wo es die kleinen goldenen Partikel gab. Man filterte mit einem engen Gitter den Kies heraus. Der Sand wurde auf einer Waschbank mit Wasser überspült, das schwerere Gold blieb auf dem Sackleinen liegen. So ging es immer weiter, bis nur noch die kleinen Goldflitter übrig waren. Mithilfe von Quecksilber trennte man die letzten Reste voneinander. Der feine Sand wurde schließlich auch verkauft und beim Schreiben zum Trocknen der Tinte benutzt. Der Goldwäscherbrunnen in

Goldscheuer erinnert an die Zeit, als dort noch das kostbare Metall aus dem Sand herausgescheuert wurde.

Kehl ist eng mit Straßburg verbunden und steht ein wenig im Schatten der quirligen französischen Nachbarin. Es hat eine schöne Rheinpromenade mit dem »Garten der zwei Ufer« und der Brücke über den Rhein. Hier kann man in aller Ruhe spazieren, die Rheinauen genießen und die Schiffe auf dem Fluss beobachten.

Der Weißtannenturm am südlichen Altrhein wurde 2003 zur Gartenschau erbaut. Über 210 Stufen geht es hoch auf die Plattformen des 44 Meter hohen Turmes. Von dort haben wir eine tolle Sicht bis hin zum Schwarzwald und zu den Vogesen. Geplant hat den 70-Tonner die Werkgruppe Lahr. Drei Stämme aus dem Nordracher Forst, die von der Landesforstverwaltung und dem Weißtannenforum gestiftet wurden, bilden die Grundpfeiler des Turms. Im *Restaurant Rheinschneck* daneben am Altrhein genießen wir auf der Terrasse dann den Platz in der Sonne und ein kühles Getränk.

Und natürlich sind die beiden Brücken über den Rhein sehenswert, sie spannen sich beide ziemlich kunstvoll über den Fluss. Über die eine, die Passerelle des Deux Rives – die Brücke der zwei Ufer –, fahren wir dann auch nach **Straßburg.** Die Rad- und Fußgängerbrücke wurde zur Gartenschau 2004 als Symbol für das zusammenwachsende Europa eingeweiht. 2009 war die Promidichte auf der Brücke sehr hoch, als sich die Regierungschefs der NATO-Staaten anlässlich des 60-jährigen Bestehens der NATO dort symbolisch die Hand reichten. Ganze 560 Kilometer lang ist das Radwegenetz der Straßburger Stadtgemeinschaft. Straßburg ist Frankreichs Fahrradstadt Nummer eins und hat schon zwei Mal den 4. Platz erreicht im weltweiten Fahrradstadt-Ranking »Copenhagenize Index«; 2019 landete sie nach Kopenhagen, Amsterdam, Utrecht und Antwerpen auf Platz 5. Schilder weisen uns von der Europabrücke aus den Weg ins Zentrum, die Radwege sind sehr gut befahrbar.

Natürlich darf bei einem Straßburgbesuch das Münster nicht fehlen. Schon allein der Platz davor ist sehenswert und der Blick aufs Münster sehr beeindruckend. Hier, direkt neben dem Fremdenverkehrsamt, steht das wahrscheinlich schönste Haus Straßburgs, das Haus Kammerzell. Man sieht dem prächtigen Haus an, dass es wohlhabenden Kaufleuten gehört haben muss. Im

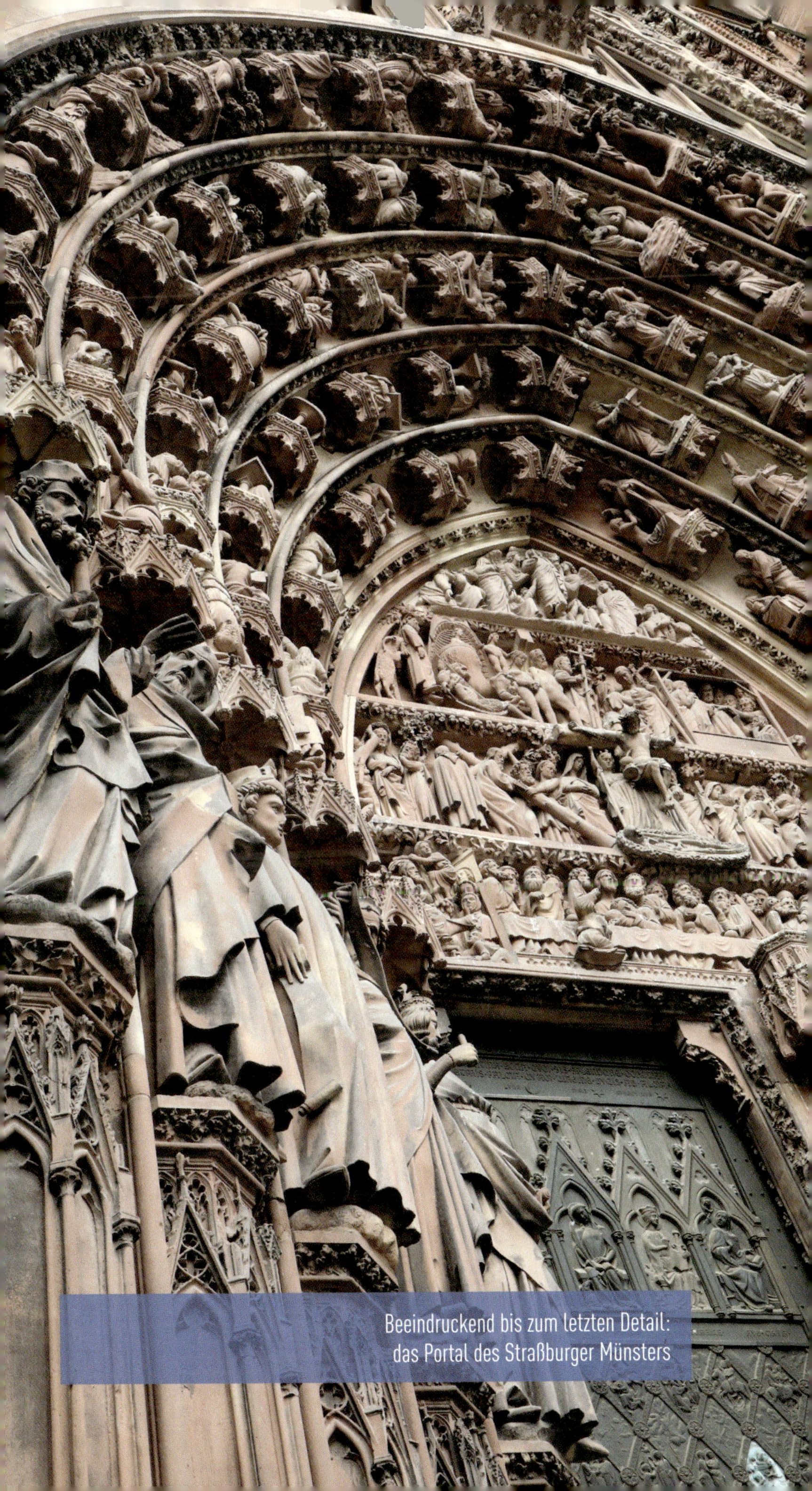

Beeindruckend bis zum letzten Detail:
das Portal des Straßburger Münsters

steinernen Erdgeschoss mit seinen Arkaden wurden die Waren verkauft. Im Innern des Münsters beeindruckt die Orgel. Sie wurde von Andreas Silbermann 1716 erbaut. Zu ihrem Repertoire zählen 40 Register und 2602 Pfeifen. Das vergoldete Gehäuse ist ganze 20 Meter hoch und stammt aus dem Jahr 1489. Die Kanzel stammt aus der Spätgotik und wurde 1485 für den großen Prediger Geiler von Kaysersberg aufgestellt, der 31 Jahre lang im Münster predigte. Die zwölf Apostel der astronomischen Uhr ziehen jeden Tag um 12.30 Uhr nacheinander an Christus vorbei, während der Hahn mit den Flügeln schlägt und dreimal kräht. Das Uhrwerk wird wöchentlich aufgezogen. Die astronomische Uhr gibt es übrigens schon seit dem Mittelalter. Der Sage nach wurde ihr Erfinder und Erbauer geblendet, um den Mechanismus nicht verraten zu können. Man kann auch auf den 140 Meter hohen Südturm steigen. Schon der Aufstieg ist ein Erlebnis: Zunächst erklimmt man die 66 Meter beziehungsweise 328 Stufen bis zur Plattform, dann geht es weitere 40 Meter im Turm nach oben. Von dort genießt man einen sagenhaften Blick auf die Stadt und auf die beeindruckenden Figuren am Trauf des Münsterdachs. Hinunter geht es über eine andere Treppe.

Natürlich sollte man in Straßburg auch »La Petite France« besuchen und durch die Gassen dieses malerischen Stadtviertels schlendern. Es ist zwar ein Besuchermagnet und es sind darum das ganze Jahr über viele Leute unterwegs, aber die alten Häuser, die Plätze, Cafés und kleinen Lädchen haben trotzdem ihren Charme, den man sich nicht entgehen lassen sollte. Früher wohnten hier Gerber, Fischer und Müller. Das »Gerberhaus« trägt die Jahreszahl 1572. Die meisten Häuser haben einen Überhang, sodass die oberen Geschosse über das Erdgeschoss ragen. An den offenen Dachgalerien konnten die Gerber die Häute zum Trocknen aufhängen.

Ein Stück weiter noch kommen die Ponts-Couverts, die gedeckten Brücken. Sie wurden zwischen 1200 und 1250 erbaut, im Mittelalter waren sie aus Holz und hatten ein Ziegeldach, daher stammt auch ihr Name. Direkt hinter den Brücken befindet sich das Vauban-Wehr. Nach den Plänen des Baumeisters Vauban wurde es 1681 erbaut, um die alten Befestigungsanlagen zu verstärken. Eine raffinierte Technik stellte sicher, dass Angriffe erfolgreich abgewehrt werden konnten: Hierzu schloss man die Bögen der Brücke mit Klappen, sodass der Süden der Stadt unter

Wasser gesetzt war. In den 60er-Jahren wurde eine Panoramaterrasse auf das Wehr gebaut, von der aus man nun einen schönen Blick auf die Altstadt hat.

In Straßburg gibt es noch unzählig vieles zu sehen. Das Europaviertel zum Beispiel. Oder das Rohanschloss mit seinen Museen der dekorativen und schönen Künste. Oder die vielen Märkte mit ihrem ausgefallenen Warenangebot. Neben Lebensmitteln finden sich da Bücher, Blumen, Trödel und Kunsthandwerk. Oder den Place Kléber, der an den berühmten Straßburger erinnert, und an dem der General der Revolutionsarmeen auch begraben liegt. Wir können mit einem der Ausflugsboote auf dem Wasser durch Straßburg schippern. Eine sehr schöne Art, sich in der Stadt fortzubewegen und nebenbei noch etwas über ihre Sehenswürdigkeiten zu erfahren. Oder wir setzen uns einfach in eines der vielen schönen Straßencafés, genießen ganz klassisch bei einem Café au lait und einem Croissant oder einem Glas Wein das französische Savoir-vivre und sparen uns all die unerledigten Programmpunkte für das nächste Mal auf. Denn wir kommen wieder. Ganz bestimmt. Mit ihrem unwiderstehlichen Charme hat die europäische Metropole unsere Herzen mühelos erobert. Gerne lassen wir da noch die eine oder andere Sache offen.

Ausgewählte Adressen und Tipps

Rust, www.rust.de (s. auch S. 192f.)

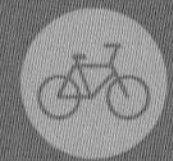

Fahrradverleih an der Tourist-Information Rust
Karl-Friedrich-Str. 6, 77977 Rust

Kappel-Grafenhausen, www.kappel-grafenhausen.de

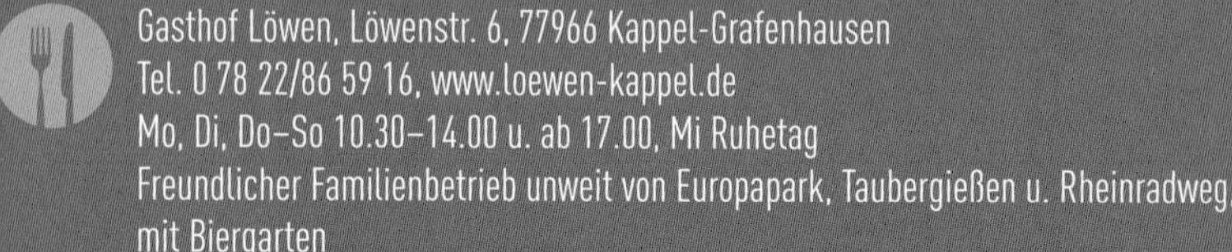

Gasthof Löwen, Löwenstr. 6, 77966 Kappel-Grafenhausen
Tel. 0 78 22/86 59 16, www.loewen-kappel.de
Mo, Di, Do–So 10.30–14.00 u. ab 17.00, Mi Ruhetag
Freundlicher Familienbetrieb unweit von Europapark, Taubergießen u. Rheinradweg, mit Biergarten

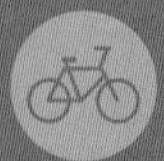

Erwin Sterzenbach, Hauptstr. 149, 77966 Kappel-Grafenhausen
Tel. 0 78 22/6 11 48, www.fahrrad-sterzenbach.de, Fahrradverleih u. Service

Schwanau, www.schwanau.de

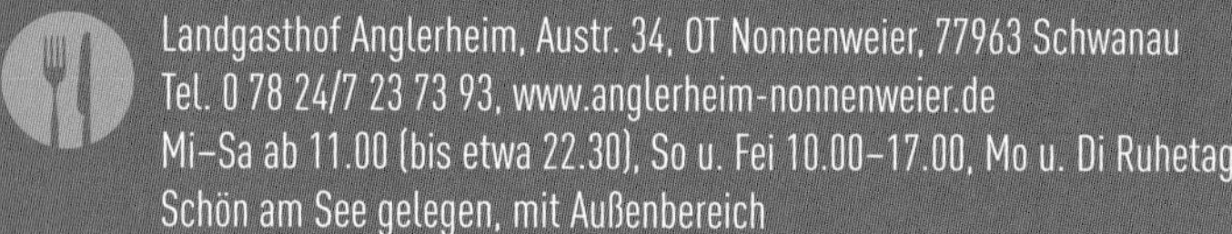

Landgasthof Anglerheim, Austr. 34, OT Nonnenweier, 77963 Schwanau
Tel. 0 78 24/7 23 73 93, www.anglerheim-nonnenweier.de
Mi–Sa ab 11.00 (bis etwa 22.30), So u. Fei 10.00–17.00, Mo u. Di Ruhetag
Schön am See gelegen, mit Außenbereich

Neuried, www.neuried.net

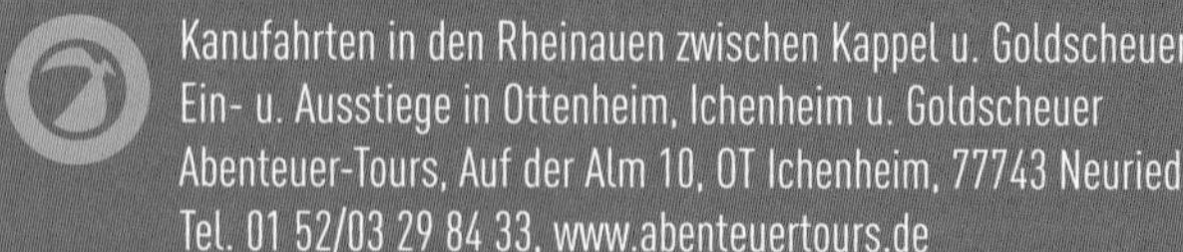

Kanufahrten in den Rheinauen zwischen Kappel u. Goldscheuer
Ein- u. Ausstiege in Ottenheim, Ichenheim u. Goldscheuer
Abenteuer-Tours, Auf der Alm 10, OT Ichenheim, 77743 Neuried
Tel. 01 52/03 29 84 33, www.abenteuertours.de

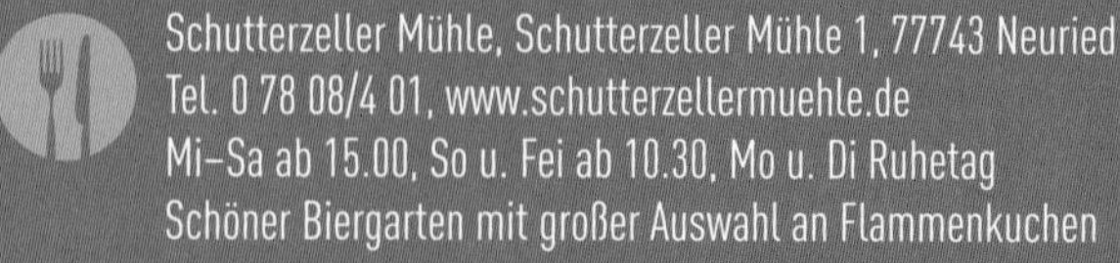

Schutterzeller Mühle, Schutterzeller Mühle 1, 77743 Neuried
Tel. 0 78 08/4 01, www.schutterzellermuehle.de
Mi–Sa ab 15.00, So u. Fei ab 10.30, Mo u. Di Ruhetag
Schöner Biergarten mit großer Auswahl an Flammenkuchen

Kehl, www.kehl.de

Restaurant Rheinschneck, Gustav-Weis-Str. 19, 77694 Kehl
Tel. 0 78 51/28 07, www.rheinschneck.de
Mi–Fr 14.00–22.00, Sa 11.00–22.00, So u. Fei 11.00–21.00, Mo u. Di Ruhetag
Direkt am Altrhein, mit Bootsverleih u. schöner Terrasse

Bittiger GmbH, Eckartsweierer Str. 10, OT Marlen, 77694 Kehl
Tel. 07854/253, www.bittiger-gmbh.de, Fahrradservice

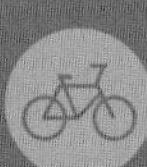

Straßburg, www.strasbourg.eu

Tourist office, 17 Place de la Cathédrale (am Münster), 67082 Strasbourg
www.otstrasbourg.fr; hier kann man einen Radstadtplan bekommen; es wird Französisch, Deutsch u. Englisch gesprochen, auch Infos zu velhop, dem Fahrradvermietungsdienst, zu Fahrradhändlern u. Ladestationen

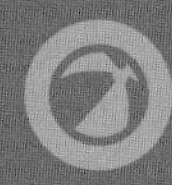

L'Ancienne Douane, 6 rue de la Douane, 67000 Straßbourg
Tel. 00 33/3/88 15 78 78, www.anciennedouane.fr
Tägl. 12.00–14.00, 19.00–22.00, Apr–Okt durchgehend geöffnet
Brasserie mit typisch elsässischer Küche, direkt am Fluss, bei schönem Wetter sitzt man auf Terrasse zum Quai St. Nicolas

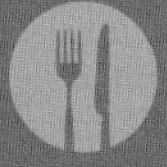

Art Café (im Musée d'Art moderne et contemporain)
1 place Hans-Jean-Arp, 67000 Straßbourg
Tel. 00 33/3/88 22 18 88, www.musees.strasbourg.eu
Interessantes Café im Museum für moderne u. zeitgenössische Kunst
Mit Terrasse, die sehr schönen Blick auf die Straßburger Dächer ermöglicht

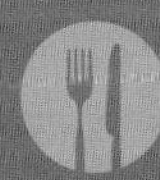

E-Bike-Ladestationen

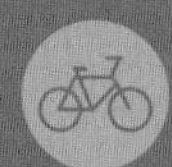

Kehl:

– an der Tourist-Info (Rheinstr. 77; auch E-Bike-Verleih)
- am Hotel-Restaurant (Jahnstr. 8)
- an Baldner's Gasthof Schwanen (Hauptstr. 20)

Entlang des Rheins sind die öffentlich zugänglichen Ladestationen noch nicht so breit gestreut. Aber die Region ist auf Radfahrer eingestellt u. es bietet sich an, bei Rasthöfen u. Gaststätten nachzufragen, ob man das E-Bike dort aufladen kann.

14 Fähren und Flammenkuchen

Eine Rundtour am Rhein zwischen Baden und Elsass

Ein Weißwein zum Aperitif, eine oder zwei Fährfahrten zwischendurch – bei dieser Tour kommt ganz gewiss Urlaubsstimmung auf. Zwischen Baden und Elsass radeln wir locker dahin und erfreuen uns zu Füßen von Schwarzwald und Vogesen an kulinarischen Leckereien und tollen Landschaften diesseits und jenseits des Rheins.

INFO

Die Strecke: (Rastatt –) Plittersdorf – Steinmauern - Karlsruhe – Wörth – Lauterbourg – Seltz – Wintersdorf – Plittersdorf (– Rastatt)
Länge: 43 km mit beiden Fährfahrten, 61 km nur mit der Fähre Plittersdorf, 58 km nur mit Fähre Neuburgweier, 77 km gesamte Strecke ohne Fähren; kombinierbar mit Tour 15 (s. S. 222ff.)
Markierung: Rheinradweg EuroVelo 15, auf frz. Seite: Véloroute Rhin
Einstiegspunkt: Ortseingang Steinmauern
Anfahrt mit ÖPNV: Mit S-Bahn, Nah- oder Fernzug nach Rastatt Bahnhof (s. auch S. 162), mit dem Rad zum Ausgangspunkt nach Steinmauern
Rückfahrt mit ÖPNV: Mit S-Bahn, Nah- oder Fernzug ab Rastatt Bahnhof
Wetter: Am besten von Frühjahr bis Herbst, wegen der milden Witterung aber lange Zeit möglich; schattige u. einige sonnige Abschnitte, in den Auen gibt es je nach Jahr und Jahreszeit – im Frühjahr mehr als im Herbst – Stechmücken; an Insektenschutz und Sonnenschutz denken; im Sommer kann es bisweilen heiß werden
Schwierigkeitsgrad: Leicht, gut befestigte Wege, kaum Steigung
Für Familien: Sehr gut geeignet, da wenig Verkehr sowie Info über Land und Leute, Geschichte, Flora u.Fauna spielerisch u. abwechslungsreich präsentiert im PAMINA Rheinpark, viele Rastmöglichkeiten, viele Museen mit vielen verschiedenen thematischen Schwerpunkten, Badeseen bei Wintersdorf u. Plittersdorf, Fermasee bei Neuburgweier, Badesee Epple in Neuburg, Plage des Mouettes Lauterbourg, Baggersee bei Seltz
Übernachtung: In den meisten Ortschaften an der Strecke gibt es Übernachtungsmöglichkeiten, in Plittersdorf gibt es direkt auf dem Weg zur Fähre ein Hotel
Hilfreiche Internetadressen: www.rheinradweg.eu

Hier geht's lang

Die Länge dieser Rundtour können wir selbst bestimmen, indem wir zwischen Brücke und Fähre wählen. Vom Bahnhof in **Rastatt** fahren wir, sofern wir mit dem Zug anreisen, zum Ortseingang von Steinmauern, wo wir auf den Rheinradweg und auf die Beschilderung treffen. Der Weg führt uns an der Murg entlang in Richtung Goldkanal, **Steinmauern** liegt nun rechts von uns. Vorne am See fahren wir nach rechts in Richtung **Elchesheim-Illingen**.

Die Rheinfähren

Mit seiner unberechenbaren Art hat der Rhein seinen Anrainern vor seiner Begradigung im 19. Jahrhundert bisweilen unruhige Zeiten beschert. Manches Dorf wechselte unvermittelt vom rechten zum linken Ufer oder andersherum. Die Riedorte lagen zwischen 1310 und 1464 auf einer Insel. Neuburg und Neuburgweier, einst ein zusammengehöriger Ort, wurden 1592 durch den eigenwilligen Fluss sogar dauerhaft getrennt. 1231 gab es bereits eine Fähre zwischen dem damals noch rechtsrheinischen Neuburg und Hagenbach. 1967 stellte der letzte Neuburger Fährmann den Betrieb ein. 1984 ging der Fährbetrieb mit einem ausgedienten Boot der Wasserschutzpolizei weiter. Heute fährt die »Baden-Pfalz« zwischen Neuburg und Neuburgweier hin und her.
Die erste Fähre zwischen Plittersdorf und Seltz gab es bereits 1310. 1872 wurde eine Schiffbrücke eröffnet, während des Zweiten Weltkriegs wurde diese zerstört. Heute gleitet die Fähre als Gierseilfähre an einem Sicherungsseil, nur angetrieben durch die Strömungskraft, hin und her und transportiert jährlich rund 100 000 Autos, 60 000 Fahrräder und 30 000 Fußgänger.

Fährbetrieb:
Der Fährbetrieb ist möglich bis zu einem Höchstwasserstand von 6,30 Meter am Pegel Maxau. Die Wasserstandsmeldungen für den Pegel Maxau sind unter der Tel. 07 21/1 94 29 abrufbar.
Fährzeiten der Fähre Neuburg–Neuburgweier:
Infos unter www.rheinfaehre-neuburg.de
Marc Freiwald, Tel. 01 76/21 82 61 99 (nur während Fährbetrieb)
Infos zur Fähre Seltz-Rastatt/Plittersdorf gibt es auf der Homepage des Departements Alsace: www.inforoute67.fr

Wir fahren, in Elchesheim-Illingen angekommen, ein Stück am Ortsrand entlang, dann geht es durch ein schönes Auengebiet rechts in Richtung **Au am Rhein** und **Neuburgweier**. Bei Neuburgweier können wir nach links auf die L 566 abbiegen und die Fähre nach Neuburg nehmen (und zuvor noch im Restaurant *Zollhaus* oder am *Rheinkiosk* einkehren und die herrliche Lage am Rhein genießen). Wenn wir die Fähre auslassen und über Karlsruhe bzw. dessen westliche Ausläufer weiterfahren, dann geht es nun immer weiter auf dem Radweg, am Rheinstrandbad Rappenwört vorbei, über den Altrhein bis zum Hafengelände von **Karlsruhe.** Dort führt der Radweg vorbei am Gelände der EnBW und weiteren Betrieben und über ein Hafenbecken, deshalb erfolgen hier einige Richtungswechsel, die vielleicht zunächst nicht ganz lo-

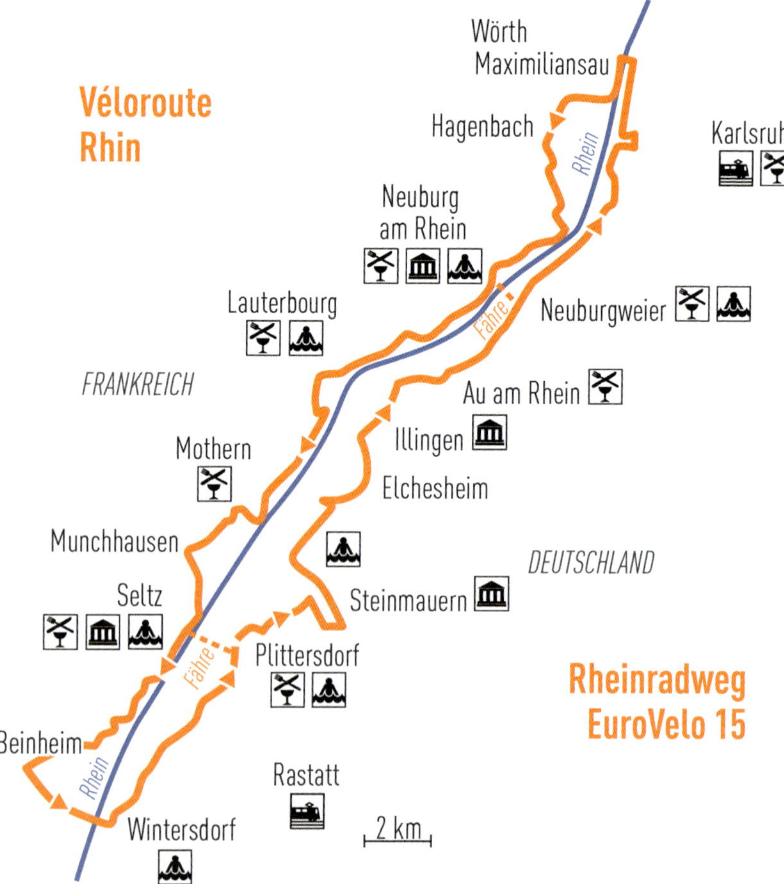

gisch erscheinen. Der Weg ist aber gut ausgeschildert, man muss der Variante des Rheinradwegs über das Hochwassersperrtor folgen. Beim Übergang über das Hochwassersperrtor schieben wir unser Rad über die luftige Brückenanlage, auf der anderen Seite geht es nach links und bald darauf wieder rechts am Rheinufer entlang, wo wir schon die Rheinbrücke Maxau sehen.

Auf dem Radweg radeln wir über den Rhein. Die Brücke wird derzeit (Stand Juli 2019) saniert, deshalb kann es bisweilen für die Autofahrer zu Vollsperrungen kommen, für Radfahrer und Fußgänger ist die Brücke zugänglich. Geplant ist, dass die Sanierung im Dezember 2019 fertig ist. Angekommen auf der anderen Seite der Brücke fahren wir jetzt flussaufwärts, direkt am Rhein entlang, mit toller Aussicht auf das weite Gewässer und das gegenüberliegende Ufer. Der Radweg beschreibt einen weiten Bogen um einen Altrheinarm und kommt schließlich wieder zum Rheinufer, bei **Neuburg** schließen wir uns ein kleines Stück weit der Lauter an. Dann queren wir sie, fahren links wieder zum Rhein, wo die Fähre anlegt. Wir fahren rechts – mal direkt am Rhein, dann durch Auen- und Wiesenlandschaften – nach **Lauterbourg** und überqueren dabei »ganz automatisch« die Grenze nach Frankreich. Die exponierte Lage des Restaurants *Au Bord du Rhin* am Hafen lädt direkt zu einer Pause ein. Wenn man sich Lauterbourg ansehen möchte – was wir uneingeschränkt empfehlen können – dann muss man nach dem Hafengelände rechts auf den Port du Rhin beziehungsweise die Route du Rhin fahren, die direkt nach Lauterbourg führt.

Unser Radweg führt im Hafengebiet rechts über Gleise, dann wieder links, wir umfahren ein großes Kieswerk; am Kreisverkehr nehmen wir die dritte Abfahrt, in einem Bogen geht es schließlich wieder an den Rhein und auf dem Damm entlang.

Mothern taucht rechts neben uns auf, in den Ort hinein geht es auf der Route du Rhin.

Wir radeln auf dem Damm weiter bis nach **Munchhausen**. Der Radweg führt am Ortsrand entlang und über die Sauer. Es folgt eine sehr schöne Etappe durch eine urwaldartige Landschaft im Sauerdelta. Dann radeln wir vorbei am Baggersee bei Seltz, wo wir eine Badepause einlegen können, ehe wir zur Fähre rollen und nach Plittersdorf fahren. Eine andere Möglichkeit wäre, nach Seltz hineinzufahren. Hierzu geht es ungefähr zwei Kilometer landeinwärts, also nach rechts.

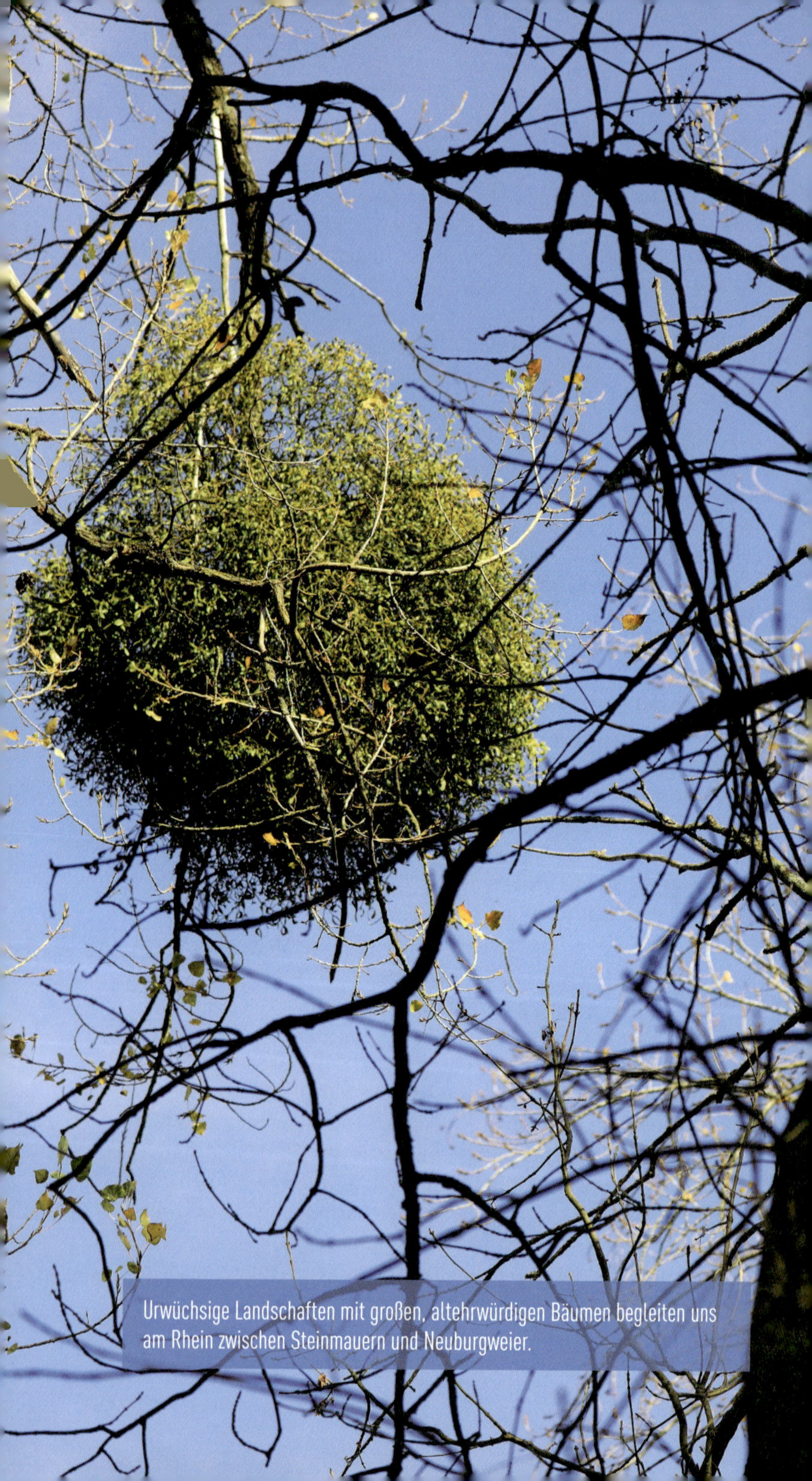

Urwüchsige Landschaften mit großen, altehrwürdigen Bäumen begleiten uns am Rhein zwischen Steinmauern und Neuburgweier.

Oder wir radeln weiter zur Wintersdorfer Rheinbrücke. Dazu fahren wir zunächst weiter am Rhein entlang, dann wendet sich der Weg ab und führt nach **Beinheim** auf die Rue des Cigognes. Schließlich stoßen wir auf die Rue Principale, in die wir links einbiegen. Dann geht es bald erneut links auf die Route du Rhin. Immer geradeaus radeln wir auf der D 87 bis zur Brücke in **Wintersdorf**, die uns mit ihrer speziellen Bauweise sehr beeindruckt. Auch der Blick von der Brücke den Rhein hinauf und hinunter macht Freude. Nach der Brücke fährt man ein kurzes Stück an der Autostraße entlang, biegt dann nach rechts auf einen Weg ein und fährt in einer Kehre zurück, um unter der Brücke auf den Rheinradweg zu gelangen. An der Kehre können wir, wenn wir baden wollen, auch einen Abstecher zum nahe gelegenen Baggersee machen. Weiter geht es dann am Radweg, auf dem man die Wintersdorfer Brücke unterquert. Dann radelt man durch tolles Auengebiet mit mehreren Altrheinarmen, vorbei am Boot »Aalschokker Heini« und an einem weiteren Badesee bis nach **Plittersdorf**, wo wir auf die Straße zur Fähre treffen. Von dort folgen wir entweder der Beschilderung des Rheinradwegs bis zum Einstiegspunkt in Steinmauern, oder wir fahren direkt nach Rastatt zum Bahnhof.

Das gibt's zu sehen

Die Strecke ist sehr gut geeignet für Familien, denn sie bietet einige Einkehrmöglichkeiten, großartige Landschaften und regelmäßig Abwechslung durch Museen, Infotafeln und Ausstellungsstücke wie den Aalschokker. Bei schönem Wetter ist allerdings einiges los. Zwei Mal können wir auf dieser Strecke mit der Fähre fahren. Vor Karlsruhe ist das auch tatsächlich empfehlenswert, denn die Fahrt bis zur viel befahrenen Rheinbrücke bei Maxau und über sie drüber zieht sich, auch wenn der Rheinhafen ein faszinierendes Gelände ist. Die Wintersdorfer Brücke ist ein tolles Bauwerk, allerdings gibt es dort keinen Fahrradstreifen, und wir müssen auf der Straße über die Brücke radeln. Für Kinder ist es auf jeden Fall attraktiv, wenn das Radfahren zwei Mal mit einer Schifffahrt unterbrochen wird. Wer sich für die Museen des PAMINA Rheinparks interessiert, der sollte sich zur Planung die Öffnungszeiten genauer anschauen, da die meisten Museen nur sonntags geöffnet haben. Und ausreichend Zeit zur Einkehr sollte man auf dieser Tour unbedingt auch einplanen!

Plittersdorf gehört zu Rastatt und ist der älteste Stadtteil davon. 2005 feierte man das 1275-jährige Bestehen. Der Ort wurde etliche Male durch kriegerische Auseinandersetzungen oder Rheinhochwasser zerstört und wieder aufgebaut. Von hier verkehrt die Fähre nach Seltz. Im Ortszentrum gibt es einen Lebensmittelladen, in dem sich der übliche Bedarf gut abdecken lässt. Außerdem finden wir eine Eisdiele, die uns später vielleicht den Tourenabschluss versüßen kann.

Der Radweg führt am Ortsrand von **Steinmauern** zum Goldkanal. In der Ortsmitte im Rathaus erfährt man im dortigen Flößermuseum einiges über das Flößen und die Flößerei im Rhein. Die Bewohner von Steinmauern flößten vor rund 200 Jahren die hoch begehrten Schwarzwaldstämme den Rhein hinunter bis hin zu seiner Mündung in Holland. Dort wurden sie zum Bau von Schiffen benötigt und hoch gehandelt. Im Museum gewinnen wir eine Vorstellung davon, wie riesig die Flöße damals waren. Die bis zu 300 Meter langen Wassergefährte benötigten bis zu 600 Mann Besatzung.

Der **Goldkanal** bei Steinmauern ist ein beliebtes Naherholungsgebiet – mit Bootshafen, Bademöglichkeit und einem Clubrestaurant des Ruderclubs –, das zwischen Steinmauern und Elchesheim sehr schön am See liegt. Mit 133,8 Hektar Fläche ist dieser der größte Baggersee Baden-Württembergs. Sein Name erinnert an die Goldwäscher, die hier vor der Rheinbegradigung ihrem mühseligen Tagewerk nachgingen. Wer die verzweigte Wasserlandschaft vom Boot aus erkunden mag, der kann sich ein Tret- oder Ruderboot mieten.

Erstmals wird **Illingen** 960 im Urkundenbuch zur Geschichte der Bischöfe von Speyer erwähnt. Alte Aufzeichnungen lassen vermuten, dass Illingen eines jener Dörfer gewesen sein muss, welches besonders unter den Tücken des Rheins zu leiden hatte. Noch im 15. Jahrhundert muss ein Rheinarm östlich von Illingen vorbeigeflossen und der Ort vor der Rheinbegradigung zeitweise linksrheinisch gewesen sein. Die Launen des Rheins zwangen die Illinger dazu, mehrfach ihren Ort umzusiedeln. In Illingen werden heute in der zum Museum umgebauten alten Dorfkirche die einst typischen Berufe der Menschen am Rhein vorgestellt,

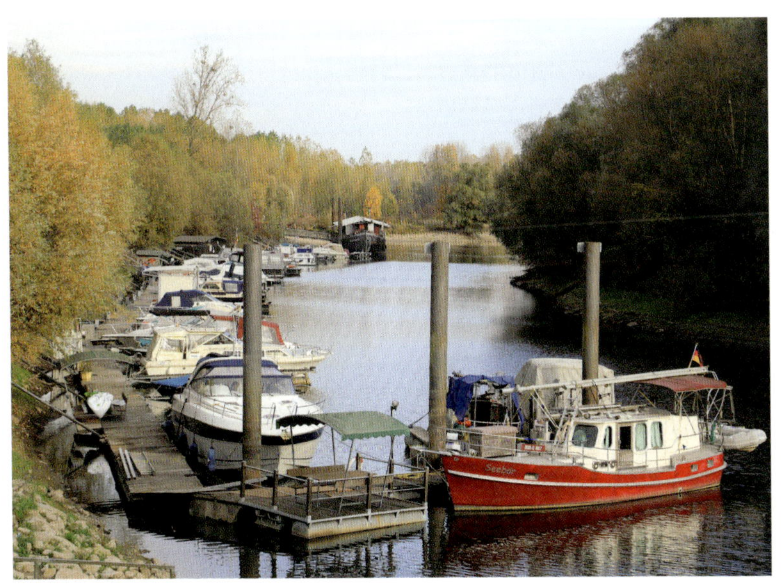

Ein ruhiges Plätzchen für Boote und Menschen bei Lauterbourg

und man erfährt, wie Goldwäscher, Fischer, Korbflechter, Holzschuhmacher und Bauern damals lebten.

Von **Neuburgweier** aus setzt die Fähre über zum pfälzischen **Neuburg**. An der Geschichte der beiden Orte kann man gut erkennen, dass die Menschen damals mit dem Leben am Fluss auch ihre liebe Not hatten. Die beiden Orte waren ursprünglich eng miteinander verbunden. Neuburgweier war ein zu Neuburg gehörender Weiler. Als der Rhein wieder einmal sein Bett wechselte, wurde der Weiler aber von Neuburg abgeschnitten. Die Bewohner mussten mit Booten, den »Nachen«, ans Ufer des Mutterdorfes und zur Heuernte auf ihre Wiesen übersetzen. Ab 1680 gehörten beide Orte zu Frankreich beziehungsweise zur Pfalz. Neuburgweier wurde 1707 dann gegen sponheimische Besitzungen eingetauscht und gelangte so von der Pfalz zu Baden, während Neuburg pfälzisch blieb. Jedes Jahr im Sommer feiern die beiden Orte im Wechsel – mal auf badischem Boden in unmittelbarer Nähe zur Anlegestelle der Rheinfähre »Baden-Pfalz«, mal auf pfälzischem Boden in Neuburg – das Fährfest.

Wer über **Karlsruhe** radeln möchte, der erfährt mehr zu Karlsruhe und seinen Sehenswürdigkeiten auf Tour 15 (s. S. 222ff.).

Der PAMINA Rheinpark

Der Rhein verbindet: Er ist zwar ein Grenzfluss, er kann aber auch zusammenführen. Südpfalz, Oberrhein und Elsass machen gemeinsame Sache und stellen mit dem PAMINA Rheinpark die Menschen des Rheins, die Natur und die Geschichte dieses Flusses in den Mittelpunkt. »PAMINA Rheinpark« steht für Palatinat du Sud/Südpfalz, Mittlerer Oberrhein und Nord-Alsace/Nordelsass. Eine Region als Museum ist der Grundgedanke, die Auenlandschaften sind die zentralen »Ausstellungsobjekte«. Das bedeutet, dass etliche Exponate »einfach so« am Weg liegen. Zum Rheinpark gehört beidseits des Rheins die Oberrheinlandschaft zwischen Leimersheim/Eggenstein-Leopoldshafen und Lichtenau/Drusenheim. Die Fläche misst rund 960 Quadratkilometer und umfasst 34 badische, pfälzische und elsässische Städte. In elf Museen werden die Anwohner, die Natur und die Geschichte der Menschen in der Region vorgestellt. Alle Museen sind thematisch und mit einem Radweg miteinander verknüpft. Im Gebiet gibt es zwei Naturschutzzentren und über 60 Stationen am Wegrand mit Hinweisschildern auf Besonderheiten an der Strecke. Eine Reihe an Broschüren informiert über die einzelnen Stationen sowie über Einkehr- und Übernachtungsmöglichkeiten.

Landratsamt Rastatt, Am Schlossplatz 5, 76437 Rastatt, Tel. 0 72 22/3 81 30 01
Im Riedmuseum, Am Kirchplatz 6–8, OT Ottersdorf, 76437 Rastatt,
Tel. 0 72 22/2 55 09
Naturschutzzentrum Karlsruhe-Rappenwört, Tel. 07 21/95 04 70
Alle Infos zu den Museen, Broschüren zum Herunterladen u. eine Übersichtskarte unter: www.pamina-rheinpark.org

Auch in **Neuburg** gibt es ein PAMINA-Museum; dort kann man sich anschauen, was es für einen Ort bedeutete, an einem Fluss zu siedeln, der seinen Lauf immer wieder veränderte. Mit viel Fleiß und Engagement wurde hier außerdem auf einem Schiff ein schwimmendes Schifffahrtsmuseum eingerichtet, in dem man sich allerlei Gerätschaften aus der Schifffahrt anschauen kann. Gleichzeitig bietet das Museum an der Lauter auch ein Restaurant, die *Lautermuschel.* Neuburg hat eine lange Tradition als Fährverbindung und als eine wichtige Zoll- und Lotsenstation. Infos zur Geschichte einer deutsch-französischen Zollstation kann man sich im ehemaligen Zollpavillon in Neulauterburg ansehen.

Lauterbourg ist ein hübsches Städtchen, in dem sofort die elsässische Genussfreude zu spüren ist. Überall, in den Innenhöfen der Häuser und in den Parks, an den Brückengeländern und auf den Verkehrsinseln, grünt und blüht es. Die Dreifaltigkeitskirche prägt das Stadtbild. Sehenswert sind der mittelalterliche Glockenturm und der gotische Chor, der aus der Mitte des 15. Jahrhunderts stammt. Vom Vorplatz der Kirche aus – dem ehemaligen Friedhof – hat man einen sehr schönen Blick auf Lauterbourg. Es lohnt sich, hierher einen Abstecher zu machen und ein wenig durch die mittelalterlichen Straßen zu bummeln. Cafés laden zu einer entspannten Pause ein. Restaurants locken mit elsässischen Spezialitäten. Wer Lauterbourg nicht direkt ansteuern will, dem kann trotzdem geholfen werden: Direkt am Rhein liegt das Restaurant *Au Bord du Rhin* in schöner Lage, mit einem tollen Ausblick und einer hübschen Terrasse.

Schneken und Knack

Im Elsass wird bekanntermaßen Weißwein angebaut – und natürlich auch getrunken. Fruchtig und leicht ist der Wein, er trägt das AOC-Prädikat für kontrollierte Herkunft und schmeckt als Aperitif oder zu einem typischen Elsässer Mahl wie Sauerkraut und Fisch. Sieben erlesene Rebsorten wachsen an den Hängen zu Füßen der Vogesen auf insgesamt 14.500 Hektar Anbaufläche, die sich auf 119 Gemeinden zwischen Straßburg und Mühlhausen verteilt: Gewürztraminer, Muscat, Pinot blanc, Tokay Pinot Gris, Riesling, Silvaner und als Rotwein oder Rosé der Pinot noir. Abgefüllt wird der Wein in schlanke Flaschen, die sogenannte Elsässer Flöte.
Aber auch Bier hat hier eine lange Tradition. Schon 1268 gab es den ersten Zusammenschluss elsässischer Brauer. Heute stammt mehr als die Hälfte des Biers, das in Frankreich getrunken wird, aus dem Elsass.
Natürlich kann man hier auch lecker essen. Zum Beispiel Flammenkuchen, Spätzle und Tarte à l'oignon – Zwiebelkuchen. Baeckeoffe, in elsässischem Weißwein geköchelte Kartoffeln mit Schweine-, Rind- und Hammelfleisch, wird in einem speziellen Gefäß zubereitet, das mit Teig verschlossen wird. Die Knack gibt es gerne mal auf Sauerkraut, die Wurst mit dem knackigen Biss wird aber auch zu Salade de pommes de terre, dem Kartoffelsalat, geschätzt. Auch der Kougelhopf, Gugelhupf, ist eine elsässische Spezialität und wird süß mit Rosinen und Mandeln oder salzig mit Speck und Walnüssen, genossen. In Frankreich isst man bekanntlich gerne Schnecken, im Elsass gibt es aber ganz spezielle: Die Fleischschneken entstehen, indem man Fleisch auf Nudelteig platziert, diesen zusammenrollt und zuschneidet, bevor die »Schnecken« in Brühe gegart werden.
All diese Leckereien kostet man am besten in einer Winstub, einer traditionellen elsässischen Gaststätte, von denen es etliche auf der Strecke unserer Tour gibt.

Auch **Mothern** empfiehlt sich mit einem hübschen Ortskern rund um eine Kirche. Der Ort verdankt seinen Namen dem Flüsschen Moder, der später dann in den Rhein fließt. Für Hungrige finden sich auch hier gemütliche elsässische Restaurants mit guten landestypischen Gerichten.

Munchhausen liegt sehr schön am Sauerdelta, und die Fahrt durch das Gebiet ist ein Genuss.

Der Mündungsbereich der Sauer in den Rhein ist Naturschutzgebiet und eines von sechs französischen Rheinauenreservaten. Der Bois de Munchhausen ist eine der letzten intakten Weichholzauen in Mitteleuropa. Die dortigen Silberweidenbestände sind im Jahresmittel vier bis sechs Monate von Wasser bedeckt.

In **Seltz** haben wir zunächst die wunderbare Möglichkeit, eine Badepause einzulegen. Und bevor man die Fähre zurück nach Plittersdorf nimmt oder weiterradelt, sollte man natürlich noch im Ort einkehren: Schön gelegen ist hier zum Beispiel das Restaurant *Auberge du Rhin*. Außerdem gibt es hier das Museum im Haus Krumacker, das uns die Ortsgeschichte näherbringt.

Die Badeseen Sämannsee und Sauweidesee bei **Wintersdorf** bieten sehr schöne Gelegenheiten zur Erfrischung. Unterwegs nach Plittersdorf begegnen wir dem »Aalschokker Heini«: Idyllisch liegt das Boot in den Rheinauen und lässt sich vom höher gelegenen Damm aus ausgiebig betrachten. Eine Infotafel informiert uns über die Aalfischerei. Die Auenlandschaft mit den uralten Bäumen ist es wert, dass wir uns zum Ende unserer Tour Zeit lassen für den einen oder anderen genaueren Blick auf die Altrheinarme, die wie verwunschen und aus der Zeit gefallen die Landschaft prägen. Ja, und dann nicht vergessen: In **Plittersdorf** zum krönenden Abschluss ein Eis essen!

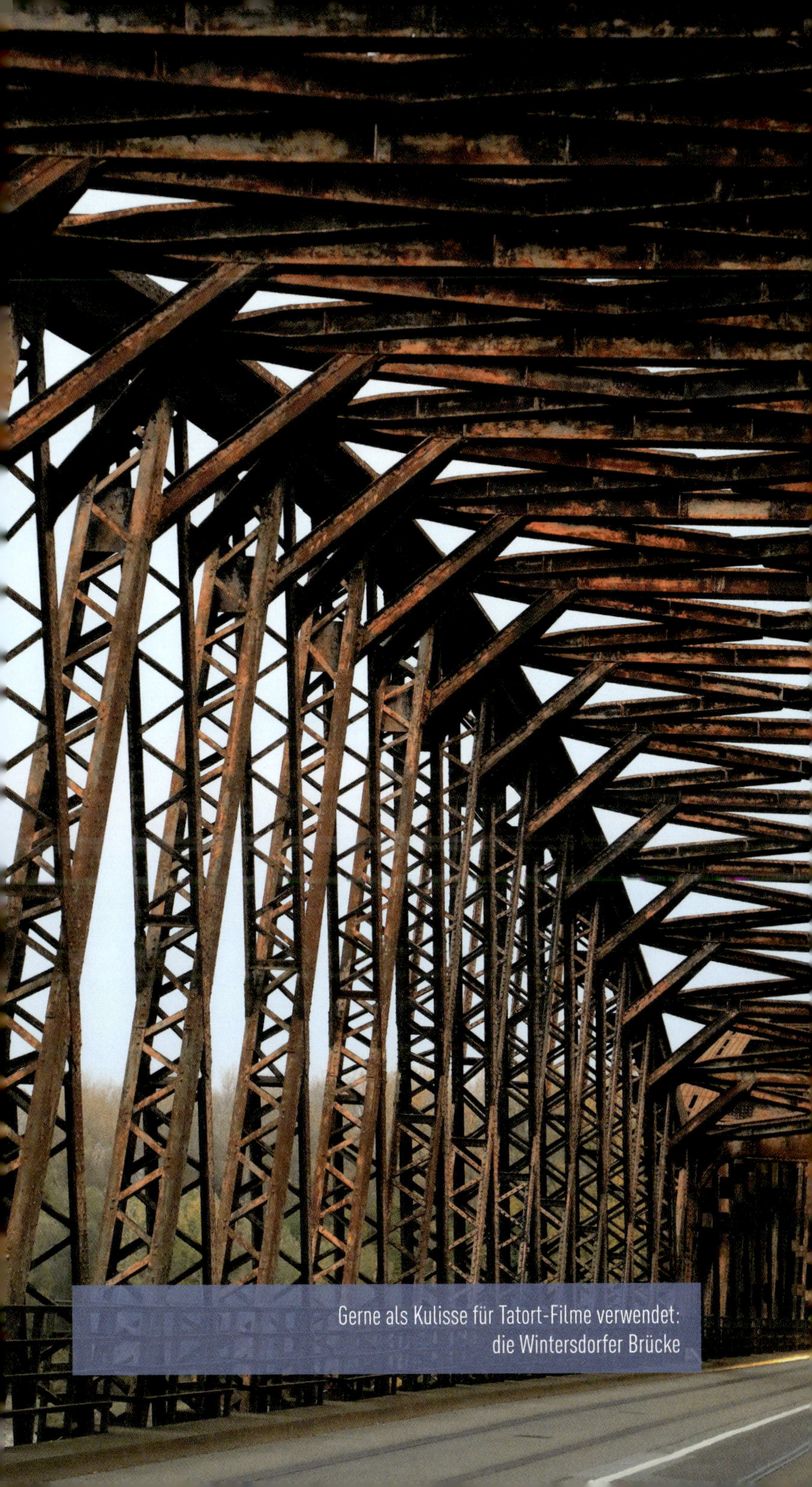

Gerne als Kulisse für Tatort-Filme verwendet:
die Wintersdorfer Brücke

Ausgewählte Adressen und Tipps

OT Plittersdorf, Rastatt, www.rastatt.de (s. auch S. 177)

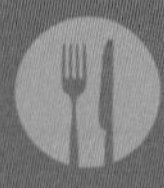

Eis Rimini, Fährstr. 49, OT Plittersdorf, 76437 Rastatt
Tel. 0 72 22/1 59 10 72
Beliebte Eisdiele, leckeres selbst gemachtes Eis, nach einer Tour geradezu ideal!

Elchesheim-Illingen, www.elchesheim-illingen.de

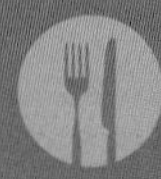

Ralfs Bootshaus, Am Goldkanal 3, 76477 Elchesheim-Illingen
Tel. 0 72 45/21 69, Mi–So 17.00–22.00, Mo u. Di Ruhetag
Zwischen Steinmauern u. Elchesheim, schön gelegen mit Panoramablick auf den Goldkanal

Au am Rhein, www.auamrhein.de

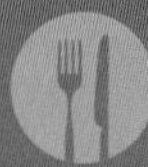

Restaurant Zollhaus, Am Altrheinhafen 1, 76474 Au am Rhein
Tel. 0 72 42/93 99 60, www.restaurant-zollhaus.de
Mo–Fr ab 11.00, Sa, So u. Fei ab 9.30, im Winter Mo Ruhetag
An der Rheinfähre Neuburgweier

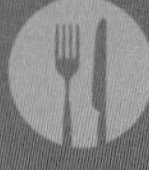

Rheinkiosk Seyfert am Rheinufer bei Neuburgweier
Auf der Rheinaustr. Richtung Rhein/Rheinfähre, 200 m nach dem Damm geht es rechts ab, der Beschilderung »Rheinkiosk Seyfert« folgen
Schöner Platz direkt am Wasser, mit Spielplatz u. urigen Hütten, eine Institution

Hagenbach, www.hagenbach.de

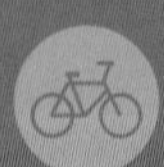

Zweirad Zimmermann, Rheinstr. 16, 76767 Hagenbach
Tel. 0 72 73/36 47, www.zweirad-zimmermann.de

Neuburg am Rhein, www.neuburg-am-rhein.de

Lautermuschel, Im Bruchloch 2, 76776 Neuburg am Rhein
Tel. 0 72 73/12 58, Apr–Okt tägl. 10.00–19.00, Nov–März Di–So 10.00–19.00
Schwimmendes Gasthaus direkt auf der Lauter; idyllisch gelegen mit Biergarten

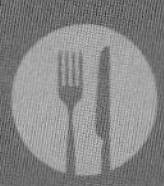

Lauterbourg, www.tourisme-alsace.com

Au Bord du Rhin, 13, port du Rhin, 67630 Lauterbourg
Tel. 00 33/3/88 94 80 20, www.au-bord-du-rhin.fr
Mi, Fr u. Sa 10.00–21.00, Do u. So 10.00–18.00, Mo u. Di Ruhetag
Tolle Lage direkt am Rhein, mit toller Aussicht u. schöner Terrasse

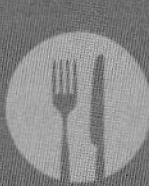

Restaurant À la charrue, Chez Gilbert, 26, rue de la 1ère armée, 67630 Lauterbourg
Tel. 00 33/3/88 94 87 97, www.gilbert-lauterbourg.com
Freundliche Wirtsleute, leckeres elsässisches Essen, empfehlenswerte Winstub

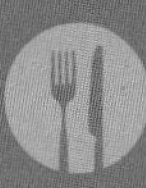

Mothern, www.tourisme-alsace.com

Restaurant Hotel A l'Agneau, 8, Route de Seltz, 67470 Mothern
Tel. 00 33/3 88 94 80 66, www.agneau-mothern.com
Gute elsässische Küche u. freundliche Gastgeber

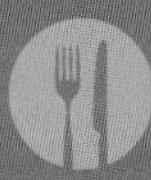

Seltz, www.tourisme-alsace.com

Auberge du Rhin, Bac de Seltz, Annexe du Rhin, 67470 Seltz
Tel. 00 33/3/88 86 51 18, www.aubergedurhin.com
Liegt direkt an der Fähre, elsässische Küche, leckere Flammkuchen

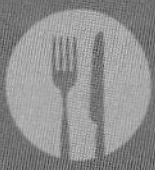

E-Bike-Ladestationen

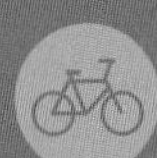

OT Wintersdorf, Rastatt:
– bei der Laufwelt (Beinheimerstr. 11)

15 Zwischen Urwald und Hightech

Am Rhein von Karlsruhe nach Speyer

Morgens barocke Schlosspracht, vormittags Natur pur, mittags schnörkellose Technik, nachmittags Chic der 20er und abends dann von allem etwas. Viele spannende Gegensätze und interessante Sehenswürdigkeiten zeichnen diese Tour aus. Wasserratten haben die Qual der Wahl zwischen etlichen Seen, die bis Speyer die Strecke säumen. Dazu sind wir grenzübergreifend unterwegs: Wir starten in Baden und fahren in der Pfalz ins Ziel ein. Ein Highlight zum guten Schluss ist die kleine Fähre, die uns – auf der geschichtsträchtigen Linie - gemütlich tuckernd über den Rhein bringt.

INFO

Die Strecke: Karlsruhe – Leopoldshafen – Waghäusel – Rheinhausen – Speyer

Länge: 67 km

Markierung: NaturRADtour Karlsruhe – drei grüne Blätter auf weißem Grund, Rheinradweg EuroVelo 15

Einstiegspunkt: Karlsruhe Bahnhof

Anfahrt mit ÖPNV: Mit Fernzug, Regionalzug oder S-Bahn bis Karlsruhe Hauptbahnhof

Rückfahrt mit ÖPNV: Mit Fernzug, Regionalzug oder S-Bahn ab Speyer Hauptbahnhof; Bahnhalte auf der Strecke

Wetter: Von Frühjahr bis Herbst geeignet, im Frühjahr und Sommer können bisweilen mehr Stechmücken unterwegs sein als im Herbst; an Sonnen- u. Mückenschutz denken und eventuell langärmlige Kleidung anziehen.

Schwierigkeitsgrad: Leicht; bei Hochwasser aber nicht befahrbar, Lebensgefahr!

Für Familien: Gut geeignet, viele Rastmöglichkeiten, Start u. Ziel wegen der Museen für Familien interessant; viele Bademöglichkeiten: Freibäder in Karlsruhe u. Speyer, Baggersee Fuchs & Gros in Eggenstein, Baggersee Mittelgrund in Leopoldshafen, Baggersee Metzgerallmend in Untergrombach, Baggersee Liedolsheim, Baggersee Rußheim, Badeseen im Binsfeld, und Steinhäuser Wühlsee bei Speyer

Übernachtung: In Karlsruhe, Eggenstein-Leopoldshafen, Linkenheim-Hochstetten, Waghäusel, Philippsburg u. Speyer

Hilfreiche Internetadresse: www.rheinradweg.eu

Hier geht's lang

Vom Bahnhofplatz in **Karlsruhe** fahren wir nach links auf die Viktor-Gollancz-Straße. An der Schwarzwaldstraße überqueren wir die Bahngleise und radeln am S-Bahnhof Albtalbahnhof nach links durch die Grünanlage in Richtung Alb. Am linken Albufer steigen wir ein in den Radweg »NaturRADtour« und folgen der Beschilderung an der Alb entlang.

Wir fahren vorbei am Knielinger See und dem Tulladenkmal und zur Rheinbrücke Maxau. Dort weist uns die Beschilderung EuroVelo 15 des Rheinradwegs nun weiter den Weg. Beim Raffineriegelände müssen wir aufpassen: Der NaturRADtour-Radweg geht nach rechts ab, wir bleiben aber auf dem EuroVelo 15 und fahren geradeaus weiter entlang der Alb. Dann geht es durch schöne Altrhein- und Auenlandschaften, vorbei an einem Kieswerk bei **Eggenstein-Leopoldshafen**.

Am Pfinz-Entlastungskanal geht es nach rechts, dann wieder links und auf die Leopoldstraße. Die bringt uns an den Rhein und zur Rheinfähre nach Leimersheim. Wir bleiben aber am rechten Rheinufer und radeln hier weiter entlang, bis der Abzweig nach rechts auf die **Insel Rott** kommt. Von dort geht es über die Drehbrücke und dann weiter, nach links auf den Damm und

Es lohnt sich auf dieser Strecke, ausreichend Zwischenstopps einzulegen.

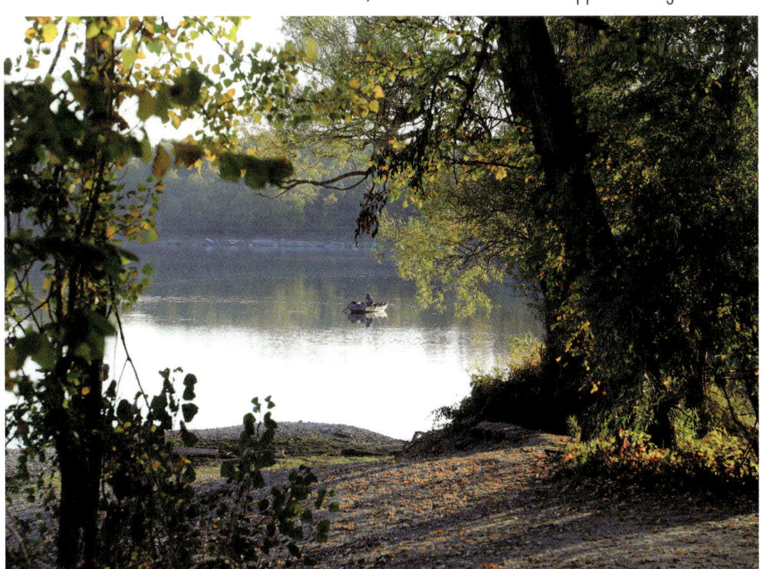

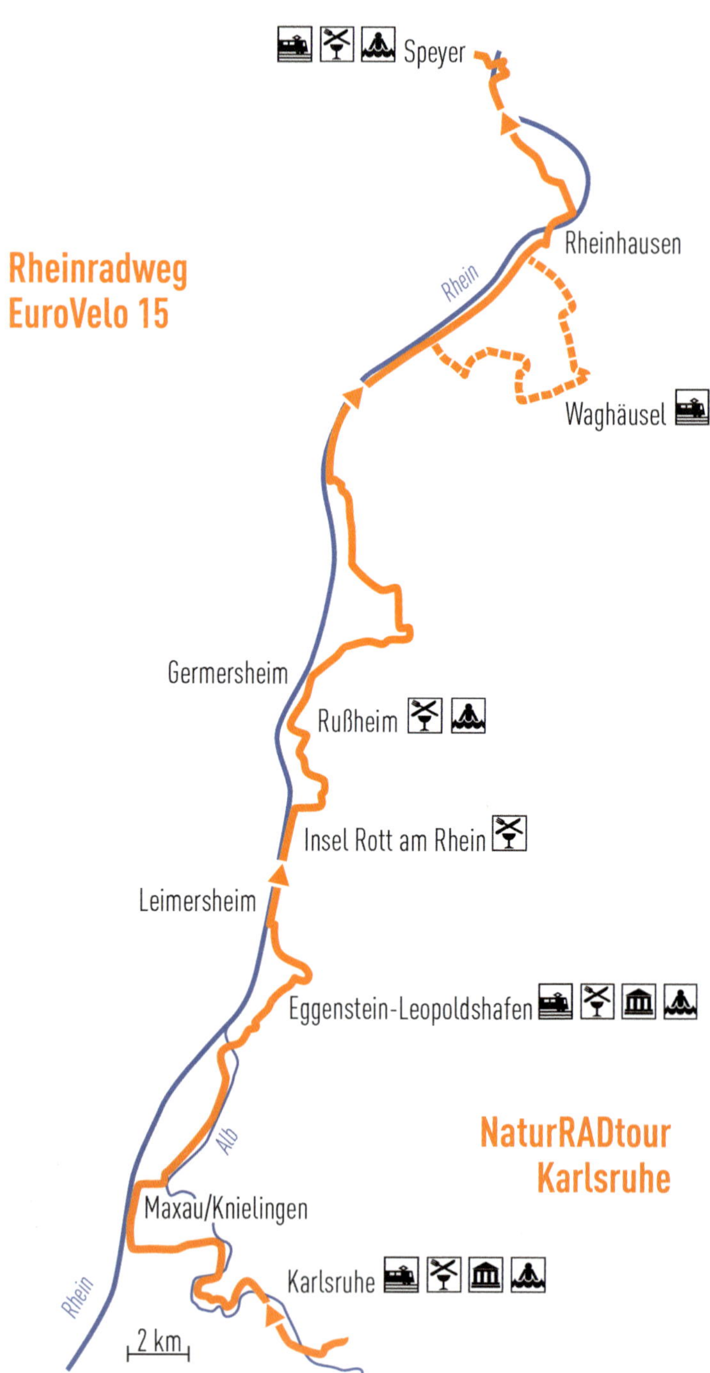
Speyer
Rheinhausen
Rhein
Rheinradweg
EuroVelo 15
Waghäusel
Germersheim
Rußheim
Insel Rott am Rhein
Leimersheim
Eggenstein-Leopoldshafen
Alb
NaturRADtour
Karlsruhe
Maxau/Knielingen
Karlsruhe
Rhein
2 km

dann an zwei Seen entlang. Auf dem Damm fahren wir weiter nach **Rußheim**, radeln rechts am Saalbachkanal entlang, überqueren ihn und sind jetzt auf der Rheinstraße. Kurz nach der Ortsgrenze fahren wir rechts, dann gleich wieder links und wir fahren über einen Altrheinarm. Dann geht es gleich wieder links, und schließlich rechts und bald wieder links. Der Radweg geht wieder an den Rhein und trifft auf die Brücke nach Germersheim. Es geht am Rhein entlang, bis wir zum Kernkraftwerk kommen. Dort folgen wir weiter der Beschilderung, es geht schließlich über den Philippsburger Altrhein und dann ein kurzes Stück am Kraftwerkgelände entlang, erneut über den Altrhein, am See vorbei bis zum Kreisverkehr. Wir folgen der Beschilderung nach Waghäusel zur Eremitage. Von der Eremitage nehmen wir den Radweg in Richtung Oberhausen-Rheinhausen und kommen dabei am Kloster Waghäusel vorbei.

In **Rheinhausen** durchqueren wir auf der Hauptstraße den Ort und gelangen so direkt zur Fähre, die uns auf die andere Rheinseite und in die Pfalz bringt. Drüben am linken Rheinufer angekommen, biegen wir ein auf die Industriestraße und fahren auf ihr weiter, vorbei am Technikmuseum; es geht nach links in die Geibstraße, dann links in die »Klipfelsau« und hoch zum Domplatz. Zum Bahnhof von **Speyer** schieben wir unser Rad durch die Maximilianstraße in Richtung Altpörtel und biegen rechts ein in die Bahnhofstraße, die uns zum Zielpunkt bringt.

Zwischen Brüssel und Innsbruck

Die Rheinhäuser Fähre, früher »Husener Fahr«, verbindet das rechtsrheinische Rheinhausen und das linksrheinische Speyer. Sie war Teil des ersten regelmäßig betriebenen, 1490 eingerichteten Postkurses von Innsbruck nach Brüssel und gehört zu den ältesten Flussfährverbindungen am Rhein und in Deutschland überhaupt. Erstmals erwähnt wurde sie 1296. Da es über die Jahrhunderte keine oder nur wenige Brücken über den Rhein gab, mussten Reisende und Händler Furten oder Fähren benutzen. In der Umgebung von Speyer gab es fünf Fähren. Vermutlich bestanden diese schon lange, bevor sie erstmalig erwähnt wurden.
Die Speyerer Bischöfe residierten seit 1371 nicht mehr in Speyer, sondern bis 1723 auf der rechten Rheinseite, zunächst in Udenheim, das im 17. Jahrhundert zur Festung Philippsburg wurde, und anschließend im Schloss Bruchsal. Sie pendelten ebenso mithilfe der Rheinhäuser Fähre wie die vom Rechtsrheinischen kommenden

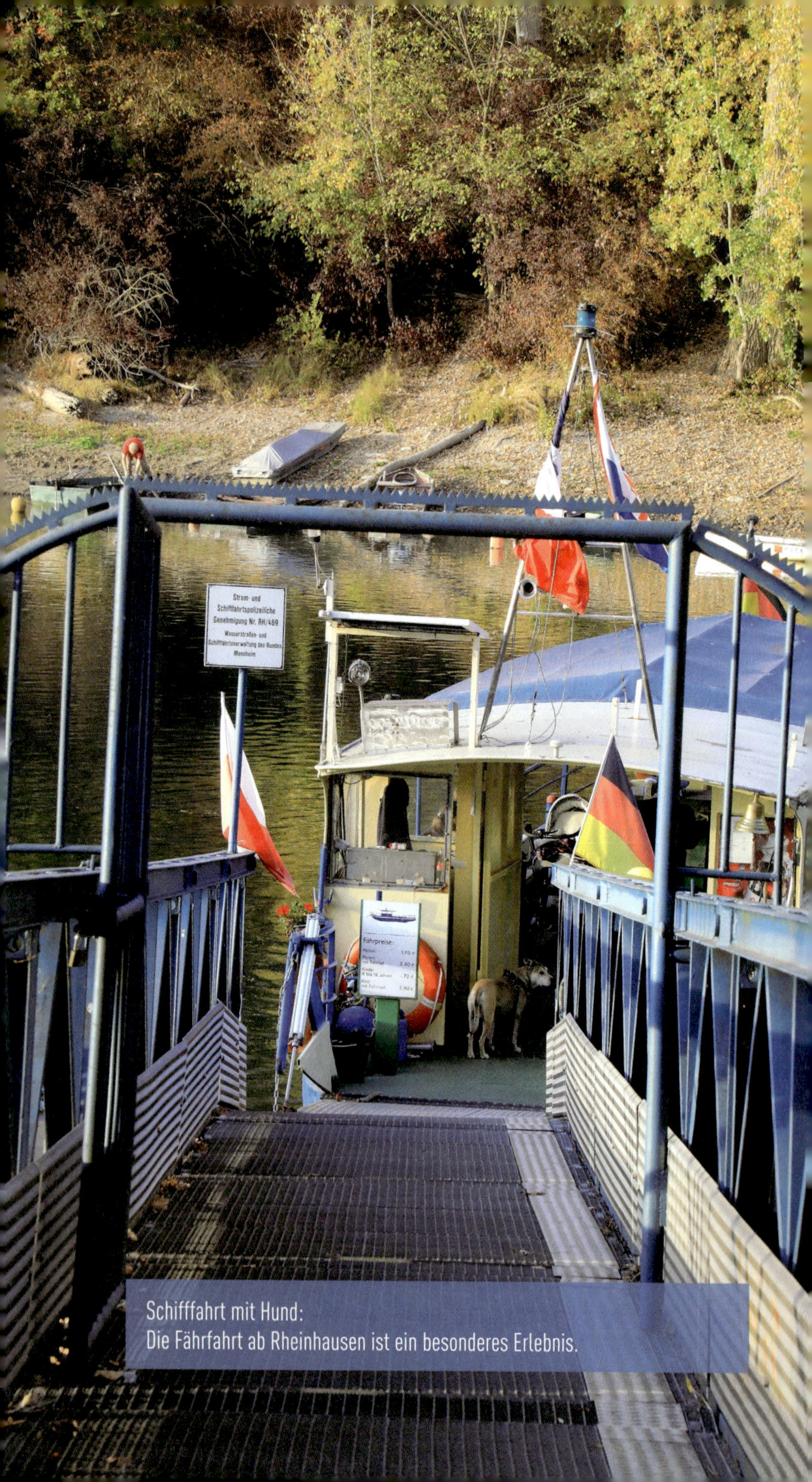

Schifffahrt mit Hund:
Die Fährfahrt ab Rheinhausen ist ein besonderes Erlebnis.

Fürsten und geistlichen Herren, die in Speyer die zahlreichen Hof- und Reichstage besuchten.
1966 fuhr die letzte Fähre. Seit 1995 pendelt während der Sommermonate wieder ein Schiff zwischen den Rheinufern, das gemütlich tuckernd Fahrräder und Personen von der einen zur anderen Seite bringt. Der Kapitän und sein Hund fahren regelmäßig freitags, samstags, sonn- und feiertags. An Bord kann man Getränke kaufen, bei Abendveranstaltungen wirft der Kapitän dann auch mal den Grill an (weitere Infos beim Hessenauer Fährbetrieb unter der Tel. 01 72/6 31 71 17).

Das gibt's zu sehen

Diese Tour ist eine Tour der Gegensätze. Technik pur am Hafengelände und beim Kraftwerk Philippsburg, urwaldähnliche Verhältnisse in den Auen. In Speyer schließlich beides nebeneinander: Moderne Zeiten im Technikmuseum, historische Sehenswürdigkeiten in der Stadt und vor allem im Dom. Ein einmaliges Erlebnis kurz vor Speyer und dem Ende der abwechslungsreichen Tour ist die Fährfahrt auf der ehemaligen Postlinie.

Karlsruhe wurde 2019 vom ADFC zur fahrradfreundlichsten Stadt Deutschlands gekürt. Das ist schon mal ein guter Grund für uns, die Stadt zu besuchen. Es gibt aber selbstredend noch mehr, was uns hier gefällt. Um in Urlaubsstimmung zu kommen, empfiehlt sich immer ein Ausflug in den Karlsruher Schlossgarten. Sich einfach niederlassen, den Parkbesuchern zuschauen beim Yoga, beim Ballspielen, beim Jonglieren, beim Diskutieren oder Lesen, ab und an einen Blick auf das Schloss werfen und einfach das Savoir-vivre genießen, das von den nahegelegenen französischen Nachbarn herüberstrahlt auf das rechte Rheinufer und das Karlsruhe hier perfekt weitervermittelt.

Das wäre dann vielleicht auch ganz im Sinne des Stadtgründers. Markgraf Karl Wilhelm von Baden-Durlach gefiel seine bisherige Bleibe in Durlach nicht mehr, und so ließ er 1715 nach dem Vorbild von Sonnenkönig Ludwig XIV. mitten im Wald einen standesgemäßen Wohn- und Regierungssitz errichten. Der absolutistischen Versailler Lebensart ist es wohl auch zu verdanken, dass Karlsruhe den Beinamen »Fächerstadt« hat. Einem Fächer gleich, auf das Schloss hin ausgerichtet, wurden neun Alleen geschaffen. Der symmetrische Grundriss ist auch heute noch erkennbar, vom Schlossturm aus zum Beispiel. Dort hat man von der Aussichtsterrasse in 42 Metern Höhe einen tollen Blick auf die Stadt, den Schwarzwald und die Pfälzer Berge. 165 Stufen muss man hierfür erklimmen. Im Schloss ist heute das Badische Landesmuseum untergebracht. Es präsentiert Kunst und historische Lebenswelten von der Ur- und Frühgeschichte über antike Kulturen, das Mittelalter und die Barockzeit bis ins 21. Jahrhundert. Jeden Freitag ist »Happy Friday«, dann gibt es freien Eintritt von 14 bis 18 Uhr.

Weniger anstrengend als die Turmbesteigung ist der Weg in den Botanischen Garten; er grenzt gleich an den Schlossgarten an und bietet die Möglichkeit, vor der Tour noch mal Kräfte zu sammeln. Orangerie, Gewächshäuser, Wintergarten und Kunsthalle bilden zusammen das entsprechende Ambiente. Die badischen Markgrafen und Großherzöge waren leidenschaftliche Pflanzenliebhaber und schufen schon früher eine beeindruckende Sammlung an exotischen Gewächsen. 1808 ließ dann Karl Friedrich von Baden den Garten anlegen. In den Schauhäusern sind Pflanzen aus drei verschiedenen Klimazonen zu sehen. Wer im August oder September in Karlsruhe ist, der sollte sich überlegen, bereits am Abend vorher anzureisen und sich die Schlosslichtspiele anzuschauen, veranstaltet von der Stadt und dem ZKM, dem Zentrum für Kunst und Medien. Unter verschiedenen Themenstellungen wird das Schloss Abend für Abend speziell beleuchtet und mit Projektionen in ein digitales Kunstwerk verwandelt. Der Eintritt zu diesen spektakulären sommerlichen Freiluftfestspielen ist frei.

Zwischen Schloss und Botanischem Garten stoßen wir auf das Bundesverfassungsgericht, das zusammen mit dem Bundesgerichtshof und der Generalbundesanwaltschaft in Karlsruhe seinen Sitz hat. 2019 wird der 70. Geburtstag unseres Grundgesetzes gefeiert. Hier wird nun also geschaut, dass alles, was dort festgehalten ist, auch eingehalten wird.

Über die Karl-Friedrich-Straße gelangen wir zum Marktplatz, dem zentralen Platz in Karlsruhe. Die Evangelische Stadtkirche und das Rathaus stehen einander gegenüber und prägen zusammen den Platz, an dem die Kaiserstraße, eine der Karlsruher Einkaufsmeilen, verläuft. Auffallend ist die griechische Anmutung der 1816 eingeweihten Kirche. Mit ihren sechs Säulen erinnert sie an einen Tempel. Der Karlsruher Architekt Friedrich Weinbrenner baute sie nach den Anweisungen des Landesherrn

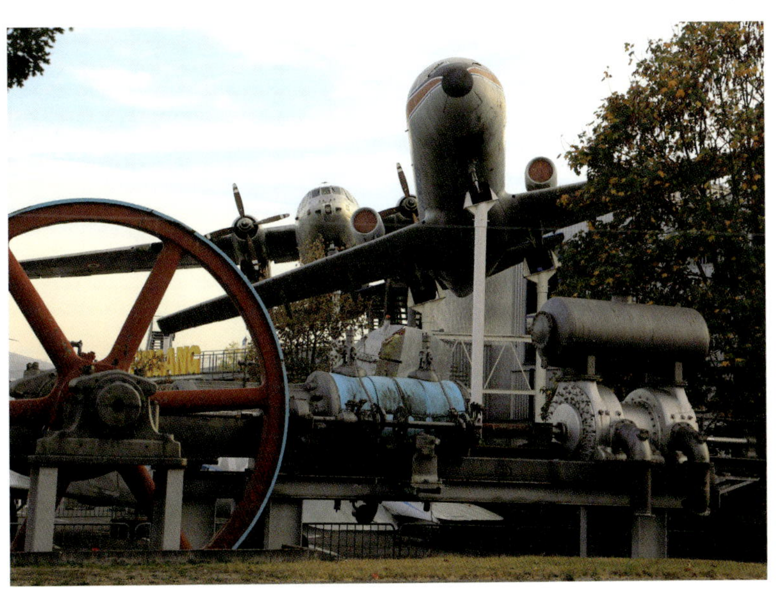

Airbus & Co.– zu sehen im Technikmuseum von Speyer

Großherzog Karl Friedrich. Die Vorhalle mit sechs korinthischen Säulen nimmt Bezug auf den Mittelrisalit des Rathauses, der mit zwei Säulen ausgeschmückt wurde. Weinbrenner war auch der Architekt des Rathauses. 1805 begann man mit dem Bau, 1825 wurde Einweihung gefeiert.

Vom Rathausbalkon wurde am 14. Mai 1849 die Republik verkündet. Das Rathausgebäude ist auch heute noch im Dienst, dort sind die Stadtverwaltung und das digitale Bürgerbüro untergebracht.

Vorgänger der Stadtkirche war die Konkordienkirche, die an jener Stelle stand, an der sich nun die Pyramide befindet. Auch die Pyramide wurde von Weinbrenner geplant. 1825, nachdem die Stadtkirche eingeweiht war, wurde die Konkordienkirche abgerissen und an ihrer Stelle die Pyramide errichtet. Sie ist nun das Grabmal von Stadtgründer Markgraf Karl Wilhelm und das markante Wahrzeichen der Stadt.

Auch wenn wir uns erst am Startpunkt der Tour befinden, empfehlen wir allen an Kunst und Medien Interessierten bereits an dieser Stelle einen Museumsbesuch. Vielleicht mag es sich ja mancher überlegen, einen Tag früher anzureisen oder noch mal extra nach Karlsruhe zu kommen. Das ZKM, das Zentrum für

Kunst und Medien, ist ein in dieser Art einmaliges Museum, das einfach auch reichlich Spaß macht. Hier darf man Ausprobieren, Mitmachen und Entdecken. Die Sammlung und die Archive des ZKM umfassen Werke und Dokumente des 20. und 21. Jahrhunderts. Dazu kommen wechselnde Ausstellungen. Alle möglichen künstlerischen Gattungen sind hier versammelt: Malerei, Skulptur, Videokunst, Performance, Musik und computerbasierte Werke. Der Bestand an Videokunst zählt zu den größten in Europa, die Computerkunstsammlung ist die größte ihrer Art weltweit.

Der Karlsruher Rheinhafen ist die Verbindung der Stadt mit der internationalen Schifffahrt. Vor allem Mineralölprodukte und feste Brennstoffe werden auf der Wasserstraße transportiert. Das kann man an den riesigen Kohlehalden erkennen, wenn man an dem Gelände vorbei in Richtung Rheinufer radelt. Hier beginnen auch Rundfahrten zu vier Häfen. (Reservierungen und Karten gibt es unter Tel. 07 21/5 99-74 24 oder -74 21 und an allen Vorverkaufsstellen oder unter www.rheinhafen.de/fahrgastschiff-karlsruhe/tickets/)

Das Knielinger Museum liegt in unmittelbarer Nähe der Rheinbrücke Maxau zwischen Karlsruhe und Wörth. Da ist es naheliegend, dass man sich dort mit den Rheinübergängen beschäftigt. Am 8. Mai 1865 wurde an dieser Stelle die erste Eisenbahn-Schiffsbrücke in Betrieb genommen. Auf ihr konnten sowohl Eisenbahn als auch Autos über den Rhein fahren, während es gleichzeitig möglich war, dass Frachtschiffe auf dem Rhein fuhren. 1937 baute man eine neue, feste Straßen- und Eisenbahnbrücke aus Stahl. Damit musste das ehemals an dieser Stelle befindliche beliebte Maxauer Rheinbad weichen. Im Museum gibt's noch ein Modell davon zum Anschauen. In einem großen Bereich des Museums geht es im Übrigen um die Alltagskultur des 19. und frühen 20. Jahrhunderts. Dort gibt es historische Waschmaschinen, Bügeleisen bis hin zu allerlei landwirtschaftlichem Gerät zu sehen.

Nach der Durchfahrt des Raffineriegeländes beginnt eine andere Welt. Gerade haben noch Pipelines unseren Weg begleitet, jetzt übernehmen Reiher und Silberweiden die Regie. An dem Flüsschen Alb entlang bewegen wir uns durch tolle Natur. Auch die Rheinauen mit den riesigen Pappeln und ihrem urwaldartigen Bewuchs sind etwas ganz Besonderes. Ohne ein Gefühl von

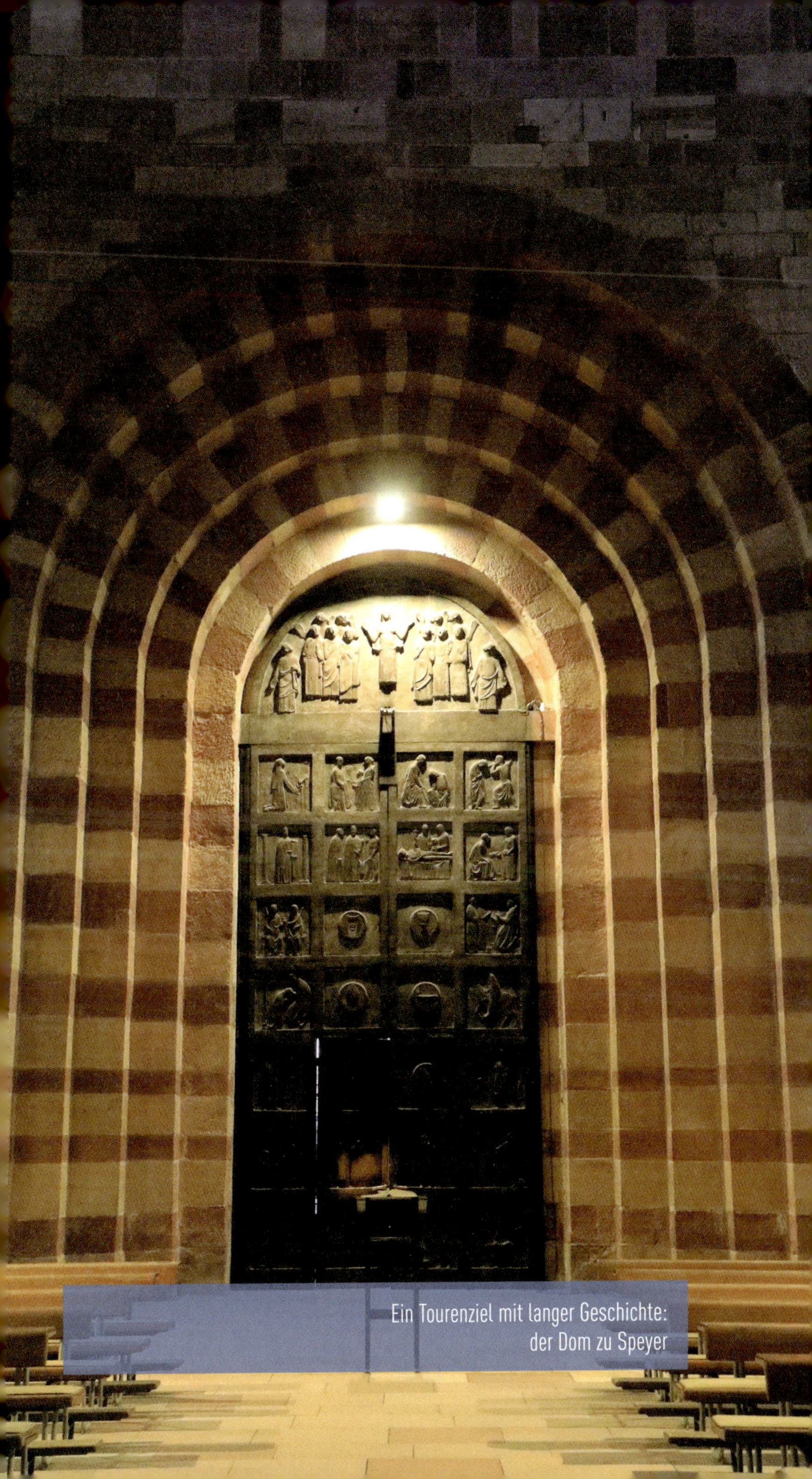

Ein Tourenziel mit langer Geschichte:
der Dom zu Speyer

Zeit und Raum können wir hier durch scheinbar unberührte Landschaften radeln, nur begleitet vom Rauschen der Bäume und dem vielfachen Gesang der Vögel.

Wertvolle Dschungellandschaft

Auen bieten vielen Tieren und Pflanzen einen Lebensraum. In Mitteleuropa sind die urwaldartig gewachsenen Landschaften allerdings selten geworden. Seit der Rhein begradigt wurde, liegen hier Gebiete trocken, die zuvor unter Wasser standen. Entlang der Altarme sind manche Flächen noch regelmäßig geflutet.
Eine typische Bewohnerin der Auen ist die Silberweide. Sie kann bis zu 300 Tage im Jahr im Wasser stehen. Die meisten Pflanzen- und Tierarten leben auf höher gelegenen Sand- und Kiesinseln in der Hartholzaue, die bis zu 50 Tage pro Jahr unter Wasser stehen kann. Stieleichen, Eschen, Hainbuchen, Feld- und Flatterulmen sowie Wildobstarten, Käfer, Libellen und Amphibien, Waldkäuze, Waldohreulen, Bunt-, Grün- und Mittel-Spechte, Singdrosseln, Pirole, Nachtigallen, Mäusebussarde, Schwarzmilane, Fledermäuse, Igel, Nutrias, Rehe und Wildschweine sind hier Zuhause.

In **Leopoldshafen** am Alten Hafen sehen wir das Fundament einer ehemaligen Krananlage des frühen Rheinhafens und »Sophie«, die alte Gierfähre, die früher zwischen Leimersheim und Leopoldshafen fuhr. Der Alte Hafen war einst der südlichste Hafen am Rhein und später dann ein Strandbad. Das Heimatmuseum vor Ort ist an sich als Gebäude schon sehenswert. Es wurde zwischen 1720 und 1730 erbaut und steht unter Denkmalschutz. Ein Auenpfad informiert über die Besonderheiten des Auwalds; er beginnt in der Nähe der Tennisplätze.

Die beiden Restaurants auf der **Insel Rott** haben eine ganz besondere Lage. Sie sind umgeben von Wasser und sind während der Saison sehr gefragt. Eine alte Drehbrücke verbindet die Insel mit dem anderen Ufer.

Auf viel Natur folgt nun wieder die Technik. Unser Weg führt uns am Atomkraftwerk Philippsburg vorbei. Der erste Block ging 1979 ans Netz, 1984 folgte der zweite. Nach dem Beschluss zum Atomausstieg wurde Block 1 als einer der ältesten deutschen Reaktoren 2011 heruntergefahren. Block 2 soll 2019 abgeschaltet werden.

Nach dem Kraftwerksbau freuen wir uns auf barocke Schönheiten, darum radeln wir flugs weiter zum ehemaligen Jagd- und Lustschloss **Waghäusel**. Damian Hugo Philipp von Schönborn-Buchheim, von 1719 bis 1743 Fürstbischof von Speyer, ließ 1724 die erste Anlage der Eremitage mit acht Eremitenpavillons bauen. Eremitage bedeutet »Einsiedelei«, und so war es auch gedacht: als Rückzugsort und Jagdschlösschen für die Fürstbischöfe. Es folgt eine Reihe an Um- und Anbauten. 1747 wurde der Hauptbau unter Fürstbischof Franz Christoph von Hutten durch seinen Architekten Balthasar Neumann um vier Flügel erweitert. Damit entstand der heutige Grundriss. Außerdem wurden die vier 1730 ebenfalls durch Neumann gebauten Kavalierhäuser erweitert. 1837 dann kaufte die »Badische Gesellschaft für Zuckerfabrikation« die rund 13 Hektar große Schlossanlage vom badischen Staat und errichtete hier die Zuckerfabrik Waghäusel. Im Lauf der Jahre mussten alle barocken Wirtschaftsgebäude neuen Industriebauten weichen. Einzig der Eremitage-Hauptbau und drei der einstmals vier Kavalierhäuser blieben erhalten, das vierte wurde zugunsten eines Melassetanks abgerissen. 1997 verkaufte die Südzucker AG das Zuckerfabrikgelände samt Eremitage an die Stadt Waghäusel. Nun wurde und wird die denkmalgeschützte Schlossanlage saniert. Noch stehen draußen direkt neben dem Schloss zwei riesige Silos und lassen die Eremitage sehr zierlich aussehen. Der Gemeinderat von Waghäusel hat jedoch bereits beschlossen, dass die beiden weithin sichtbaren Betonbauten abgerissen werden. Schon jetzt ist es ein Genuss, durch die Anlagen zu wandeln. Während das hübsche Schlösschen außen im Barockstil erstrahlt, sind die Räume innen im Art-déco-Stil der Zwanzigerjahre des 20. Jahrhunderts erhalten. Zusammen ergibt das eine reizvolle und sehr geschmackvolle Kombination. Im Obergeschoss des Hauptbaus entstehen derzeit vier Museumsräume, die sich mit den Themen »Geschichte Eremitage«, »Zuckerfabrik Waghäusel«, »Naturschutzgebiet Wagbachniederung« und »Badische Revolution 1848/49 – Schlacht bei Waghäusel« befassen werden. Ende des Jahres 2019 soll der Umbau fertig sein. Immer mittwochs und sonntags öffnet ab 16 Uhr ein Café und bietet die Möglichkeit, ganz stilvoll in schöner Umgebung eine Pause einzulegen.

In der Nachbarschaft der Eremitage befindet sich das ehemalige Kapuzinerkloster Waghäusel mit der Wallfahrtskirche der

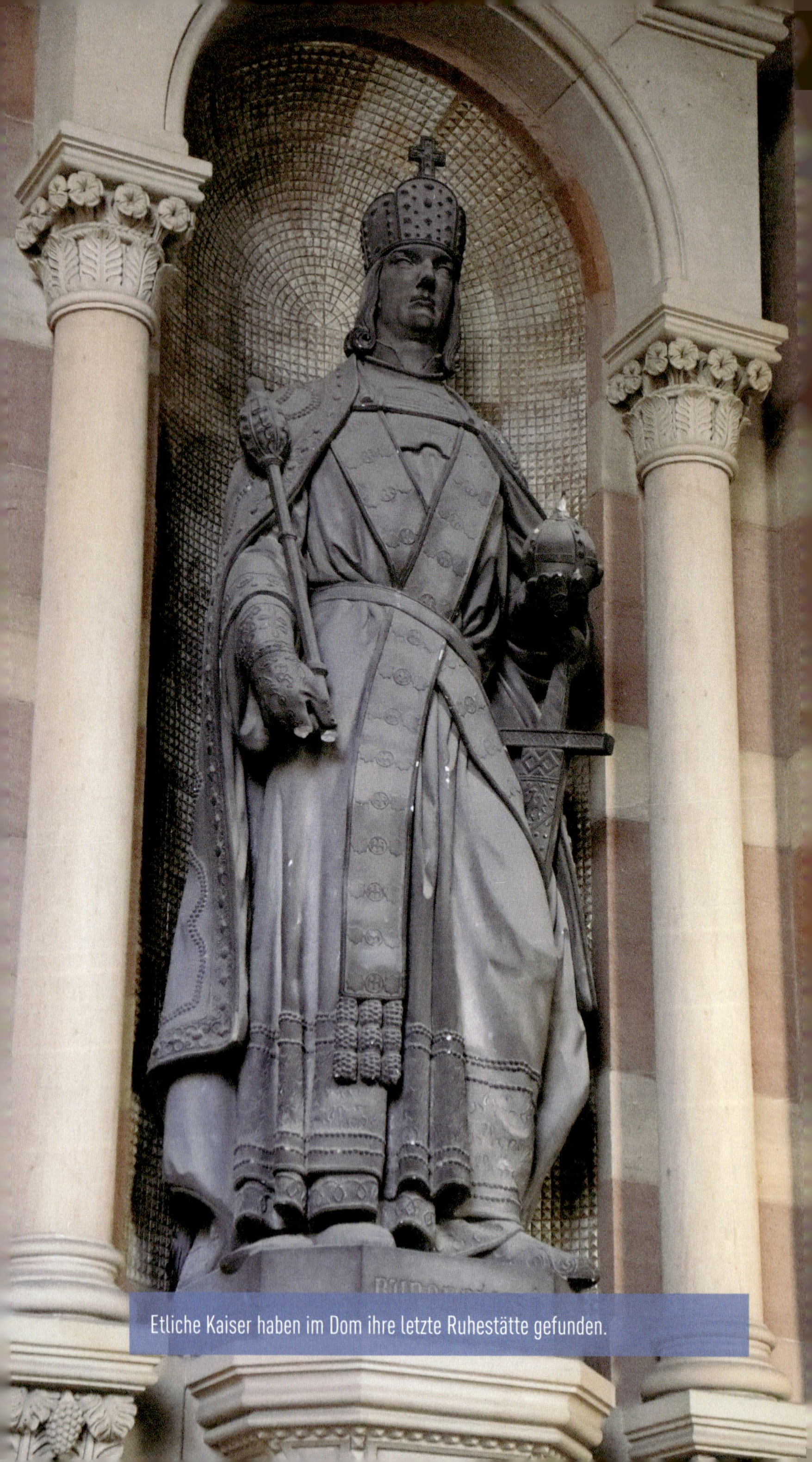

Etliche Kaiser haben im Dom ihre letzte Ruhestätte gefunden.

Mutter mit dem gütigen Herzen. Zentrale Figur der Kirche ist eine Marienstatue, die ursprünglich an einer Wegkreuzung zwischen fürstbischöflicher Residenz Speyer, Markgrafschaft Baden und Kurpfalz in einem Bildstock stand. Die Menschen, die hier vorbeikamen, beteten zu der Marienfigur. Als sich die Nachricht verbreitete, dass ihnen geholfen worden war, pilgerten immer mehr Menschen zu dem Bildstock, um die Muttergottes um Hilfe zu bitten. 1473 ließ schließlich der Speyrer Bischof Matthias von Rammung die Wallfahrtskirche bauen, wie sie auch heute noch zu sehen ist. Das Innere ist eher schlicht gehalten, bemerkenswert ist die lange Reihe an Beichtstühlen zu beiden Seiten. Im Kloster wohnen heute fünf Brüder der Gemeinschaft »Brüder vom gemeinsamen Leben – Augustiner Chorherren«.

Von der Eremitage aus gesehen direkt hinter dem Kloster beginnt das Naturschutzgebiet Wagbachniederung. Unter Vogelfreunden ist das Gelände weithin bekannt. 275 Vogelarten leben hier, 150 davon stehen auf der Roten Liste des Artenschutzes. Man kann hier Kormoran, Kanadagans, Haubentaucher, Graureiher, Purpurreiher, Grasmücke, Neuntöter, Kuckuck, Eisvogel sowie verschiedene Schwäne, Enten und Möwen beobachten. Im Frühjahr und im Herbst ziehen jede Menge Zugvögel durch.

Auf dem Weg ins Zentrum von **Speyer** kommen wir am Technikmuseum vorbei. Das ist leicht zu erkennen, denn im Hof stehen unübersehbar eine Boeing der Lufthansa, ein Seenotrettungskreuzer und das Hausboot der Kelly-Family. Zu sehen gibt es dort außerdem Ausstellungen zu unterschiedlichen Themenbereichen, wie Oldtimer, Weltraum und historische Musikinstrumente sowie Kleidungsstücke. Zur Besichtigung sollte man allerdings mindestens einen halben Tag einplanen. Da Speyer noch mehr zu bieten hat, lohnt sich die Überlegung, eine Nacht dranzuhängen. In Speyer ist natürlich der Dom das zentrale Bauwerk. Er gilt als die größte erhaltene romanische Kirche Europas. Nach unserer Fahrt bergauf ins Zentrum bietet das Innere des geschichtsträchtigen Gebäudes eine willkommene Abkühlung. Der zum UNESCO-Welterbe gehörende Dom begrüßt uns mit einem prächtigen Portal. Im unteren Teil der Bronzetür sind Szenen aus dem Alten Testament dargestellt, im oberen welche aus dem Neuen Testament. Der Salierkaiser Konrad II. ließ den Dom 1030 als Grablege erbauen. Hier sollten die Salierkaiser ihre letzte Ruhestätte haben. Die Krypta ist demnach auch der älteste Teil des Doms; von dort geht es zu den Grabstätten von acht Kaisern und Königen, vier Königinnen und einer Reihe von Bischöfen. Unter anderem ruhen hier die Kaiser Heinrich III., IV. und V. In der Katharinenkapelle auf der rechten Seite befinden sich die Reliquien des Doms. Vom Kaisersaal, über die Vorhalle des Doms aus, gelangt man auf die Aussichtsplattform im Südwestturm. Von dort hat man eine schöne Sicht auf die Innenstadt und auf das Rheintal. Eintrittskarten gibt es zwischen April und Oktober im Besucherzentrum des Doms.

Die salischen Kaiser haben vom 11. bis zum 12. Jahrhundert Speyer zu einem blühenden Zentrum gemacht, 50 Reichstage (bis 1570) sorgten dafür, dass hochrangige Besucher und somit Geld in die Stadt kam. 1294 dann wurde Speyer freie Reichsstadt. Der französische Erbfolgekrieg hinterließ jedoch auch in der Kaiserstadt seine Spuren, 1689 wurde die Stadt niedergebrannt. Erst zehn Jahre später durften die Bürger mit dem Wiederaufbau beginnen.

Wem der Sinn gleich nach einer Verschnaufpause steht, der kann direkt vom Dom in fünf Minuten zu Fuß durch den Domgarten zum Rhein hinunterspazieren, dort am Helmut-Kohl-Ufer in den Biergarten „Alter Hammer" einkehren und die Rheinpromenade genießen.

Wir schauen uns zunächst noch ein bisschen oben im Zentrum um. Speyer ist bekannt für seine Museen. Im Historischen Museum der Pfalz Speyer in der Nachbarschaft zum Dom gibt es Sammlungen von der Steinzeit bis zur Gegenwart, darunter der »Goldene Hut von Schifferstadt« – ein Kegelhut, der um 1300 v. Chr. wahrscheinlich für rituelle Handlungen verwendet wurde. Sehenswert sind auch der Domschatz und der wohl älteste flüssig erhalten gebliebene Traubenwein der Welt – der Inhalt der Weinflasche sieht allerdings nicht wirklich verlockend aus.

Gleich um die Ecke befindet sich der Judenhof mit der ehemaligen Synagoge, dem Ritualbad und dem Museum. 1084 siedelten sich auf Einladung von Bischof Huzmann in Speyer Juden an. Bald gehörten sie dank ihrer Weltoffenheit, Gelehrtheit und Sprachkenntnis zur geistigen Elite der Stadt. Als sich 1349 die Pest in Europa ausbreitete, wurden die Juden dafür verantwortlich gemacht. Ihre Häuser wurden zerstört, sie wurden verfolgt und aus der Stadt vertrieben. Damit endete die Blütezeit der jüdischen Kultur in Speyer. Von dieser prägenden Epoche der

Stadt erzählen die alten jüdischen Gebäude, die teilweise aus Steinen des Doms gebaut wurden. Das Ritualbad ist die älteste Anlage dieser Art nördlich der Alpen. Nur noch Mauerreste sind von der Synagoge erhalten, man kann anhand derer jedoch die Grundzüge erkennen.

Am Ende der Maximilianstraße, der Hauptachse vom Dom weg, steht das Altpörtel. Es ist eines der höchsten Stadttore Deutschlands und man kann seinen Turm auch erklimmen. 154 Stufen gehen nach oben. Von dort haben wir einen schönen Rundblick über die Rheinebene und auf die Innenstadt.

An die Protestation der Fürsten gegen die katholische Kirche erinnert die Gedächtniskirche, deren Grundstein 1893 gelegt wurde. Der Kirchturm überragt mit seinen 100 Metern Höhe alle anderen Gebäude in Speyer und ist der höchste Kirchturm der Pfalz. Beim Reichstag zu Speyer von 1529 protestierten die Fürsten und Gesandten gegen die Verhängung der Reichsacht über Martin Luther. In der Vorhalle der Kirche sehen wir darum ein Denkmal Martin Luthers und Statuen mehrerer Landesfürsten. Die Gedächtniskirche entstand aus den belasteten Beziehungen zwischen Katholiken und Protestanten im ausgehenden 19. Jahrhundert heraus. Die Verkündigung der päpstlichen Unfehlbarkeit stieß bei den Protestanten auf wenig Gegenliebe. Die Kirche sollte daraufhin eine Hauptkirche der gesamten Protestanten werden und sollte dem Dom in nichts nachstehen. Diese Vorstellung erwies sich als Irrtum. Interessant ist eine Besichtigung dieses geschichtsträchtigen Ortes allemal.

In den Sommermonaten wird in Speyer gerne gefeiert. Beim Brezelfest auf dem Festplatz unterhalb des Domes ist es schon Tradition, dass Superlative geschaffen werden. Natürlich gibt es beim »größten Volksfest am Oberrhein« auf jeden Fall große Brezeln. Bei der Kaisertafel wird auf der Maximilianstraße aufgetischt. Eine lange Tafel durch die Fußgängerzone lädt ein, Platz zu nehmen und Spezialitäten aller Art zu genießen. Wer außerhalb der Festsaison nach Speyer kommt, muss auch nicht darben. Pfälzer Spezialitäten aller Art warten nur darauf, dass wir sie probieren. Die Pfälzer Gemütlichkeit und Gastfreundschaft sind legendär. In der Korngasse und rund um den Domplatz finden sich ausreichend Biergärten und Weinstuben. Einzig die Qual der Wahl könnte uns jetzt noch zu schaffen machen.

Ausgewählte Adressen und Tipps

Karlsruhe, www.karlsruhe.de

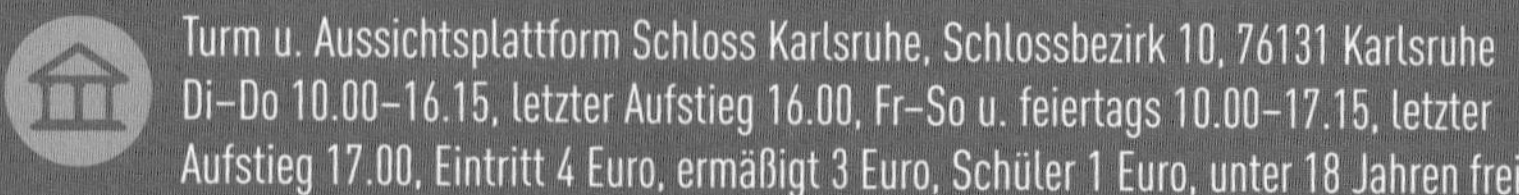
Turm u. Aussichtsplattform Schloss Karlsruhe, Schlossbezirk 10, 76131 Karlsruhe
Di–Do 10.00–16.15, letzter Aufstieg 16.00, Fr–So u. feiertags 10.00–17.15, letzter Aufstieg 17.00, Eintritt 4 Euro, ermäßigt 3 Euro, Schüler 1 Euro, unter 18 Jahren frei

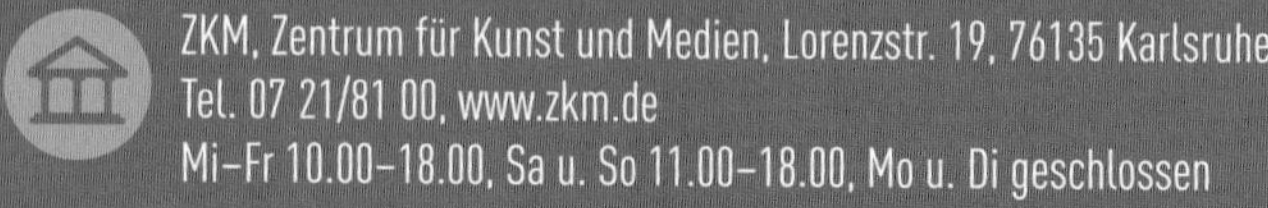
ZKM, Zentrum für Kunst und Medien, Lorenzstr. 19, 76135 Karlsruhe
Tel. 07 21/81 00, www.zkm.de
Mi–Fr 10.00–18.00, Sa u. So 11.00–18.00, Mo u. Di geschlossen

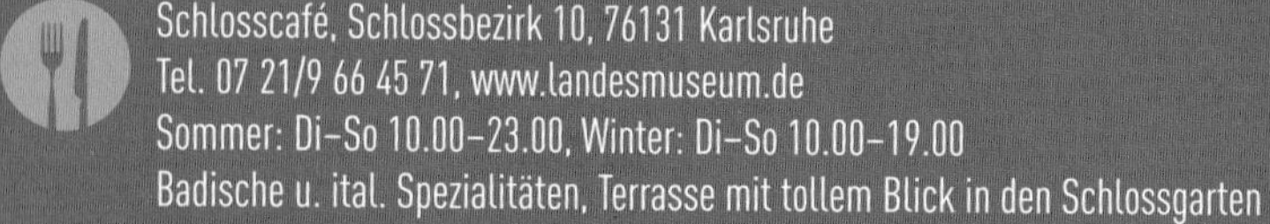
Schlosscafé, Schlossbezirk 10, 76131 Karlsruhe
Tel. 07 21/9 66 45 71, www.landesmuseum.de
Sommer: Di–So 10.00–23.00, Winter: Di–So 10.00–19.00
Badische u. ital. Spezialitäten, Terrasse mit tollem Blick in den Schlossgarten

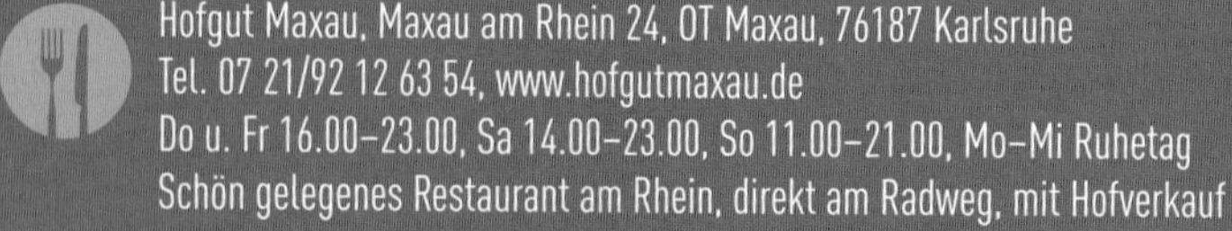
Hofgut Maxau, Maxau am Rhein 24, OT Maxau, 76187 Karlsruhe
Tel. 07 21/92 12 63 54, www.hofgutmaxau.de
Do u. Fr 16.00–23.00, Sa 14.00–23.00, So 11.00–21.00, Mo–Mi Ruhetag
Schön gelegenes Restaurant am Rhein, direkt am Radweg, mit Hofverkauf

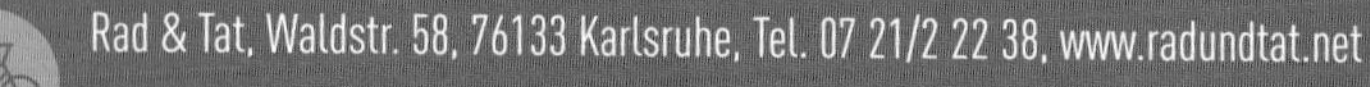
Rad & Tat, Waldstr. 58, 76133 Karlsruhe, Tel. 07 21/2 22 38, www.radundtat.net

Eggenstein-Lepoldshafen, www.egg-leo.de

Rheinblick Leopoldshafen, Fahrstr. zum Rhein 101, 76344 Eggenstein-Leopoldshafen
Tel. 0 72 47/2 18 75, www.rheinblick-leopoldshafen.de
Mo–Sa 9.00–21.00, So u. Fei 8.00–21.00
Restaurant in schöner Lage mit Frühstücksangebot u. Außenbereich direkt am Hafen

Dettenheim, www.dettenheim.de

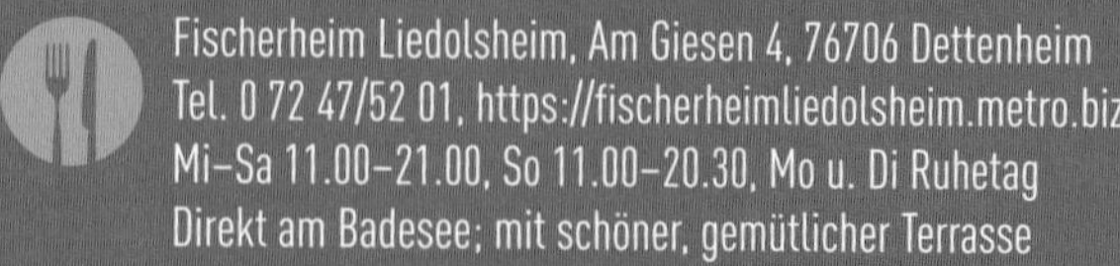
Fischerheim Liedolsheim, Am Giesen 4, 76706 Dettenheim
Tel. 0 72 47/52 01, https://fischerheimliedolsheim.metro.biz
Mi–Sa 11.00–21.00, So 11.00–20.30, Mo u. Di Ruhetag
Direkt am Badesee; mit schöner, gemütlicher Terrasse